本书由青海师范大学资助

青海河湟地区
语言生态研究

RESEARCH ON
LANGUAGE ECOLOGY

IN THE HEHUANG REGION OF
QINGHAI PROVINCE

马梦玲 著

社会科学文献出版社
SOCIAL SCIENCES ACADEMIC PRESS (CHINA)

目　录

绪　论

第一节　河湟地区的界定及人文历史概貌

一　"河湟地区"的界定

　　"河湟"一词最早出现于《汉书》,"至春省甲士卒,循河湟漕谷至临羌"。随历史演进,"河湟"逐渐由一个位于现甘青两省交界的地域概念演变为一个特定的多民族文化区域。有学者在分析此处文化区域时,结合地理区位,将"河湟"分为大河湟与小河湟。"'大河湟'指的是甘肃中部西南面和青海东南部,东临洮河与定西地区相连,西倚戈尕山,与海南藏族自治州接壤,南面与甘南藏族自治州交接,在地形上是一个完整的地理单元,黄河和湟水流经此地,它包括甘肃的临夏(河州)回族自治州,青海黄河流域的贵德、尖扎、循化、化隆。湟水流域有湟源、大通、湟中、西宁、互助、平安、乐都、民和,其中心是河州和西宁。'小河湟'指甘肃之外的青海部分河湟民族走廊,特别指的是河湟民族走廊的农业区。"[①]本书所指的"河湟地区"即为"小河湟",在具体开展研究时,选取了贵德、湟中、西宁、大通、互助、平安、乐都、民和等地作为主要研究点。文中除需特别说明的部分,其余"河湟地区"

---

① 吴鹏云:《明清时期河湟地区的汉儒文化文献综述》,《吉林广播电视大学学报》2007年第6期,第97页。

皆专指青海河湟地区。

青海河湟地区各民族之间的文化交往从有历史记载就已开始，多民族文化的交融发展始自秦汉。族群源流众广，文化类型繁多。历史上曾有西戎、羌、氐、匈奴、鲜卑、吐蕃、蒙古等少数民族与汉族生活在此地，通过接触他们在政治、经济、文化、宗教等方面不断地进行交流。

在历史长河中，民族的融合促进了文化的繁盛发展，而这种融合的过程在语言中也留下了痕迹。作为文化的载体，各民族的语言呈现出因文化的融合而形成的一些特征。自元末明初多民族格局基本形成后，居住在青海河湟地区的汉、藏、蒙古、土、回、撒拉等民族形成了"大杂居、小聚居"的生产生活格局，从而使语言文化资源十分丰富，语言民俗特征异彩纷呈，呈现出历史性、杂糅性和复杂性特征。

二 河湟地区人文历史概貌

《后汉书·西羌传》中有"乃度河湟，筑令居塞"的记载。从最早《汉书》记载"河湟"一词，到《后汉书·西羌传》中关于羌人首领无弋爱剑和劓女相遇后进入河湟地区，向当地民众传授农耕畜牧技术并获得威望的记载，说明汉晋时期"河湟"主要是羌人活动的区域。汉宣帝时派赵充国率兵平定河湟羌人叛乱，后设护羌校尉和金城郡，加强了对河湟地区的控制。平定羌人叛乱后的赵充国上屯田奏，要在河湟地区"罢兵屯田"，得到汉宣帝许可。此举一方面加强了中央政权对河湟地区的统治，另一方面，将内地先进的生产方式和生产工具传播到河湟地区，大大提高了当地的经济生活水平。至东汉、魏晋南北朝时期，各朝中央政府加大了对青海东部地区的开发与统治，"河湟"正式成为一个政令区域，由纯粹的地理概念演化为政治辖区概念。

东晋十六国时期，北方少数民族的南迁掀起民族融合大潮，其中前凉、前秦、后凉、后秦、南凉、西秦、北凉以及吐谷浑等政权的势力范围都涉及河湟地区。十六国至隋代，河湟地区处于战乱频仍、民生凋敝的状态。汉时屯田积累的农业生产能力被破坏，经济生活水平衰退。

唐代，在今河湟地区设鄯州和廓州，属陇右道，后设陇右节度使，鄯、廓二州都督府权属渐弱。由于唐时吐蕃占据今甘肃、青海的广大地区，"河湟"成为一个更为广泛的区域。为取得在河湟的绝对统治权，唐王朝扩大了在河湟地区的屯田规模，取得巨大效益，直至"安史之乱"后结束屯田。该举措推动了自汉代以来该地区的农业、畜牧业、手工业与商业的发展。

到了宋代，"河湟"之名与青海东南部和甘肃交界区域的黄河、湟水交汇地区统一了起来。青唐吐蕃政权和宋、金、西夏诸政权在河湟地区交替统治，形成复杂的政权格局。宋代河湟地区农牧业甚发达，河流密集，灌溉便利，海拔相对较低，土地肥沃，人口众多。北宋政权在河湟地区实行屯田，极大地恢复和发展了河湟地区的农牧业生产。

蒙元时代，河湟地区仍按旧制，设西宁州，隶属于甘肃行中书省。这一时期推行了有利于民族地区统治的土官制度。任用少数民族首领当地长官，代替中央政府行使统治权，属于世袭制。

明朝在沿用土官制度的同时，又设立卫所，由卫、所两级军事单位在河湟地区兼行行政权力，加强地区安宁。其中洪武六年（1373），设西宁卫，使河湟地区具有了军政合一的政权机构。河湟地区的生产由于战乱平息，开始缓慢恢复和发展。尤其是明代屯田制度，延续了前朝的做法，在制度上给予了更多的保障，有军屯、民屯、商屯等形式。畜牧业也因明朝开办官营牧场而发展迅速。

清代以后，设立"西宁办事大臣"，管辖青海诸少数民族事务，后又设西宁镇、大通镇、循化营等，加强军事、行政管理。至1929年，青海设省，建省之后，河湟地区行政建制进一步细化，马步芳家族统治一直延续到1949年新中国成立前。新中国成立后，河湟地区民族事务、生产生活、教育文化事业有了显著变化。

从河湟地区的历史文化属性来看，"河湟民族走廊的地缘边界正好处于我国三个文化圈——蒙古高原的游牧文化圈、青藏高原的游牧文化圈和中原农耕文化圈的交集重叠地带。在历史上不论是南北族群的迁徙，还是东西文化的交流，这里都成为一个十字路口。因此河湟民族走廊成为了我国多元族群与文化多样性最为丰富、积淀最为深厚的一个独特的文化区"①。

青海河湟地区虽然是多民族聚居区，但汉语依旧是日常生活的常用语言，因此本书谈及的"语言生态"实际是指河湟地区因多民族聚居、因语言接触而产生的汉语方言的变化状态。以这样的语言生态作为研究对象，通过个案研究和总体概述的方式，呈现出"语言切片"式的研究成果，窥一斑而知全豹，了解河湟地区丰富的文化特征。

第二节 研究说明

一 国内外研究现状及研究意义

"语言生态"概念产生自20世纪70年代。美国斯坦福大学的豪根在1971年最早提出并使用"语言生态"概念，他在《语言生态学》一文中提出"要研究任何特定语言与环境之间的相互作用关系"。此后，"语言生态"开始为语言研究者所接受，将生物生态学的概念、原理和方法用于语言研究。我国学者早在1987年就开始注意从"语言生态学"学科的角度探讨语言的生态问题。近年来，许多语言研究者运用语言生态学的理论和观点，结合当前的社会现实，进行了多方面的有关语言生态学的研究。有的对语言生态学的一般理论进行论述，

---

① 杨文炯:《人类学视阈下的河湟民族走廊——中华文化多元一体格局的缩影》，《青海民族大学学报》(社会科学版) 2015 年第 1 期，第 94 页。

如李国正的《生态语言系统说略》,郑通涛的《语言的相关性原则——〈语言生态学初探〉之一》,黄知常、舒解生的《生态语言学:语言学研究的新视角》,王晋军的《生态语言学:语言学研究的新视域》,周瑞敏的《自然选择与协同进化——生态语言学及语言生态认知探微》等;有的从社会现实出发,结合语言生态学有关理论研究国家语言政策制定中的问题;有的利用理论探讨解决语言教学以及语言运用方面的实际问题,如沈映梅的《外语教学的生态语言学解读》、祖利军的《全球化背景下的生态翻译》等;有的根据语言生态学观念观照汉语研究中的实际问题,如李国正的《生态汉语学》、范俊军的《关于濒危语言研究的几点思考》、高玲的《从生态语言学角度浅析现代汉语》、赵红梅的《汉语方言现象的生态语言学诠释》;还有的对语言生态学(生态语言学)的研究情况进行综述和介绍的文章,如范俊军的《生态语言学研究述评》、姜瑾的《语言生态学研究面面观》等。从 20 世纪80 年代至今对语言生态学的介绍和研究情况来看,虽然有一批研究语言生态学的文章,评介了国外的相关研究成果,且以文化语言学、社会语言学、民族语言学的视野研究语言生态,但对语言生态学这门学科的基本理论、学科体系和研究内容、研究方法等还没有明确的、统一的认识。即使是针对某些具体语言现象的语言生态学研究也还是相对贫乏的,如何从单一的语言学视野拓展到更为广阔的文化语言学、生态语言学、社会语言学、民族学、人类学的视野来考察语言现象还存在比较模糊的认识。

青海是一个多民族省份,尤其是属于黄土高原的河湟谷地,居住着汉、藏、蒙古、土、回、撒拉等民族,语言文化资源十分丰富。这里有阿尔泰语系的蒙古语、土族语、撒拉族语,也有汉藏语系的汉语青海方言和藏语;就这几种语系内部语族分布来看,有阿尔泰语系蒙古语族的蒙古语卫拉特方言青海蒙古语和土族语、突厥语族的撒拉族语,汉藏语系的汉语青海方言和藏缅语族的藏语安多方言、康巴方言;还有历史上因移民带来族群接触而产生的"五屯话""康家话"等。仅就作为一种方言的青海汉语来说，尽管属于中原官话，也有许多异于其他中原官话的特征。本书在关注西部民族地区经济发展的同时，还关注如何处理好各民族文化生态的发展和保持问题，如何处理好民族语言的继承和发展问题，如何发挥好民族语言在民族文化弘扬和保护中的作用问题。而其中，最根本又最关键的问题在于对民族语言生态的认识和保护，这样的研究有助于更好地开发和利用好我国民族语言文化生态资源，最大限度地服务西部政治、经济生活的健康、可持续发展，促进该地区社会安定、经济发展，铸牢中华民族共同体意识。河湟地区各民族在交流、交往、交融中，语言结构特征也不断发生变化，这一现象和社会变化紧密相连。对目前河湟地区各民族聚居区汉语方言语音、词汇、语法特点的了解，将有助于从语言学的角度呈现语言变化在外部条件作用下的结果。同时，也为制定有关语言政策提供了理论依据。

二 研究方法、研究重点难点、基本观点和创新之处

（一）研究思路

（1）各民族在交流、交往、交融中产生语言接触，充分关注因此而形成的汉语方言现状。从不同民族聚居区的汉语方言特点入手，描写其面貌，分析因受不同语系、语族语言影响，河湟地区汉语方言的异同点，从微观视角梳理语言生态的具体表现。

（2）对河湟地区语言生态的关注深入到对语言生态影响巨大的语言环境。语言环境包括自然地理、社会生活、民族文化等，通过了解语言环境的营造和改变对语言生态的影响，进而说明文化生态和谐对本地区政治生活安定、经济生活进步的作用。

本书将主要采用田野调查法、文献法等，以及语言地理类型学和语序类型学的观点对河湟地区语言生态的研究进行语言学、民族学、文化语言学、社会语言学的观照。力求以一个动态和静态结合、共时和历

时交叉的视野了解、探讨河湟地区民族多样性和语言生态状况。在开展田野调查时，严格按照汉语方言学研究程式进行。语音调查主要使用中国社会科学院语言研究所制定的《方言调查字表》，词汇调查以《汉语方言词语调查条目表》为依据，不拘泥于词条，尽可能进行全面调查，语法调查以国家社科基金重大项目"陕西方言重点调查研究"的语法调查表为基础，结合《汉语方言语法调查问卷》等相关调查表进行。本书采取个案研究方式，主要选取河湟地区汉藏、汉回、汉土聚居区汉语方言进行描述。从各方言调查点的语音特点出发来阐述河湟地区语言生态，因为汉语方言区就是依据语音条件来进行划分的。从语言三要素的发展演变来看，词汇变化最快，不一定能反映语言接触的主要变化及特点；语法变化最缓慢，但同时也是最隐蔽的，所以第三章设专章从语法的角度来探讨河湟地区语言接触的表现和类型学特征；从语音的角度来观照河湟地区语言生态，既可以体现历时的演变也可以描述出共时的接触变化，更具有说服力，所以研究报告中各点的语言生态研究主要是从语音特点入手的。除此之外，本书选取贵德、民和、乐都、大通、湟中、互助、湟源各点部分词汇、语法调查内容作为附录，以补个案研究中的不足，还可作为语料备查。

（二）研究重点难点、基本观点和创新之处

本书的难点在于，因语言生态学理论在国内尚未形成一个完整、清晰的系统，对河湟地区语言生态的研究也没有现成的样板可以参考，在理论和实际操作上都存在较大难度。本书的重点和创新之处在于探讨在语言生态学视野下，河湟地区多民族和谐共处的社会环境中的语言状况。该语言状况主要观照河湟地区汉语方言与周边少数民族语言接触后的变化，说明在多民族聚居的社会环境下，各种语言生存、发展状况，以及这种语言状况对民族文化的影响。这样的研究是基于对语言状况的动态了解，具体研究时必须以历时和共时交叉的视角进行比对和验证。从这样的视角进行研究的目的是，更清晰地了解在全球化加速的时代，地处青藏高原腹地，操不同语系语言的各民族的文化心态和语言社会文化功能发展变化的特点。这样不但可以积累语言学研究的个案材料，还可以为制定有关语言教育政策和语言保护政策提供理论依据，为国家采取有力措施保护民族语言文化提供依据，使政府部门在制定有关语言、文化、教育政策时，能够从实际出发，遵循语言文化的发展规律，有的放矢地制定出具有可操作性，能够最大限度满足各民族生存、发展要求的政策，为地区安定、和谐提供可资参考的现实依据。

三　调查选点说明

因本书所指的"河湟地区"为"小河湟"，在开展调研时，选取了湟中、湟源、贵德、大通、互助、平安、乐都、民和、循化作为方言调查点。其中贵德分别选取了三个点，乐都、民和主要选取两个点作为语言接触中汉语方言个案研究的点。调查时间从 2012 年 4 月至 2019 年 7 月进行。

四　发音合作人

本书涉及的发音合作人如下，其年龄为调查时年龄。

（1）王某寿，男，汉族，58 岁，乐都区甘沟山人，退休教师，大学毕业。父母皆说乐都话。20 岁后除有 4 年时间在西宁上学外，其余时间均在乐都工作生活，日常用语为乐都区甘沟山话，还会说一点儿普通话。

（2）焦某琴，女，汉族，21 岁，大通回族土族自治县桥头镇向阳堡村人，大学二年级在读。19 岁后到西宁上学，其余时间一直在大通县生活。还会说普通话。

（3）卫某东，男，汉族，63 岁，乐都区雨润乡汉庄村人，务农，初中二年级文化程度。一直在本村生活。只会说本村话。

（4）张某芳，女，汉族，21 岁，民和回族土族自治县巴州镇人，大学三年级在读。18岁后到西宁上学，其余时间一直在民和县巴州镇生活。还会说民和川口镇话、普通话。

（5）李某英，女，汉族，61岁，乐都区碾伯镇水磨营村人，务农，文盲，嫁至汉庄村。只会说碾伯话。

（6）哈某红，男，汉族，21岁，民和回族土族自治县峡门镇直沟村人，大学二年级在读。一直在民和生活，19岁后到西宁上学。还会说普通话。

（7）卫某亚，男，汉族，70岁，乐都区雨润乡汉庄村人，退休工人，中专文化程度。19岁后在西宁上学两年，后来在海东市平安区工作，退休后返乡。还会说一点儿普通话。

（8）马某臻，男，汉族，22岁，互助土族自治县威远镇卓扎滩村人，大学三年级在读。一直在互助县生活，19岁后到西宁上学。还会说普通话。

（9）李某兰，女，汉族，67岁，乐都区峰堆乡上营村人，务农，文盲。嫁至乐都区雨润镇汉庄村。只会说峰堆乡上营村话。

（10）俞某凡，女，汉族，22岁，乐都区碾伯镇人，大学三年级在读。初中前一直在乐都区，后一直在西宁，父母都说乐都话。还会说普通话。

（11）马某全，男，回族，50岁，民和回族土族自治县川口镇南庄村人，职校教师，大学毕业。18岁后有4年时间在西宁上学外，其余时间均在民和工作生活，会说川口回族汉语，还会说一点儿普通话。

（12）赵某玲，女，汉族，21岁，湟中区鲁沙尔镇赵家庄村人，大学三年级在读。18岁后到西宁上学，还会说普通话。

（13）张某林，男，回族，72岁，民和回族土族自治县马营镇人，小学文化程度，退休干部。18岁后参军当兵在同仁县3年，后一直在民和回族土族自治县马营镇工作。只会说马营回族汉语。

（14）马某艳，女，回族，20岁，民和回族土族自治县塔城乡人，大学二年级在读。一直在民和生活，18岁后到西宁上学。还会说普通话。

（15）刘某云，男，汉族，35岁，民和回族土族自治县马营镇马营村人，厨师。高中一年级文化程度。有断断续续4年时间在西宁打工，其余时间一直在民和回族土族自治县马营镇。还会说一点儿普通话。

（16）冶某英，女，回族，19岁，民和回族土族自治县李二堡镇核桃庄人，大学二年级在读。一直在民和生活，17岁后到西宁上学。还会说普通话。

（17）马某良，男，回族，72岁，民和回族土族自治县官亭镇别洛村人，村医，小学文化程度，一直在民和生活，只会说别洛回族汉语。

（18）丁某，女，汉族，21岁，贵德县河阴镇人，大学三年级在读。18岁后到西宁上学，其余时间一直在贵德县河阴镇生活。还会说普通话。

（19）卓某措，女，藏族，21岁，贵德县河西镇上刘屯村人，大学三年级在读。18岁后到西宁上学，其余时间一直在上刘屯村生活。还会说少许藏语、河阴镇话、普通话。

（20）文某先，男，土族，31岁，民和回族土族自治县中川乡人，大学毕业，兽医。20岁到西宁读书4年，后一直在官亭、中川工作，会说土族语，还会说一点儿普通话。

（21）宋某梅，女，汉族，23岁，贵德县河东乡王屯村人，大学三年级在读。19岁后分别在泸州、西宁上学，其余时间一直在贵德县生活。还会说河阴镇话、普通话。

（22）陈某财，男，汉族，48岁，民和回族土族自治县李二堡镇上藏村人，务农，小学二年级文化程度。一直在本村生活，只会说上藏村话。

（23）马某武，男，回族，50岁，民和回族土族自治县李二堡镇上藏村人，务农，初中二年级文化程度。20岁后去甘肃窑街煤矿打工6

年，后去青海海西热水煤矿打工 2 年，返乡后务农。只会说上藏村回族汉语。

（24）吴某琳，女，汉族，20 岁，湟源县和平乡蒙古道村人，大学二年级在读。18 岁后到西宁上学。还会说普通话。

第一章

河湟地区语言生态概况

青海河湟地区处于汉文化与少数民族文化交融过渡地带，居住在该地的汉、藏、土、回、撒拉等民族形成"大杂居、小聚居"的生产生活格局。多民族在交往、交流、交融的过程中因文化的"杂交"使语言具有独特生态。依据本书以河湟汉语方言的特点作为"切片"研究语言生态的思路，本章分别介绍河湟地区汉语方言秦陇片、河州片的分布及特点。

第一节　青海汉语方言的分布及特点

李荣明确表示："青海省的汉语方言主要分布在农业区的十三个县市。解放后新迁入的汉人还没有形成稳定的当地方言。西宁、湟中、平安、互助、门源、贵德、化隆、湟源八处，古全浊声母入声字今读阳平，如'白'字，分类和北京、西安大致相同。古清音和古次浊声母入声字今读阴平，如'百'字和'麦'字，分类和西安大致相同。此外大通（桥头镇）、乐都、民和、循化、同仁五处单字调不分阴阳平，'百、麦、白'三字都是平声。要是这五处的平声以阴平论，这五处跟前八处一样，属于中原官话。要是这五处的平声以阳平论，这五处就属于西南官话。现在考虑到青海十三处方言在其他方面的共同点，都画归中原官话"①。根据张盛裕、张成材所述，青海境内汉语方言的分布主要集中在东部农业区及河湟沿岸，都属于中原官话。"中原官话的共同特点是，古入声清声母字和次浊声母字今归阴平。例如西安：雪＝靴 [ɕye] ｜ 月 [ye]。宁县：足＝居 [ʨy] ｜ 物＝窝 [uo]。延安：北＝杯 [pei] ｜ 麦 [mei]。径川：说＝靴 [ɕye] ｜ 弱 [zuo]。西宁：国＝归 [kuei] ｜ 业 [ni]。天水：各＝锅 [kuo] ｜ 月 [yɛ]。西吉：客＝开 [kʰɛ] ｜ 额＝崖 [ŋɛ]。延长：郭＝锅 [kuo] ｜ 液＝衣 [i]。柞水：秃＝偷 [tʰou] ｜ 祝＝周 [tʂou] ｜ 物 [uɛ]。"②张成材分别详细描述了西宁、循化等地的汉语方言特点，初步谈及青海地区汉语方言的分区问题。③贺巍对河南、河北、山东、安徽、江苏五省境内的中原官话的语音特性进行了说明，根据调查材料，他认为"中原官话除古入声清音声母和次浊声母字今读阴平外，在语音方面还有以下四点大致相同。一、古知庄章三组字的今声母，除洛嵩片、漯项片、信蚌片外，其他各片，少数字读 [ts tsʰ s]，其他大都读 [tʂ tʂʰ ʂ]，演变的情况和北京话大致相同。二、古精组和见组声母字和细音 [i y] 的韵母相拼时，除漯项片、徐淮片、信蚌片不分尖团外，其他各片大都分尖团音。三、古蟹止摄合口三等非组'飞肥匪肺费废'等字，除信蚌片今 [f] 声母不拼 [i] 韵外，其他各片这类字的 [f] 声母大都拼 [i] 韵。四、今阴平的调值除兖菏片、徐淮片读 [˨˩˧]213 曲折调外，其他各片大都读高升调 [˨˦]24 或中平调 [˧]33"④。邢向东、郭沈青谈及晋陕宁三省区中原官话的内外差异与分区时，也涉及秦陇片和陇中片的特点。⑤

---

① 李荣：《官话方言的分区》，《方言》1985 年第 1 期，第 4 页。
② 张盛裕、张成材：《陕甘宁青四省区汉语方言的分区（稿）》，《方言》1986 年第 2 期，第 96 页。
③ 张成材：《西宁方言记略》，《方言》1980 年第 4 期；张成材《青海省汉语方言的分区》，《方言》1984 年第 3 期。
④ 贺巍：《中原官话分区（稿）》，《方言》2005 年第 2 期，第 138 页。
⑤ 邢向东、郭沈青：《晋陕宁三省区中原官话的内外差异与分区》，《方言》2005 年第 4 期。

根据前贤所述，青海境内汉语方言属于中原官话，但内部有分歧，李荣、张盛裕等人认为应分为秦陇片和陇中片。张盛裕还总结了陇中片的特点为"平声不分阴阳，所有入声字都读平声"。张成材认为应该分为西宁、乐都、循化三片。学界一般认为，青海境内汉语方言分为秦陇、陇中两片。其中分布于民和、乐都、循化、同仁、大通、贵德土话的汉语方言属于陇中片，而西宁、平安、湟源、湟中、化隆、互助、贵德县城、门源等地的汉语方言属于秦陇片。雒鹏根据最新调查结果，将民和、循化、乐都、同仁四点的方言归入中原官话河州片。根据雒鹏研究总结，河州片方言的特点是"①古开口的庄组、知组二等和章组止摄字与精组字不合流，读 [tʂ tʂʰ ʂ] 声母。这一点与陇中片和秦陇片分开。这也是我们把河州片从陇中片析出的主要依据。此特点，与兰银官话金城片兰州方言一致……②'平声不分阴阳，只有三个单字调'的现象跟陇中片相同，与秦陇片分开。③从语法的角度看，河州片方言小句语序属 SOV 型。此特点在整个甘肃方言里都很独特，但在城区有向 SVO 型变化的趋势"[①]。

根据以上论述，青海省汉语方言的分布可以确定，主要分布在东部以及河湟沿岸，为中原官话区域。根据最新研究成果，青海河湟地区中原官话分为秦陇、河州两片。此区域也为青海省人口密集区域，为黄土高原与青藏高原接壤地带，当地人的生产方式以农业为主。依据本书对所选调查点的语言调查结果，青海汉语方言既有明显有别的片区分布特征，也有不同方言片区民众在长期杂居状态下形成"你中有我、我中有你"的格局。下面将分别概括描述河湟地区秦陇片、河州片汉语方言的语音特点。本节中涉及西宁的语音材料引自张成材的《西宁方言记略》及《西宁方言词典》，其他方言点语音材料皆为笔者调查所得。

本节先引用《中国语言地图集》第一版、第二版中中原官话图例涉及的河湟地区汉语方言秦陇片和河州片的部分，然后按照秦陇片、河州片的顺序具体介绍河湟地区汉语方言语音的特点。

---

① 雒鹏：《甘肃省的中原官话》，《方言》2008 年第 1 期，第 67 页。

第二节 河湟地区中原官话特点

一 河湟地区中原官话秦陇片特点

本小节内容以西宁市湟中区鲁沙尔镇话为例进行描述。

（一）湟中区鲁沙尔镇话音系

湟中区鲁沙尔镇话音系有 25 个声母，包括零声母（见表 1-1）；30 个韵母（见表 1-2）。

表 1-1 鲁沙尔镇话音系 25 个声母

声母	例字	声母	例字	声母	例字	声母	例字	声母	例字	声母	例字
p	布步别八	pʰ	怕破白	m	门麻女						
						f	福飞发税	v	午武卫	l	兰路六
t	到道得	tʰ	太同铁	n	难案年硬你					ɭ	吕李
ts	糟遵增争第	tsʰ	仓粗才插踢			s	散僧生				
tʂ	张专桌	tʂʰ	抽潮出			ʂ	神手舌	ʐ	日然绕		
tɕ	精急经祖举	tɕʰ	秋齐旗趣醋			ɕ	修苏喜虚	ʑ	一延元		
k	高贵割	kʰ	开抗葵			x	红灰胡				
Ø	闻耳万阿										

表 1-2 鲁沙尔镇话音系 30 个韵母

韵母	例字	韵母	例字	韵母	例字	韵母	例字
ɿ	资慈思第	j	急移力女	ʊ	木树书	ɥ	雨局祖
ʅ	知吃湿	i	你姐野	ʮ	河郭活	yʮ	药靴确
ɑ	爬答辣	ia	恰鸦架	uɑ	花刮夸		
ɛ	耳盖楷帅			uɛ	怀乖外		
ɪ	蛇北妹			ɯ	贵危会		

韵母	例字	韵母	例字	韵母	例字	韵母	例字
ɔ	保桃老	iɔ	恰鸦架				
ɯ	斗丑后	iɯ	流休由				
ɑ̃	胆安三	iɑ̃	间廉衔	uɑ̃	弯短酸	yɑ̃	远权玄
ɤ̃	横根风	ĩ	林心英	uɤ̃	红春东	ỹ	穷胸云
ɒ̃	党桑上	iɒ̃	央良将	uɒ̃	王光黄		

鲁沙尔镇话音系有单字调 2 个：

阴平上　　55　　诗方天低边粉碗出七黑月袜

阳平去　　213　　穷陈题棉文云房田付汉抱用实十人读白送父正

此外，音值方面有以下几个特点。

（1）[n] 与今齐齿呼、撮口呼韵母相拼时，实际音值为 [ȵ]，因其与开口呼、合口呼相拼情况呈互补分布，故被归纳为一个音位 [n]。

（2）[ʑ] 只与 [j]、[ɥ] 相拼，摩擦很明显，虽然其与 [l] 分布呈互补，但为显示音系中此类因元音高化而导致声母变化的特征，[ʑ] 被单列为一个音位。

（3）[x] 发音时舌位靠后，尤其与 [ʋ] 相拼时音近 [χ]。

（4）[ɛ] 后略有动程，音值为 [ɛe]。

（5）[ɒ̃ iɒ̃ uɒ̃] 鼻化程度较 [ɤ̃ ĩ uɤ̃ ỹ] 重。

（二）河湟地区中原官话秦陇片语音特点

（1）泥母遇合三、蟹开四、止开三、曾开三入、梗开四入在河湟地区秦陇片中的声母今为 [m]，与明母蟹开四、止开三读音一致。与其他韵母的组合仍读 [n]，如"女泥年奶米眉"在西宁、湟中、互助话中的读音：

	女	泥	年	奶	米	眉
西宁	mj⁴⁴	mj²⁴	niã²⁴	nɛ⁵³	mj⁴⁴	mj²⁴
湟中	mj⁵⁵	mj²¹³	niã²¹³	nɛ⁵⁵	mj⁵⁵	mj²¹³
互助	mj⁵⁵	mj²¹³	niã²¹³	nɛ⁵⁵	mj⁵⁵	mj²¹³

（2）古蟹合一灰韵、止开三、曾开一入德韵、梗开二入麦韵的明母字除西宁今读 [ei]，其余皆读 [ɿ]，如"墨麦梅妹"等字在西宁、湟中、互助话中的读音：

	墨	麦	梅	妹
西宁	mei⁴⁴	mei⁴⁴	mei²⁴	mei²¹³
湟中	mɿ⁵⁵	mɿ⁵⁵	mɿ²¹³	mɿ²¹³
互助	mɿ⁵⁵	mɿ⁵⁵	mɿ²¹³	mɿ²¹³

（3）古开口的庄组二等和章组止摄字与端组蟹开四、止摄字精组字合流，今读 [ts tsʰ s]。如：

	资	纸	第	地	蚕	馋	僧	生
西宁	tsɿ⁴⁴	tsɿ⁴⁴	tsɿ²¹³	tsɿ²¹³	tsʰã²⁴	tsʰã²⁴	sɛ̃⁴⁴	sɛ̃⁴⁴
湟中	tsɿ⁵⁵	tsɿ⁵⁵	tsɿ²¹³	tsɿ²¹³	tsʰã²¹³	tsʰã²¹³	sɛ̃⁵⁵	sɛ̃⁵⁵
互助	tsɿ⁵⁵	tsɿ⁵⁵	tsɿ²¹³	tsɿ²¹³	tsʰã²¹³	tsʰã²¹³	sɛ̃⁵⁵	sɛ̃⁵⁵

（4）古生、船、书、禅母合口遇蟹止山臻通摄、江摄开口二等字声母今读 [f]。如：

	梳	税	水	帅	刷	说	顺	熟	双
西宁	fʅ⁴⁴	fei²¹³	fei⁵³	fe²¹³	fa⁴⁴	fɔ⁴⁴	fɔ̃²¹³	fʅ²⁴	fɔ̃⁴⁴

湟中	fʊ^{55}	fɿ^{213}	fʅ^{55}	fɛ^{213}	fɑ^{55}	fɔ^{55}	fɜ̃^{213}	fʊ^{213}	fɔ̃^{55}
互助	fʊ^{55}	fɿ^{213}	fʅ^{55}	fɛ^{213}	fɑ^{55}	fɔ^{55}	fɜ̃^{213}	fʊ^{213}	fɔ̃^{55}

（5）"北京话 [ən：əŋ/in：iŋ/uən：u（ə）ŋ/yn：yŋ] 四对韵母，关中片有分别，秦陇片与陇中片这四对韵母都不分。"[①] 而河湟地区秦陇片的这四对韵母的确不分，但表现略有不同，如：

	根	庚	林	灵	婚	红	群	穷
西宁	kə̃^{44}	kə̃^{44}	liə̃^{24}	liə̃^{24}	xuə̃^{44}	xuə̃^{24}	tɕʰyə̃^{24}	tɕʰyə̃^{24}
湟中	kə̃^{55}	kə̃^{55}	lĩ^{213}	lĩ^{213}	xuə̃^{55}	xuə̃^{213}	tɕʰỹ^{213}	tɕʰỹ^{213}
互助	kə̃^{55}	kə̃^{55}	lĩ^{213}	lĩ^{213}	xũ^{55}	xũ^{213}	tɕʰỹ^{213}	tɕʰỹ^{213}

（6）北京话一些零声母字在河湟地区秦陇片中有的带声母，如岸 [næn]，有的摩擦较重，可以视作带声母，如移 [ʒj]、卫 [vɪ]、雨 [ʒʮ]。举例如下：

	安	一	卫	鱼
西宁	nã^{44}	j^{44}	uei^{213}	y^{24}
湟中	nã^{55}	ʒj^{55}	vɪ^{55}	ʒʮ^{213}
互助	nã^{55}	ʒj^{55}	vɪ^{213}	ʒʮ^{213}

（7）从调类和调值特征来看，西宁话在张成材《西宁方言记略》里的记录为四个单字调，分别是阴平 44、阳平 24、上声 53、去声 213；据笔者调查，湟中话单字调为两个，分别为阴平上 55、阳平去 213；互助话有三个单字调，分别为阴平 55、阳平去 213、上声 53；贵德县城话分为阴平上 55、阳平去 214 两个单字调；湟源话为三个单字调，分别为

阴平 55、阳平去 213、去声 53。《西宁方言记略》的调查时间为四十余年前，发音特点为老派西宁话，本节涉及其他方言点的发音合作人皆为普通话推行五十余年后、日常生活中普遍使用普通话的"90后"，所以，在调值和调类的表现上，略有变化。张安生谈及 2003~2006 年对老派西宁话的调查时，指出单字调已简化为阴平 44、阳平去 13、上声 53/554。[①]据此，纵观河湟地区秦陇片单字调的特点，调类归并简化，调值中高平、高升和曲折调皆存，而高降调几乎不存在。在调查过程中，湟中和贵德县城话的单字调辨识存在难度，若发音合作人音高变化时长较短，曲折调与高升调难以区分，这说明在实际口语中，这两个调值有合并的趋势。

二　河湟地区中原官话河州片特点

本小节内容以大通县桥头镇话为例进行描述。

（一）大通县桥头镇话音系

大通县桥头镇话音系有 25 个声母，包括零声母（见表 1-3）；30 个韵母（见表 1-4）。

表 1-3　大通县桥头镇话音系 25 个声母

声母	例字	声母	例字	声母	例字	声母	例字	声母	例字	声母	例字
p	布步白	pʰ	怕盘错	m	门帽女						
						f	飞符税	v	闻危午软		
t	道到大	tʰ	太同铁	n	难怒你岸					l	路兰连
ts	走祖举争急	tsʰ	从醋齐去曲			s	散苏虚师	z	人日绕	ʐ	李吕
tʂ	正招桌	tʂʰ	除巢昌			ʂ	湿伤手	ʐ	延元言雨移		
tɕ	精经节	tɕʰ	丘全情			ɕ	修线谢				
k	跪盖割	kʰ	课开葵			x	河胡红				
Ø	阿耳卧										

表 1-4 大通县桥头镇话音系 30 个韵母

韵母	例字	韵母	例字	韵母	例字	韵母	例字
ɿ	资词踢	j	比米几	ʋ	古木鹿	ɥ	俗趣欲
ʅ	直尺十	i	姐切铁	ʉ	坐过课脱火盒	yʉ	靴缺药
ɑ	答辣爬	iɑ	夹恰侠	uɑ	刮夸花		
ɔ	饱桃说	iɔ	条消聊				
ɯ	丑斗口	iɯ	流油袖				
ɤ	党桑唱	iɤ	央祥良	uɤ	床光黄		
ɿi	北妹得			uɿi	桂会国		
ɛɜ	耳盖海蛇			uɛɜ	怪块坏		
ã	安胆兰	iã	连检间	uã	短管乱	yã	权玄卷
ɤ̃	争风根	ĩ	英音心星	ũ	魂东红	ỹ	胸穷群

该音系有单字调 2 个：

> 平声　13　东通该风开春门龙铜皮动冻痛洞毒白盒罚百哭塔
> 　　　　　　六麦
> 上声　55　古展纸口丑草体好手五女网有缺尺切歇说削发

此外，音值方面有以下几个特点。

（1）[n] 与今齐齿呼、撮口呼韵母相拼时，实际音值为 [ɲ]，因其与开口呼、合口呼相拼呈互补分布，故被归纳为一个音位 [n]。

（2）[ʐ] 只与 [j]、[ɥ] 相拼，摩擦很明显，为显示音系中此类因元音高化而导致声母变化的特征，故虽然其与 [l] 分布呈互补，并未被归纳为一个音位，而是被单列为一个音位。

（3）[x] 发音时舌位靠后，尤其与 [ʋ] 相拼时音近 [χ]。

（4）[ts tsʰ s] 与 [j]、[ɥ] 相拼时，嘴前突，实际音值为 [tʃ tʃʰ ʃ]。

（二）河湟地区中原官话河州片语音特征

（1）泥母遇合三、蟹开四、止开三、曾开三入、梗开四入在青海境内河州片，有的声母今读为 [m]，与明母蟹开四、止开三读音一致；有的今读为 [n]，与明母蟹开四、止开三读音有别。如"女泥年奶米眉"在大通、乐都、民和巴州话、贵德上刘屯话中的读音：

	女	泥	年	奶	米	眉
大通	mj⁵⁵	mj¹³	niã¹³	nɛe⁵⁵	mj⁵⁵	mj¹³
乐都	mʅ⁵⁵	mʅ²¹³	niɑn²¹³	nɛ⁵⁵	mʅ⁵⁵	mʅ²¹³
民和巴州	ȵʮ⁵⁵	ȵj²¹³	ȵiã²¹³	nɛ⁵⁵	mʅ⁵⁵	mʅ²¹³
贵德上刘屯	mj²¹³	mj³⁵	niã²¹³	ne⁴⁴	mj⁵⁵	mj²¹³

（2）古蟹合一灰韵、止开三、曾开一入德韵、梗开二入麦韵的明母字，今读 [ɿi]、[ɪ]、[ie]、[ɛ]，如"墨麦梅妹"等字在大通、乐都、民和巴州、贵德上刘屯话中的读音：

	墨	麦	梅	妹
大通	mɹi⁵⁵	mɹi¹³	mɹi¹³	mɹi¹³
乐都	mie³²⁵	mie³²⁵	mɹ²¹³	mɹ³²⁵
民和巴州	mɹ²¹³	mɹ²¹³	mɹ²¹³	mɹ²¹³
贵德上刘屯	mɹ¹³	mɛ¹³	mɹ¹³	mɹ⁵⁵

（3）"古开口的庄组、知组二等和章组止摄字与精组字不合流，读 [tʂ tʂʰ ʂ] 声母。这一点与陇中片和秦陇片分开。这也是我们把河州片从陇中片析出的主要依据。此特点，与兰银官话金城片兰州方言一致。"[1] 河湟地区河州片古开口的庄组二等、流开三与章组止摄、端组蟹

---

① 雒鹏：《甘肃省的中原官话》，《方言》2008 年第 1 期，第 67 页。

开四、止开三、精组止摄字、咸开一字有的合流，今读 [ts tsʰ s]，有的有别。如：

	四	师	示	第	自	债	三	衫	僧	生
大通	sʅ^{13}	sʅ^{55}	sʅ^{13}	tsʅ^{13}	tsʅ^{13}	tsɛɛ^{13}	sã^{55}	sã^{55}	sɜ̃^{55}	sɜ̃^{55}
乐都	sʅ^{325}	sʅ^{213}	sʅ^{325}	tsʅ^{325}	tsʅ^{325}	tʂɛ^{325}	san^{213}	ʂan^{55}	sɜ̃^{213}	ʂɜ̃^{213}
民和巴州	sʅ^{213}	sʅ^{213}	sʅ^{213}	tsʅ^{213}	tsʅ^{213}	tʂɛ^{213}	sã^{213}	ʂã^{213}	sɜ̃^{213}	ʂɜ̃^{213}
贵德上刘屯	sʅ^{55}	sʅ^{13}	sʅ^{55}	tsʅ^{55}	tsʅ^{55}	tʂɛ^{55}	sã^{13}	ʂã^{13}	sɜ̃^{13}	ʂɜ̃^{13}

（4）古生、船、书、禅母合口遇蟹止山臻通摄、江摄开口二等字声母今读 [f]。如：

	树	税	水	帅	刷	说	顺	熟	双
大通	fʊ^{13}	fii^{13}	fii^{55}	fɛɛ^{13}	fa^{13}	fɔ^{55}	fɜ̃^{13}	fʊ^{13}	fɔ̃^{55}
乐都	fʊ^{325}	fi^{325}	fi^{55}	fɛ^{325}	fa^{213}	fɣ^{213}	fɜ̃^{325}	fʊ^{213}	fɔ̃^{213}
民和巴州	fʊ^{213}	fi^{213}	fi^{55}	fɛ^{213}	fɑ^{213}	fə^{213}	fɜ̃^{213}	fʊ^{213}	fɔ̃^{213}
贵德上刘屯	fʊ^{55}	fi^{55}	fi^{55}	fɛ^{55}	fɑ^{13}	fɣ^{13}	fɜ̃^{55}	fʊ^{55}	fɔ̃^{13}

（5）"北京话 [ən：əŋ/in：iŋ/uen：u（ə）ŋ/yn：yŋ] 四对韵母，关中片有分别，秦陇片与陇中片这四对韵母都不分。"[1] 而青海境内河州片的这四对韵母也是不分，但表现和秦陇片略有不同，如：

	根	庚	林	灵	婚	红	群	穷
大通	kə̃^{55}	kə̃^{55}	lĩ^{13}	lĩ^{13}	xũ^{55}	xũ^{13}	tɕʰỹ^{13}	tɕʰỹ^{13}
乐都	kə̃^{213}	kə̃^{213}	lĩ^{213}	lĩ^{213}	xuə̃^{213}	xuə̃^{213}	tɕʰyə̃^{213}	tɕʰyə̃^{213}

---

[1]　中国社会科学院、澳大利亚人文科学院编绘《中国语言地图集·汉语方言卷·官话之四》（第 1 版），香港朗文（远东）有限公司，1987。

| 民和巴州 | kɑ̃²¹³ | kɑ̃²¹³ | li̇³²¹³ | li̇³²¹³ | xũ²¹³ | xũ²¹³ | tɕʰỹ²¹³ | tɕʰỹ²¹³ |
| 贵德上刘屯 | kɑ̃¹³ | kɑ̃⁵⁵ | li̇³¹³ | li̇³¹³ | xũ¹³ | xũ¹³ | tɕʰỹ¹³ | tɕʰỹ¹³ |

（6）北京话一些零声母字在青海境内河州片中有的带声母，如岸 [nã]，有的摩擦较重，可以视作带声母，如移 [ʒj]、卫 [vɪ]、雨 [ʒʮ]。举例如下：

	安	一	卫	鱼
大通	nã⁵⁵	ʒj⁵⁵	vʏɪ¹³	ʒʮ¹³
乐都	nɑn²¹³	zʅ²¹³	vɪ³²⁵	zʮ²¹³
民和巴州	nã²¹³	zj²¹³	vɪ²¹³	zʮ²¹³
贵德上刘屯	nã¹³	ʒj¹³	vɪ⁵⁵	ʒʮ¹³

（7）从调类和调值特征来看，河州片几个调查点的调类多为两个，平声不分阴阳。只有乐都话为三个，分别是平声213、上声55、去声325，其余调查点的单字调为两个。在调查过程中，发音合作人发音时长若短，曲折调就会和相应的升调调类相混。如贵德上刘屯话中平声实际调值为24，其中的阴平字若发音时长拉长，其调值为213，与阳平有分别，但若缩短时长就混了。乐都话的平声213和去声325都是曲折调，但调头起点不一致，即使曲折调时长缩短，发音合作人也能够清楚分辨二者的区别。从调类归并的情况来看，河州片各方言点调类中平声不分阴阳，与秦陇片各方言点平声分阴阳特点有别。调值中高平、中升和曲折调皆存，曲折调存在较强优势。秦陇片存在调类合并的趋势，但在河州片还不是很明显。

　　本节仅从河湟地区秦陇片和河州片的主要特点描述河湟地区汉语方言分布的状况和特点，接下来的章节将分别以具体的方言点作为个案进行研究，说明多民族共生状态下河湟地区语言的生态。

第二章

河湟地区语言生态状况个案研究

语言生态的"切片"式观察需要通过分析河湟地区汉族和各少数民族杂居区的汉语方言来体现。本章选取汉藏、汉回、汉土几个代表点的汉语方言的语音特点来观照河湟地区语言生态状况，各节内容皆有侧重，以便更好地展现不同杂居区语言生态。

第一节　河湟地区汉藏杂居区汉语状况

本节以贵德县上刘屯话作为调查对象，描述河湟地区汉藏杂居区使用汉语的面貌。

一　贵德县上刘屯地理与人文概况

据《贵德县志》所载，贵德县"位于青海省东部，海南藏族自治州东南部。地处黄河上游龙羊峡与李家峡之间。地理坐标为东经100°58'8"—101°47'50"，北纬35°29'45"—36°23'35"。东西宽 63.4 公里，南北长 90.6 公里，……东与化隆、尖扎县相邻，南与同仁、泽库县接壤，西与贵南、共和县毗邻，北与湟源、湟中两县交界"①。贵德县有汉、藏、回、土等 15 个民族，县城驻河阴镇。

---

① 贵德县地方志编纂委员会编《贵德县志》，陕西人民出版社，1995，第 45 页。

本节涉及的河西镇上刘屯村的历史可以溯及明洪武年间。"明洪武十三年（1380 年），河州世袭百户刘庆率众屯垦守卫，筑刘屯寨，后分为上、下村，后称为上、下刘屯。"[①]根据发音合作人所述，上刘屯居民中汉藏皆有，邻近的下排村村民在日常交流中会使用半句汉语方言半句藏语的方式，有时为互译，有时为各自表述不同内容。张成材在《青海省汉语方言的分区》一文中曾对此有过叙述："青海人把这种现象叫'风搅雪'。所谓'风搅雪'就是在一句话里既说汉语，又说藏语，有点自己说话自己当翻译的味道"[②]。上刘屯话分为新、老两派，讲老上刘屯话的主要是明代屯垦时移民者的后代，讲新上刘屯话的主要是清代以来陆续从甘肃等地迁移而来的。老上刘屯话还分新老派，本节内容呈现的是新派老上刘屯话。

二　贵德县上刘屯话音系及特点

（一）贵德县上刘屯话音系

贵德县上刘屯话音系共有 25 个声母，包括零声母（见表 2-1）；32 个韵母（见表 2-2）。

表 2-1　贵德县上刘屯话音系 25 个声母

声母	例字	声母	例字	声母	例字	声母	例字	声母	例字	声母	例字
p	布步百变	pʰ	怕盘拍普	m	门买麦女						
t	到道答	tʰ	太同铁	n	难安袄	f	飞税服	v	微午软	l	兰路龙良
tʂ	自祖举集	tsʰ	慈醋趣气			s	散苏虚生西			ɭ	李驴
tʂ	专招争	tʂʰ	尺昌处			ʂ	声上湿	ʐ z	人日让		
tɕ	精经焦	tɕʰ	秋枪桥			ɕ	修线	ʑ	延元雨一		
k	贵高盖	kʰ	跪开葵			x	化胡河				
∅	阿儿奥										

---

① 贵德县地方志编纂委员会编《贵德县志》，陕西人民出版社，1995，第 60 页。
② 张成材：《青海省汉语方言的分区》，《方言》1984 年第 3 期，第 188 页。

表2-2 贵德县上刘屯话音系32个韵母

韵母	例字	韵母	例字	韵母	例字	韵母	例字
ɿ	资第词斯	j	移急去比梨米	ʋ	木故土	ʮ	欲局许吕
ʅ	直尺十						
ɑ	爬辣哈	iɑ	夹恰侠	uɑ	花刮夸		
ɜ	帅耳海			uɛ	怪快坏		
ɪ	北妹你色			iu	国贵最		
ɔ	保桃跑歌	iɔ	条消腰				
ɤ	婆波莫			uɤ	卧河割各	yɤ	月靴缺
ɯ	斗口丑	iɯ	流袖油				
ɐɪ	蛇拆	ie	姐切聂				
ã	竿胆三	iã	间连闲	uã	短船换	yã	权玄圆
ɔ̃	横根争身	ĩ	林灵心星	ũ	魂红东	ỹ	群穷胸云
ɒ̃	党桑长双	iɒ̃	养祥将	uɒ̃	窗庄光		

该音系有单字调共2个：

平声　13　方天初昏胸高伤飞房田锄魂雄床陈神鹅人八发服
　　　　　急说实十

去声　55　碗五女老稻盗舅旧汗父大病饭

此外，音值方面有以下几个特点。

（1）[p]、[pʰ] 在 [ʋ] 前唇齿化。

（2）[x] 在 [ʋ] 前舌位靠后，实际音值为 [χ]。

（3）[ts tsʰ s] 与 [j]、[ʮ] 拼合时，摩擦较重，发音时嘴唇略前突，带舌叶音色彩，音近 [tʃ tʃʰ ʃ]。

（4）[ʐ] 摩擦重，在 [j]、[ʮ] 前尤其明显。

（5）单韵母 [j]、[ʋ]、[ɥ] 摩擦较重。

（6）[ã ɔ̃ ɤ̃] 系列鼻化音皆略带鼻尾。[ã ɔ̃] 后为 [n]，[ɤ̃] 后为 [ŋ]。

（二）贵德县上刘屯话音韵特点

1. 声母特点

（1）精、见组蟹开三四、止开三、深开三入、臻开一三入、曾开三入、梗开四入，帮组梗开三四入，精组梗开三入字今韵母读 [j]，精、见组遇合一三、臻合一三入、通合一三入、端组遇合一三字今韵母读 [ɥ]。由此引起声母高化，精、见组合流，整个音节读 [tsj]、[tsʰj]，但端组已完成高化，如，计＝祭 [tsj⁵⁵] ≠ 帝 [tsɿ⁵⁵]，契＝砌 [tsʰj⁵⁵] ≠ 替 [tsʰɿ⁵⁵]；精、见组在遇合一三、臻合一三入、通合一三入单韵母字前读 [tsɥ tsʰɥ sɥ] 音节，如，祖 [tsɥ⁵⁵]＝举 [tsɥ⁵⁵]，醋 [tsʰɥ⁵⁵]＝趣 [tsʰɥ⁵⁵]，苏 [sɥ¹³]＝虚 [sɥ¹³]。

（2）见系开口二等有少数字仍读舌根音，如巷 [xɔ̃⁵⁵]、街 [kɛ¹³]。

（3）泥、来母字与今齐齿呼、撮口呼相拼时，分别读为 [m]、[ʎ]，如泥 [mj¹³]、女 [mj⁵⁵]、力 [ʎj⁵⁵]、吕 [ʎɥ⁵⁵]。

（4）生、书、禅及个别船母字与合口呼韵母相拼时，读 [f]，如帅 [fɛ⁵⁵]、水 [fɿ⁵⁵]、顺 [fɔ̃⁵⁵]。

（5）疑、影母字在今开口呼前读 [n]，如崖 [nɛ¹³]、岸 [nã⁵⁵]、哀 [nɛ⁵⁵]、安 [nã¹³]；在今齐齿呼、撮口呼前读 [n]、[ʒ]，如银 [ʒĩ¹³]、燕 [ʒiã⁵⁵]、眼 [niã¹³]、咬 [niɔ⁵⁵]、元 [ʒyã¹³]、渊 [ʒyã¹³]、月 [ʒyɤ¹³]、约 [ʒyɤ¹³]。

2. 韵母特点

（1）精组止开三读 [ɿ]，知系字读 [ʅ]；精组遇合一三读 [ɥ]。

（2）除精组外的遇合一三、臻合一入、通合一三入读 [ʋ]。

（3）深臻曾梗通合并为 [ɔ̃ ĩ ũ ỹ]，如，林＝灵 [lĩ¹³]，根＝耕 [kɔ̃¹³]，魂＝红 [xũ¹³]，穷＝裙 [tɕʰỹ¹³]。

3. 声调特点

只有平声和去声两个单字调。平声不分阴阳。古平声、清上、次浊上、入声归平声，全浊上、去归去声。

连读变调中阴阳平有分别，但也有合流趋势。

三 贵德县上刘屯话归属探讨

从整体的音韵特点看，上刘屯话属于中原官话河州片，但也有一些不同。雒鹏总结河州片的特点：①"古开口的庄组、知组二等和章组止摄字与精组字不合流，读 [tʂ tʂʰ ʂ] 声母。这一点与陇中片和秦陇片分开"；②"平声不分阴阳，只有三个单字调'的现象跟陇中片相同，与秦陇片分开"。① 观察上刘屯话的特点，与雒文所述第一条特点相符。下面比对上刘屯话和甘青两省中原官话各片在第一条特点方面的异同。为了比对标准的统一，除上刘屯话、河阴镇话语音材料采用本研究调查所得外，其余语音材料皆选用雒鹏原文材料：

	资	支	知	蚕	馋	缠	僧	生	声
上刘屯	tsɿ¹³	tʂʅ¹³	tʂʅ¹³	tsʰã¹³	tʂʰã¹³	tʂʰã¹³	sə̃¹³	ʂə̃¹³	ʂə̃¹³
临夏	tsɿ¹³²	tʂʅ¹³²	tʂʅ¹³²	tsʰæ¹³²	tʂʰæ¹³²	tʂʰæ¹³²	səŋ¹³²	ʂəŋ¹³²	ʂəŋ¹³²
兰州	tsɿ⁴⁴	tʂʅ⁴⁴	tʂʅ⁴⁴	tsʰæ⁵⁵³	tʂʰæ⁵⁵³	tʂʰæ⁵⁵³	sən⁴⁴	sən⁴⁴	sən⁴⁴
西安	tsɿ²¹	tʂʅ²¹	tʂʅ²¹	tsʰæ²⁴	tʂʰæ²⁴	tʂʰæ²⁴	səŋ²¹	səŋ²¹	ʂəŋ²¹
秦安	tsɿ²¹³	tʃɿ²¹³	tʂʅ²¹³	tsʰæ²¹³	tʃʰæ²¹³	tʂʰæ²¹³	sən²¹³	ʃən²¹³	sən²¹³

根据第二条特点中的"平声不分阴阳"，上刘屯话与陇中片的"平声不分阴阳"相同；但就单字调个数来看，又不符合"只有三个单字调"这个特点，与陇中片、秦陇片皆有别。

---

① 雒鹏：《甘肃省的中原官话》，《方言》2008 年第 1 期，第 67 页。

除此之外，我们再与同一县境中属于中原官话秦陇片的河阴镇话做比对。河阴镇话音系如表2-3、表2-4所示。

声母共25个，包括零声母。

表2-3 河阴镇话音系25个声母

声母	例字	声母	例字	声母	例字	声母	例字	声母	例字	声母	例字
p	布边百	pʰ	怕盘偏	m	门木女泥	f	飞冯税熟	v	闻围武软		
t	到道得	tʰ	太同秃	n	难怒年袄					l	兰路连两
ts	自急第	tsʰ	慈齐去茶			s	散苏虚生			ɭ	李吕
tʂ	招专主	tʂʰ	初处虫			ʂ	扇声食	z̺	日认绕		
tɕ	精经焦	tɕʰ	秋枪桥			ɕ	修玄线	ʐ	元延以雨		
k	高桂割	kʰ	跪开葵			x	河红胡				
Ø	阿耳二										

韵母共30个。

表2-4 河阴镇话音系30个韵母

韵母	例字	韵母	例字	韵母	例字	韵母	例字
ɿ	资支地	j	希衣比	ʋ	鹿母出如入	ч	欲俗徐
ʅ	直日十	ɨ	姐帖聂	ʉ	河过落	yʉ	月药靴
a	巴答辣	ia	家恰狭	ua	刮夸花		
ɜ	耳儿舌帅			au	怀怪快		
ɔ	各饱桃	iɔ	轿巧笑				
ɯ	侯口周	iɯ	牛休油				
ɒ	党桑上巷	iɒ	央良祥	uɒ	狂黄床		
ɹi	色北妹			uii	贵惠累		
an	胆陕凡	ian	险念甜	uan	船还管	yan	权玄圆
ən	森根横	in	林心英	un	东春魂俊	yn	云穷胸用

青海河湟地区语言生态研究

河阴镇话音系单字调共2个：

阴平上	55	高猪开等古展口丑好手普笔黑桌袜六
阳平去	214	穷陈床才娘文坐淡抱帐正汉送云局杂读白服
		合是

河阴镇话平声分阴阳。阴平上由清平、清上、次浊上、清入、次浊入归并而来；阳平去由浊平、浊入、全浊上、去声归并而来。

首先比对深臻曾梗通摄韵母的异同：

	根	梗	心	星	魂	红	群	穷
河阴	kən⁵⁵	kən⁵⁵	ɕin⁵⁵	ɕin⁵⁵	xun²¹⁴	xun²¹⁴	tɕʰyn²¹⁴	tɕʰyn²¹⁴
上刘屯	kə̃²¹³	kə̃⁵⁵	ɕĩ²¹³	ɕĩ²¹³	xũ²¹³	xũ²¹³	tɕʰỹ²¹³	tɕʰỹ²¹³
秦安	kəŋ²¹³	kəŋ⁴⁴	siən²¹³	siən²¹³	xuəŋ²¹³	xuəŋ²¹³	tɕʰyn²¹³	tɕʰyn²¹³
临夏	kəŋ¹³²	kəŋ¹³²	ɕiən¹³²	ɕiən¹³²	xuəŋ¹³²	xuəŋ¹³²	tɕʰyn¹³²	tɕʰyn¹³²

据此可以看出，在深臻曾梗通摄韵母的异同上，上刘屯话与陇中片、河州片都不一致。

再来比对二者古开口的庄组、知组二等和章组止摄字与精组字是否合流：

	资	支	知	蚕	馋	缠	僧	生	声
上刘屯	tsɿ¹³	tʂʅ¹³	tʂʅ¹³	tsʰã¹³	tʂʰã¹³	tʂʰã¹³	sə̃¹³	ʂə̃¹³	ʂə̃¹³
河阴	tsɿ⁵⁵	tsɿ⁵⁵	tʂʅ⁵⁵	tsʰan²¹⁴	tsʰan²¹⁴	tʂʰan²¹⁴	sən⁵⁵	sən⁵⁵	ʂən⁵⁵
秦安	tsɿ²¹³	tʃʅ²¹³	tʂʅ²¹³	tsʰæ̃²¹³	tʃʰæ̃²¹³	tʂʰæ̃²¹³	sən²¹³	ʃən²¹³	sən²¹³
西安	tsɿ²¹	tsʅ²¹	tʂʅ²¹	tsʰæ̃²⁴	tsʰæ̃²⁴	tʂʰæ̃²⁴	səŋ²¹	səŋ²¹	ʂəŋ²¹

从总体比对结果来看，河阴镇话具有秦陇片方言特点——古开口的庄组、知组二等和章组止摄字与精组字合流，与关中片特征相合；而上刘屯话古开口的庄组、知组二等和章组止摄字与精组字不合流，与秦陇片、陇中片特征皆不同。

据以上比对及上刘屯地理位置与历史移民状况，上刘屯话应属于中原官话河州片，同时反映出它与周边其他小片方言接触后产生的变化。河湟地区河州片方言的单字调多为三个，且多为平声不分阴阳。即使是只有两个单字调的大通桥头镇话，平声也是不分阴阳的。河湟地区秦陇片的单字调平声分阴阳，这也是十分明显的特征。贵德当地强势方言是属于秦陇片的河阴话，河阴话在单字调的个数上和一些语音特征上与上刘屯话一致的情况说明，两种方言在长期共存的过程中，互相"沾染"了彼此的一些特征。这种"你中有我、我中有你"的状态反映了在族群接触的前提下产生的语言接触结果，显示了多民族聚居的河湟地区语言生态的多样性和复杂性。

第二节　河湟地区汉回杂居区汉语状况

据《青海回族史》所载，青海回族早在唐代就由丝绸之路经河西走廊翻越祁连山来到湟水沿岸零星居住。至宋代，在唃厮啰政权统治下的青唐城中有数百家聚居。元朝以后，数以万计的回族军士和商贾居于河湟地区。

青海回族日常使用的汉语与居住地汉族使用的汉语有区别。比如海东市民和回族土族自治县回族汉语方言端精见组在效咸山梗开口四等韵前全混，读为 [tɕ tɕʰ]，如，电 = 见 =[tɕ]，天 = 签 =[tɕʰ]；而河湟地区其他回族汉语与汉族汉语一样不混，分别读 [t tʰ]、[tɕ tɕʰ]；回族汉语生、书、禅及个别船母字与合口字相拼时读为 [ʂ]，而不是汉族汉语的 [f]。

河湟地区回族聚居区有回族自治县，如民和回族土族自治县、大通回族土族自治县、化隆回族自治县。本节主要选取海东市民和回族土族自治县马营镇回族汉语作为汉回杂居区语言状况的观察对象。相较于回族聚居区汉语方言，民和回族土族自治县马营镇回族汉语更能体现杂居区的语言特点，且作为中原官话河州片方言，与本书中其他少数民族与汉族杂居区的汉语相比具有独特性。

一　民和马营镇地理与人文概况

民和回族土族自治县位于青海省东部，被称为青海"东大门"，是青海省海东市下辖县，位于青海省东部边缘，地理坐标为东经102°26′—103°04′，北纬35°45′—36°26′。东部和南部与甘肃省毗邻。东北与甘肃省永登县、兰州市红古区隔大通河相望，东与甘肃省永靖县接壤，南隔黄河与甘肃省积石山相对，西、西北及北与本省循化撒拉族自治县、化隆回族自治县、乐都区毗邻。县境南北长69千米，东西宽32千米，总面积1890.82平方千米，生活着汉、回、土、藏等20个民族。

民和秦汉以前为羌人居地，西汉时被纳入中央政权版籍。汉武帝和汉昭帝时期，在包括今民和地区在内的湟水流域设郡建县，金城郡及治下（允吾），就设在今民和境内的下川口一带。魏晋时期，在今中川、官亭一带设县。北魏设金城县，后改为龙支县。宋为河湟吐蕃唃厮啰地方政权辖地，后隶于西夏近百年之久。元隶于西宁州，明属西宁卫，清辖于碾伯所。1930年，建立民和县。1978年民和划属海东地区。1986年6月经国务院批准成立民和回族土族自治县。[1]

根据第七次全国人口普查结果，截至2020年11月1日零时，民和回族土族自治县常住人口约为32.69万人。

---

[1] 《民和县情简介》，民和文旅公众号，2022年4月20日。

马营镇地处民和回族土族自治县中南部，总人口 28011 人，居住着回、汉、藏、土 4 个民族。[①]

民和族群源流众广，文化类型繁多。所处河湟谷地，是人类学研究者所说的"河湟民族走廊"。

民和回族都是由外地移民而来，其"有来自西域、新疆的；有来自江淮、河北、河南及陕、甘、宁等省区的；还有来自本省西宁、化隆、循化、大通、互助等市、县的……最早迁入民和地区的回族是米拉沟一带（包括今之核桃庄……李二堡）的冶家"[②]。大批回族迁入民和，是在元代和元代之后。

二 民和马营镇回族汉语音系及特点

1. 声母

声母 26 个，包括零声母（见表 2-5）。

表 2-5　民和马营镇回族汉语音系 26 个声母

声母	例字	声母	例字	声母	例字	声母	例字	声母	例字	声母	例字
p	半布别	pʰ	怕盘步	m	门母木						
t	到道夺	tʰ	太同	n	南暗爱暖	f	飞冯符	v	闻危吾	l	蓝连路
ts	自地举祖遭	tsʰ	齐趣仓去粗踢							ɭ	李力吕
tʂ	主争斋	tʂʰ	昌潮初虫			s	散苏西虚	z	日认绕		
tɕ	将节骄	tɕʰ	秋丘桥	ɳ	年硬女	ʂ	师扇书	ʑ	延言缘		
k	刮贵国虹	kʰ	开柜葵			ɕ	宪小旋				
∅	而儿					x	巷胡灰红				

① 《民和县乡镇简介——马营镇》，民和文旅公众号，2022 年 10 月 10 日。
② 民和回族土族自治县志编纂委员会编《民和县志》，陕西人民出版社，1993，第 571 页。

关于音值的几点说明如下。

（1）[m] 发音时伴有明显的塞音，为 [mᵇ]。

（2）[pʰ tʰ kʰ] 送气强烈，且伴有明显的小舌颤动，可标为 [pᵡʰ tᵡʰ kᵡʰ]，与 [ʋ]、[ɑ] 相拼时颤动最明显。

（3）[ʑ] 在 [j]、[ɥ] 前的实际音值为 [z]，但 [z] 只出现在 [j]、[ɥ] 前，与 [ʑ] 出现的条件互补，故被合并为一组，记为 [ʑ]。

（4）[ʦ ʦʰ] 与 [j]、[ɥ] 拼合时，摩擦较重，并带有舌叶音。

（5）[ʦ ʦʰ s]、[ʈʂ ʈʂʰ ʂ ʐ] 与 [ʮ] 相拼时，双唇前突。

（6）[x] 的舌位靠后，尤其与 [ʋ]、[ɤ] 相拼时，实际音值为 [χ]。

（7）[ŋ] 只出现在少量字前做声母，故不被列为一类声母。

2. 韵母

韵母有 33 个（见表 2-6）。

表 2-6　民和马营镇回族汉语音系 33 个韵母

韵母	例字	韵母	例字	韵母	例字	韵母	例字
ɿ	资磁斯	j	米第急泥以	ʋ	母赌鹿绿	ɥ	欲雨举趣虚
ʅ	知尺石日					ʮ	祖醋苏主除书如
ɑ	爬拔答	iɑ	架夹恰狭	uɑ	刷刮花		
ɛ	派菜来			uɛ	怪怀帅		
ɪ	倍妹梅			uɪ	桂最税		
ɤ	得河何蛇			uɤ	和落做		
ɔ	包桃烧	iɔ	彪调消				
ɐr	耳二						
		ie	劣姐野			ye	确靴月
ɯu	斗丑收	iɯu	流纽袖				
ɒ̃	党桑张	iɒ̃	良香央	uɒ̃	床庄光		
æn	胆三干	iæn	年间线	uæn	短酸官	yæn	权圆
əŋ	征陈恨	iŋ	林灵心	uŋ	东魂横	yŋ	群穷勋胸

关于音值的几点说明如下。

（1）单韵母 [j]、[ʮ] 摩擦较重，其中 [j] 实际音值近 [iɻ]，[ʮ] 实际音值近 [yʮ]。[ʋ] 的摩擦较弱，唇齿间接触较松。

（2）[ʯ] 与 [ts tsʰ s] 相拼时实际音值为 [ʮ]，在 [tʂ tʂʰ ʂ ʐ] 后为 [ʮ]，二者形成互补，故被合并为一组，记为 [ʮ]。

（3）[æn]、[əŋ] 两组皆有鼻化且带鼻尾，[iŋ]、[yŋ] 中的 [ŋ] 实际音值近 [ɲ]。

3. 单字调

单字调，共 2 个：

平声　13　梯题粗鹅娘云抗曲急怒法白合物药
去声　55　初丑楚女社送放却切普比古武

音值说明：单字调调值整体较高，平声和去声声调尾部都有下降趋势，尤其去声，实际为 554；平声调值起点较高，为体现单字调的系统性，标为 13。

三　民和马营镇回族汉语音韵特点

（一）声母特点

1. 全浊声母清化

全浊声母清化后的塞音塞擦音按"平送仄不送"的规律，分为送气音和不送气音，下面分述之。

（1）并定从群澄母今读

并定从群澄母今逢塞音、塞擦音时，平声字一般读送气音，仄声字读不送气音。

（2）邪母今读

据张建军所述，河州方言的邪母读音共有 [s ɕ tsʰ tɕʰ] 四种，马营

镇回族汉语邪母读 [tsʰ s/ tɕʰ ɕ]，分布条件与河州方言同。①

（3）船禅母今读

船禅母字分别读 [tʂʰ]、[ʂ]，变化与北京话同，但在合口三等字前，马营镇回族汉语读 [ʂ]。

（4）奉非晓匣母今读

奉非晓匣母清化后读清擦音，其中奉非母合流，读为 [f]；晓匣母合流，洪音前读 [x]，细音前读 [ɕ]。

2. 端精见组合流状况

端精见组声母因韵母元音高化导致合流，这是河州回族汉语的共有特点，尤其在临夏地区回族汉语中，端精见组声母与今齐齿呼韵母相拼时，皆合流为 [tɕ tɕʰ]。马营镇具体情况分为以下三种。

（1）今普通话 [i] 韵前，端精见组声母合流，读 [ts tsʰ]。

（2）在部分遇摄合口、臻通摄合口一三ʌ前，精见合流，读 [ts]。

（3）在效咸山梗摄开口三四等前，端精见组声母今皆读 [tɕ tɕʰ]。

3. 泥来母今读

泥来母不混，与秦陇片西宁方言同。泥母字今读 [n]、[ɳ]，来母字今读 [l]、[ɭ]。其中 [n]、[l] 出现在洪音前，[ɳ]、[ɭ] 出现在细音前。

4. 知庄章组及日母今读

（1）知庄章组字除部分合口字有区别外，今皆读 [tʂ tʂʰ ʂ]，这个特点与临夏八坊回族汉语相同。

（2）生书禅母合口字读 [ʂ]。

（3）日母开口止摄字今读零声母 [ɐr]；遇山臻通摄合口三等、深宕开三ʌ字读 [ʐ]。

5. 疑影微母字今读

疑影微母字今读 [v]、[n]、[ɳ]、[ʐ]。疑影母开合口一等、止摄合

① 张建军：《河州方言语音研究》，陕西师范大学博士学位论文，2009。

口二等字今读 [v]，疑影母蟹效梗摄开口一二等字白读音今读 [n]、[ȵ]，疑影母开口二三等、止通摄合三等字今读 [z̠]。

（二）韵母特点

1. 阴声韵

（1）果摄今读

除见晓组外，果开一、果合一相混，以读 [ɤ uɤ] 为主，果合三主要元音舌位前后不同。

（2）假摄今读

假摄开合口二等字今读为 [ɑ iɑ uɑ]；假开三章组读 [ɤ]；其余假开三读为 [ie]。

（3）遇摄今读

①遇摄合口帮端组字今读 [ʋ]。

②遇合一精组字今读 [ʮ]。

③遇合三精见组字今读 [ʮ]；遇合三知系今读 [ʯ]。

（4）蟹止摄今读

①见系蟹摄开口一二等有别，二等字中部分文白异读的白读音又与一等字音相混。其中一等字今读 [ɛ]，文读音 [ie]。

止摄开口精组字读 [ɿ]，蟹止摄开口三等知系字读 [ʅ]。

②蟹摄开口三四等与止摄帮端泥见组字相混，读 [j]。

③除蟹摄合口二等见组外，蟹止摄合口相混，读 [ɿ]。

（5）效流摄今读

①效摄开口二三等知系字今读 [ɔ]。

②效摄开口二三四等精见组字今读 [iɔ]。

③流摄开口帮组绝大多数字音与遇摄合口帮端见组字读音同，为 [ʋ]。流摄开口三等字今读 [ɯu]。

2. 阳声韵

（1）咸山摄舒声今读

咸山摄舒声韵相混，皆读鼻尾韵。

（2）深臻曾梗通舒声今读

深臻曾梗通舒声韵相混，皆读鼻尾韵 [ŋ]。

（3）宕江摄舒声今读

宕江摄舒声读鼻化韵。

3. 入声韵

（1）除见晓组字，咸山摄开口一等端精组、开口二等，咸山摄合口三等帮组字，皆读 [u]。

（2）咸山摄开口一等见晓组，山臻摄合口一等帮端精见组，宕开一帮端精见组，臻宕曾摄开口三等知庄章组，曾合一见晓组字，江摄知庄组字，今读 [ɤ uɤ]。

咸山摄开口三四等帮端精组、见系字，读 [ie]。

山合三、宕摄开合口三等、江摄精见组字，读 [ye]。

（3）深臻曾梗摄开口三四等帮泥精见组，梗合三今读 [j]。

（4）臻通摄合口精组字今读 [ʮ]。臻曾通摄合口见组字读 [ɥ]，与遇摄合口字合流。

（5）臻通摄合口一等帮端泥组、见系字今读 [ʊ]。臻通摄合口三等知章组字今读 [ʮ]。

（6）曾梗摄德陌麦三韵表现复杂，其中曾开一德韵、梗开二陌麦韵，今读以 [ɤ]、[ɿ] 为主。曾合一德韵、梗合二陌麦韵，今读 [uɤ]。梗开三陌韵今读 [j]。

（三）声调特点

共有单字调 2 个，为平声与去声。平声与清上、入声合流，浊上、去归为去声。在连读变调中，平声分阴阳。在单字调中已经归入平声的上声和平声连调行为有别。

四 马营镇回族汉语的连读调与词调

（一）马营镇回族汉语的连调式

马营镇回族汉语单字调共两个：

平声 13 梯题粗鹅娘云抗曲急怒法白合物药
去声 55 初丑楚女社送放饭却切普比古武

平声由清上、入声归并而来，不分阴阳，浊上、去归为去声。马营镇回族汉语因连调行为有别，故在绘制连调表时按照"阴阳上去"分列（见表2-7）。

表2-7 马营镇回族汉语连调汇总

		平声13			去声55
		阴平	阳平	上声	
平声13	阴平	35+35 开车 35+55 声音 锅锅儿 21+55 插销 21+35 珠珠儿 55+21 尖尖儿	35+35 消毒 21+35 开门	35+35 喝水 35+55 甘草 金子 21+55 出丑 包子 55+21 阿姐 21+35 筐子	21+55 出嫁
	阳平	35+35 磨刀 35+55 茶杯	35+35 爬墙 35+55 羊毛 芽芽儿 55+35 服毒 21+55 锤锤儿	35+35 骑马 35+55 团长 房子	35+55 读报 21+55 还账
	上声	35+35 养鸡 21+55 手巾 55+21 普通	35+35 养牛 21+35 打雷 55+21 鲤鱼	35+35 打水 35+55 手巧 55+21 省长 21+55 饺子 21+35 宝塔 里子 底底儿	35+55 掌舵 21+55 走路
去声55		35+35 坐车 35+55 信封 21+55 定亲 55+35 看书	55+21 放学 55+35 骂人	55+21 市长 步子 55+35 倒水 55+55 跳舞 21+55 裤子	35+35 泻肚 55+21 剩饭 泡泡儿 55+55 寄信 21+55 叶叶儿

注：表中下划线的部分表示例词较少。

下面举例，变调后的实际调值统一标注在前，后字按照"阴阳上去"的顺序排列，分别用1、2、3、4标示，即1=阴平，2=阳平，3=上声，4=去声。

前字阴平

1+1	35+35	开车 kʰɛ tʂʰɤ	高低 kɔ tsj	高山 kɔ ʂæn

秋收 tɕʰiɯɯ ʂɯɯ　　搬家 pæn tɕia　　浇花 tɕiɔ xua

铁丝 tɕʰie sʅ　　黑心 xɪ ɕiŋ　　结冰 tɕie piŋ

天黑 tɕʰiæn xɪ

35+55　　飞机 fɪ tsj　　声音 ʂəŋ ziŋ　　竹竿 tʂʋ kæn

菊花 tsʮ xua　　目标 mʋ piɔ　　蜂蜜 fəŋ mj

鸡血 tsj ɕie　　国家 kuɤ tɕia　　辣椒 la tɕiɔ

墨水 mɤ ʂuɪ　　锅锅儿 kuɤ kua

21+55　　新鲜 ɕiŋ ɕiæn　　平安 pʰiŋ næn　　插销 tʂʰa ɕiɔ

55+21　　尖尖儿 tɕiæn tɕia

21+35　　珠珠儿 tʂʮ tʂuɐr

1+2　35+35　　新闻 ɕiŋ vəŋ　　消毒 ɕiɔ tʋ　　黑桃 xɪ tʰɔ

恶毒 ŋɤ tʋ　　复杂 fʋ tsa　　积极 tsj tsj

骨折 kʋ tʂɤ　　入门 zʮ məŋ　　月圆 zye zyæn

入学 zʮ ɕye

21+35　　开门 kʰɛ məŋ　　今年 tɕiŋ ȵiæn　　天堂 tɕʰiæn tʰõ

花瓶 xua pʰiŋ　　帮忙 põ mõ　　关门 kuæn məŋ

高楼 kɔ lɯɯ　　发明 fa miŋ　　刷牙 ʂua zia

1+3　35+35　　工厂 kuŋ tʂʰõ　　浇水 tɕiɔ ʂuɪ　　抓紧 tʂua tɕiŋ

心疼 ɕiŋ tʰəŋ　　风雨 fəŋ zʮ　　收礼 ʂɯɯ ʝj

屋顶 vʋ tɕiŋ　　脚底 tɕye tsj　　桌椅 tʂuɤ zj

铁锁 tɕʰie suɤ　　黑枣 xɪ tsɔ　　铁板 tɕʰie pæn

节省 tɕie ʂəŋ　　喝水 xɤ ʂuɪ　　吃苦 tʂʰʅ kʰʋ

		发冷 fɑ lən	入股 ʐʅ kʊ	吃奶 tʂʰʅ næn
		谷雨 kʊ ʐʅ	木板 mʊ pæn	
	35+55	甘草 kæn tsʰɔ	高考 kɔ kʰɔ	辛苦 ɕiŋ kʰʊ
		安稳 næn vəŋ	风水 fəŋ ʂui	沙眼 ʂɑ ɲiæn
		经理 tɕiŋ ʑj	尺码 tʂʰʅ ma	热水 zɣ ʂui
		月饼 zye piŋ	木马 mʊ ma	木偶 mʊ ŋɯ
		入伍 ʐʅ vʊ	金子 tɕiŋ tsʅ	
	21+55	加减 tɕia tɕiæn	出丑 tʂʊ tʂʰɯ	血止 ɕie tʂʅ
		包子 pɔ tsʅ		
	55+21	阿姐 ɑ tɕie	玉米 ʐʅ mj	阿奶 ᵃ奶奶 ɑ nɛ
	21+35	筐子 kʰuõ tsʅ		
1+4	21+55	开市 kʰɛ ʒʅ	兄弟 ɕyŋ tsʰj	师范 ʂʅ fæn
		安静 næn tɕiŋ	书记 ʂʅ tsj	花布 xua pʊ
		霜降 ʂuõ tɕiõ	心细 ɕiŋ sj	烧饭 sɔ fæn
		公路 kuŋ lʊ	天地 tɕʰiæn tsj	出嫁 tʂʰʅ tɕia
		切菜 tɕʰie tsʰɛ	出气 tʂʰʅ tsʰj	发病 fɑ piŋ
		出汗 tʂʰʅ xæn		

前字阳平

2+1	35+35	年轻 ɲiæn tɕʰiŋ	磨刀 mɣ tɔ	骑鹿 tsʰj lʊ
		流血 liɯu ɕie	人黑 zəʂ xi	牛骨 ɲiɯu kʊ
	35+55	茶杯 tʂʰɑ pi	红花 xuŋ xua	棉衣 miæn zj
		床单 tʂʰuõ tæn	头发 tʰɯu fɑ	红色 xuŋ ʂɣ
		潮湿 tʂʰɔ ʂʅ	人物 zəʂ vɣ	
2+2	35+35	银行 ziŋ xõ	农忙 luŋ mõ	爬墙 pʰɑ tɕʰiõ
		头疼 tʰɯu tʰəŋ	抬头 tʰɜ tʰɯu	防滑 fõ xua
		同学 tʰuŋ ɕye	成熟 tʂʰəŋ ʂʅ	零食 liŋ ʂʅ
		拔牙 pɑ zia	值钱 tʂʅ tɕʰiæn	

	35+55	门铃 məŋ liŋ	前门 tɕʰiæn məŋ	鼻梁 pj liõ
		厨房 tʂʰʮ fõ	羊毛 ʑiõ mɔ	门帘 məŋ liæn
		明白 miŋ pɤ	杂粮 tsɑ liõ	芽芽儿 ʑia ʑiɐr
	55+35	和平 xuɤ pʰiŋ	集合 tsj xɤ	服毒 fʋ tʋ
	21+55	锤锤儿 tʂʰuɪ tʂʰuɘr		
2+3	35+35	存款 tsʰuŋ kʰuæn	长短 tʂʰõ tuæn	门口 məŋ kʰʉu
		骑马 tsʰj ma	鞋底 xɛ tsj	红枣 xuŋ tsɔ
		人好 ʐəŋ xɔ	还款 xuæn kʰuæn	防火 fõ xuɤ
		牛奶 ȵiɯu nɛ		
	35+55	团长 tʰuæn tʂõ	人影 ʐəŋ ʑiŋ	朋友 pʰəŋ ʑiɯu
		长远 tʂʰõ ʑyæn	房子 fõ tsʮ	
2+4	35+55	长凳 tʂʰõ təŋ	蓝布 læn pʋ	两点 liõ tɕiæn
		肥瘦 fi ʂɯu	回信 xuɪ ɕiŋ	长命 tʂʰõ miŋ
		绸缎 tʂʰɯu tuæn	南路 næn lʋ	年画 ȵiæn xua
		蓝队 læn tuɪ	流汗 liɯu xæn	犁地 ɡj tsj
		鼻线 鼻梁 pj ɕiæn	读报 tʋ pɔ	植树 tʂʅ ʂʮ
	21+55	期限 tsʰj ɕiæn	跑道 pʰɔ tɔ	模范 mɤ fæn
		脾气 pʰj tsʰj	还账 xuæn tʂõ	奇怪 tsʰj kuɛ
		棉裤 miæn kʰʋ	群众 tɕʰyŋ tʂuŋ	神话 ʂəŋ dua
		黄豆 xuõ tɯu		

前字上声

3+1	35+35	水烟 ʂuɪ ʑiæn	好心 xɔ ɕiŋ	保温 pɔ vəŋ
		口感 kʰɯu kæn	火星 xuɤ ɕiŋ	眼科 ʑiæn kʰɤ
		米缸 mj kõ	雨衣 ʐʮ ʐj	养鸡 ʑiõ tsj
		好药 xɔ ʑye	好说 xɔ ʂuɤ	请客 tɕʰiŋ kʰɤ
		打铁 ta tɕʰie	打猎 ta lie	眼瞎 ȵiæn xa
		满月 mæn ʑye	礼物 ɡj vɤ	

21+55		祖宗 tsʮ tsuŋ	手心 ʂɯ ɕiŋ	火车 xuɤ tʂʰɤ
		酒杯 tɕiɯ pɿ	手巾 ʂɯ tɕiŋ	喜欢 ɕj xuæn
		打开 ta kʰɛ	老师 lɔ ʂʮ	粉笔 fən pj
		指甲 tʂʮ tɕia	首饰 ʂɯ ʂʮ	马夹 ma tɕia
		眼色 ȵiæn ʂɤ		
55+21		普通 pʰu tʰuŋ	体育 tʰj zʮ	动物 tuŋ vɤ
3+2	35+35	腿长 tʰuɪ tʂʰõ	养牛 ʑiõ ȵiɯ	解毒 tɕie tʊ
		李白 ʎj pɛ	老贼 lɔ tsɿ	有毒 ʑiɯ tʊ
	21+35	火炉 xuɤ lʊ	海洋 xɛ ʑiõ	口粮 kʰɯ liõ
		酒瓶 tɕiɯ pʰiŋ	九年 tɕiɯ ȵiæn	果园 kuɤ ʑyæn
		顶棚 tɕiŋ pʰəŋ	好人 xɔ ʐəŋ	打拳 ta tɕʰyæn
		打雷 ta luɪ	老人 lɔ ʐəŋ	老成 lɔ tʂʰəŋ
		有钱 ʑiɯ tɕʰiæn		
55+21		鲤鱼 ʎj zʮ	饮食 ziŋ ʂʮ	主席 tʂʮ sj
3+3	35+35	水土 ʂuɪ tʰʊ	草纸 tsʰɔ tʂʮ	举手 tsʮ ʂɯ
		胆小 tæn ɕiɔ	打水 ta ʂuɪ	表演 piɔ ziæn
		小雨 ɕiɔ zʮ	美好 mi xɔ	冷水 ləŋ ʂuɪ
		养狗 ʑiõ kɯ	马桶 ma tʰuŋ	
	35+55	小姐 ɕiɔ tɕie	厂长 tʂʰã tʂõ	水果 ʂuɪ kuɤ
		手软 ʂɯ zuæn	口齿 kʰɯ tʂʮ	手巧 ʂɯ tɕʰiɔ
		小米 ɕiɔ mj		
	55+21	稿纸 kɔ tʂʮ	省长 ʂəŋ tʂõ	处理 tʂʮ ʎj
	21+55	饺子 tɕiɔ tsɿ		
	21+35	宝塔 pɔ tʰa	小雪 ɕiɔ ɕye	五月 vʊ ʑye
		底底儿 tsj tser	里子 ʎj tsʮ	
3+4	35+55	火柱 xuɤ tʂʮ	掌舵 tʂõ tʰuɤ	胆大 tæn ta
		好看 xɔ kʰæn	狗叫 kɯ tɕiɔ	

21+55　顶罪 tɕiŋ tsui　　板凳 pæn təŋ　　广告 kuõ kɔ

姊妹 tsʅ mi　　草帽 tsʰɔ mɔ　　打扮 ta pæn

韭菜 tɕiɯ tsʰɛ　　拐棍 kuɛ kuŋ　　草地 tsʰɔ tsj

本地 pəŋ tsj　　走路 tsɯu lʊ　　写字 ɕie tsʅ

写信 ɕie ɕiŋ　　炒菜 tʂʰɔ tsʰɛ　　远近 zyæn tɕiŋ

晚辈 væn pi　　演戏 ziæn sj　　眼泪 nʲiæn lui

前字去声

4+1　35+35　后腰 xɯu ziɔ　　坐车 tsuɤ tʂʰɤ　　在家 tsɛ tɕia

负责 fʊ tʂɤ　　犯法 fæn fa　　计策 tsj tʂʰɤ

退山 tʰui tʂʰʅ　　性急 ɕiŋ tɕj

35+55　信封 ɕiŋ fəŋ　　战争 tʂæn tʂəŋ　　货色 xuɤ ʂɤ

建筑 tɕiæn tʂʅ　　庆祝 tɕʰiŋ tʂʅ

55+21　士兵 ʂʅ piŋ　　汽车 tsʰj tʂʰɤ　　背心 pi ɕiŋ

细心 sj ɕiŋ　　教师 tɕiɔ ʂʅ　　定亲 tɕiŋ tɕʰiŋ

放心 fõ ɕiŋ　　面汤 miæn tʰõ　　路灯 lʊ təŋ

外甥 ve ʂəŋ　　夏天 ɕia tɕʰiæn　　地方 tsj fõ

碎步 sui pʰʊ　　后跟 xɯu kəŋ　　幸福 ɕiŋ fʊ

道德 tɔ tɤ　　做法 tsuɤ fa　　静脉 tɕiŋ mie

动物 tuŋ vɤ　　堕落 tuɤ luɤ　　教室 tɕiɔ ʂʅ

课桌 kʰɤ tʂuɤ　　炸药 tʂɑ zye　　快乐 kʰuɛ luɤ

大雪 ta ɕye　　办法 pæn fa　　认识 zəŋ ʂʅ

面包 miæn pɔ　　树叶 ʂʅ zie　　大陆 ta lʊ

事业 ʂʅ nʲie

55+35　粪坑 fəŋ kʰəŋ　　跳高 tɕʰiɔ kɔ　　裤裆 kʰʊ tõ

看书 kʰæn ʂʅ　　气粗 tsʰj tsʰʅ　　电灯 tɕiæn təŋ

树根 ʂʅ kəŋ　　大葱 ta tsʰuŋ　　健康 tɕiæn kʰɒ

卖花 me xua　　卖瓜 me kua　　话多 xua tuɤ

		尽力 tɕiŋ ȵj	爱国 ŋɛ kuɤ	变色 piæn ʂɤ
		送客 suŋ kʰɤ	字帖 tsɿ tɕʰie	画册 dua tʂʰɤ
		夜黑 zie xɿ	炼铁 liæn tɕʰie	卖药 me zye
4+2	55+21	后门 xuɯ məŋ	象棋 ɕiõ tsʰj	教员 tɕio zyæn
		借条 tɕie tɕʰiɔ	太阳 tʰɛ ziõ	算盘 suæn pʰæn
		化肥 xua fi	地球 tsj tɕʰiuɯ	病人 piŋ zəŋ
		外行 vɛ xõ	汉族 xæn tsʅ	化学 xua ɕye
		放学 fõ ɕye	退学 tʰuɪ ɕye	练习 liæn sj
	55+35	上楼 ʂõ luɯ	半年 pæn ȵiæn	证明 tʂəŋ miŋ
		拜年 pɛ ȵiæn	剃头 tsʰj tʰuɯ	线长 ɕiæn tʂʰõ
		树苗 ʂʅ mio	面条 miæn tɕʰiɔ	院墙 zyæn tɕʰiõ
		队旗 tuɪ tsʰj	电池 tɕiæn tʂʅ	卖鱼 me zʅ
		骂人 ma zəŋ	路平 lʊ pʰiŋ	饭凉 fæn liõ
		断绝 tuæn tɕye	杏核 xəŋ xɤ	性别 ɕiŋ pie
		病毒 piŋ tʊ	办学 pæn ɕye	
4+3	55+21	市长 ʂʅ tʂõ	户口 xʊ kʰuɯ	妇女 fʊ ȵʅ
		父母 fʊ mʊ	半碗 pæn væn	正楷 tʂəŋ kʰɜ
		报纸 pɔ tsʅ	快板 kʰuɛ pæn	汽水 tsʰj ʂuɪ
		跳板 tɕʰiɔ pæn	对比 tuɪ pj	队长 tuɪ tʂõ
		事主 ʂʅ tʂʅ	糯米 nuɤ mj	号码 xɔ ma
		步子 pʰʊ tsʅ		
	55+35	受苦 ʂuɯ kʰʊ	动手 tuŋ ʂuɯ	信纸 ɕiŋ tsʅ
		倒水 tɔ ʂuɪ	中暑 tʂuŋ ʂʅ	大小 ta ɕiɔ
		送礼 suŋ ȵj	四两 sʅ liõ	洞口 tuŋ kʰuɯ
		电表 tɕiæn pio	袖口 ɕiuɯ kʰuɯ	大雨 ta zʅ
		大胆 ta tæn	卖酒 me tɕiuɯ	问好 vəŋ xɔ
		用水 zyŋ ʂuɪ	命苦 miŋ kʰʊ	卖米 me mj

青海河湟地区语言生态研究

55+55	跳舞 tɕʰiɔ vʋ	字典 tsʅ tɕiæn	代理 tɛ ʐj
21+55	褥子 zʅ tsʅ		
4+4 35+35	最近 tsuɪ tɕiŋ	贵重 kuɪ tʂuŋ	泻肚 ɕie tʋ
55+21	舅父 tɕiɯɯ fv	动荡 tuŋ tõ	罪过 tsuɪ kuɤ
	近视 tɕiŋ ʂʅ	靠背 kʰɔ pɪ	兴趣 ɕiŋ tsʰʅ
	笑话 ɕiɔ xua	半夜 pæn zie	贩卖 fõ mɛ
	性命 ɕiŋ miŋ	味道 vɪ tɔ	豆浆 tuɯ tɕiõ
	代替 tɛ tsʰj	豆腐 tuɯ fv	剩饭 ʂəŋ fæn
	泡泡儿 pʰɔ pʰa		
55+55	罪犯 tsuɪ fæn	犯罪 fæn tsuɪ	受气 ʂuɯ tsʰj
	上课 ʂõ kʰuɤ	后路 xuɯ lv	后代 xuɯ tɛ
	弟妹 tsj mɪ	坐轿 tsuɤ tɕiɔ	创造 tʂʰuõ tsɔ
	四倍 sʅ pʰɪ	照相 tʂɔ ɕiõ	破布 pʰɤ pv
	四寸 sʅ tsʰuŋ	唱片 tʂʰõ pʰiæn	教训 tɕiɔ ɕyŋ
	寄信 tsj ɕiŋ	放假 fõ tɕia	看戏 kʰæn sj
	四害 sʅ xɛ	退步 tʰuɪ pʋ	快慢 kʰuɛ mæn
	大旱 ta xæn	乱动 luæn tuŋ	病重 piŋ tʂuŋ
	大蒜 ta suæn	病假 piŋ tɕia	路费 lʋ fi
	饭菜 fæn tsʰɛ	定价 tɕiŋ tɕia	夏至 ɕia tsʅ
	地震 tsj tʂəŋ	大树 ta ʂʅ	梦话 məŋ xua
	地洞 tsj tuŋ	寿命 ʂuɯ miŋ	命大 miŋ ta
	让路 zõ lʋ	受罪 ʂuɯ tsuɪ	
21+55	叶叶儿 zie zia		

（二）马营镇回族汉语的连读调与词调

马营镇回族汉语的连读调见表2-8。

表 2-8　马营镇回族汉语连读调

		平声 13			去声 55
		阴平	阳平	上声	
平声 13	阴平	35+35 开车	35+35 消毒 21+35 开门	35+35 喝水 21+55 出丑	21+55 出嫁
	阳平	35+35 磨刀	35+35 爬墙 55+35 服毒	35+35 骑马	35+55 读报 21+55 还账
	上声	35+35 养鸡	35+35 养牛 21+35 打雷	35+35 打水 35+55 手巧	35+55 掌舵 21+55 走路
去声 55		35+35 坐车 55+21 定亲 55+35 看书	55+21 放学 55+35 骂人	55+35 倒水 55+55 跳舞	35+35 泻肚 55+55 寄信

马营镇回族汉语共有七种连读调：[35+35]、[21+35]、[21+55]、[55+35]、[35+55]、[55+21]、[55+55]。由表 2-8 来看有以下几点。

（1）七种连读调显示阴阳上去皆不同，表现各异。并且在单字调中绝大多数归入平声的入声，作为前字与去声组合时有区别，清入归阴平，如"出嫁""切菜"的连读调为 [21+55]，全浊入归阳平，如"读报""植树"的连读调为 [35+55]。

（2）平声较之去声容易变调，去声作为前后字都不易变调。

（3）[35+35] 是最常见的连读调模式，几乎遍及所有组合。

（4）阴平作为后字与阴、阳平和上声组合，模式皆为 [35+35]，显示合流。阳平、上声作为前字的连读调较为一致。去声作为前字与平声的各种组合，体现了阴平、阳平、上声的区别。

马营镇"子"缀词和儿化发达，没有儿尾，名词一般重叠后强制性儿化，很少有单独的重叠式。下面通过马营镇"子"缀词词调表（见表 2-9）和"AA 儿"式名词词调表（见表 2-10）来观察马营镇回族汉语的词调模式。

表 2-9　马营镇回族汉语"子"缀词词调

"子"缀词	词调
阴平＋子	35+55 金子　栽子_{用来栽种的树枝}　盘子 21+55 包子　车子　鸭子 21+35 筐子　推子　簪子
阳平＋子	35+55 房子　竹子　瓶子
上声＋子	21+55 饺子　李子　饼子 21+35 桶子　耩子_犁　腿子_腿
去声＋子	55+21 兔子　步子　妹子 21+55 褥子　胯子_{胯骨}

举例如下：

阴平＋子

　　35+55　金子 tɕiŋ tsʅ　　栽子_{用来栽种的树枝} tsɛ tsʅ　　　　盘子 pʰæn tsʅ

　　　　　腔子_{胸脯} kʰɒ̃ tsʅ

　　21+55　包子 pɔ tsʅ　　车子 tʂʰɤ tsʅ　　鸭子 ʑia tsʅ　　窗子 tʂʰuɒ̃ tsʅ

　　21+35　筐子 kʰuɒ̃ tsʅ　　推子 tʰui tsʅ　　簪子 tsæn tsʅ

　　　　　衫子_{长衫} ʂæn tsʅ

阳平＋子

　　35+55　房子 fɒ̃ tsʅ　　竹子 tʂʋ tsʅ　　瓶子 pʰiŋ tsʅ　　帘子 liæn tsʅ

上声＋子

　　21+55　饺子 tɕiɔ tsʅ　李子 ʑj tsʅ　饼子 piŋ tsʅ　捆子_{麦捆} kʰuŋ tsʅ

　　　　　奶子_{牛奶} ne tsʅ

　　21+35　桶子 tʰuŋ tsʅ　耩子_犁 kɒ̃ tsʅ　腿子_腿 tʰui tsʅ　戥子 təŋ tsʅ

　　　　　里子 ʑj tsʅ

去声＋子

　　55+21　兔子 tʰʋ tsʅ　步子 pʰʋ tsʅ　妹子 mɪ tsʅ　辫子 piæn tsʅ

　　　　　转子_{一种屯粮装置} tʂuæn tsʅ

　　21+55　褥子 zʮ tsʅ　胯子_{胯骨} kʰuɑ tsʅ

表 2-10　马营镇回族汉语 "AA 儿" 式名词词调

"AA 儿" 式名词	词调
阴平重叠 + 儿	35+55 锅锅儿 21+35 珠珠儿　窝窝儿　摊摊儿 55+21 尖尖儿
阳平重叠 + 儿	35+55 芽芽儿　盒盒儿 21+55 锤锤儿
上声重叠 + 儿	21+35 腿腿儿　杆杆儿
去声重叠 + 儿	55+21 泡泡儿　带带儿 21+55 叶叶儿　院院儿院子

举例如下：

首字阴平重叠 + 儿

  35+55　锅锅儿 kuɤ kua　　弯弯儿 væn va　　跟跟儿 kəŋ kər

      蛊蛊儿 tʂuŋ tʂuər　芯芯儿 ɕiŋ ɕiər

  21+35　珠珠儿 tʂʊ tʂuər　窝窝儿鸟窝 vɤ va　摊摊儿 tʰæn tʰa

      兜兜儿 tɯ ta

  55+21　尖尖儿 tɕiæn tɕia

首字阳平重叠 + 儿

  35+55　芽芽儿 ʐiɑ ʐiər　　盒盒儿 xɤ xa　　盘盘儿 pʰæn pʰa

      截截儿 tɕie tɕia

  21+55　锤锤儿 tʂʰuɪ tʂʰuər

首字上声重叠 + 儿

  21+35　腿腿儿 tʰuɪ tʰuər　水水儿 ʂuɪ ʂuər　嘴嘴儿 tsuɪ tsuər

      杆杆儿 kæn ka

首字去声重叠 + 儿

  55+21　泡泡儿 pʰɔ pʰa　　带带儿 tɛ ta　　盖盖儿 kɛ ka

      把把儿 pɑ pɐr　　套套儿 tʰɔ tʰa

  21+55　叶叶儿 ʐie ʐia　　院院儿院子 ʐyæn ʐya

从"子"缀词和儿化的组合来看，在词调层面，马营镇回族汉语的阴阳上去皆有别。

表 2-11　马营镇回族汉语词调

		平声 13			去声 55
		阴平	阳平	上声	
平声 13	阴平	35+55 声音 锅锅儿 21+55 插销 21+35 珠珠儿 55+21 尖尖儿		35+55 金子 21+55 包子 21+35 筐子 55+21 阿姐	
	阳平	35+55 茶杯	35+55 羊毛 芽芽儿 21+55 锤锤儿	35+55 房子	
	上声	21+55 手巾 55+21 普通	55+21 鲤鱼	55+21 省长 21+35 宝塔 21+35 底底儿 21+55 饺子	
去声 55		35+55 信封		55+21 步子 21+55 褥子	55+21 剩饭 泡泡儿 21+55 叶叶儿

马营镇回族汉语共有四种词调：[35+55]、[21+55]、[21+35]、[55+21]。从表 2-11 可以看到以下几点。

（1）词调层面可以看到去声与平声的区别。单字调合流的阴、阳平及上声，比在连读调层面显示出更为明显的区别。

（2）存在四组"异组共享"。其中"AA 儿"式首字为阴平（锅锅儿）和阳平（芽芽儿）与"阳平 + 去声"（读报）"上声 + 去声"（掌舵）组合共享 [35+55]。

[21+35] 既是"AA 儿"式首字为阴平（珠珠儿）和上声（底底儿）的词调，又是"阴平 + 阳平"（开门）"阳平 + 阳平"（打雷）的连读调。

[21+55] 模式为"AA 儿"式首字为阳平（锤锤儿）和去声（叶叶儿）与"阴平 + 上声"（出丑）"阴平 + 去声"（出嫁）"阳平 + 去声"（还账）"上声 + 去声"（走路）共享。

[55+21] 既是"AA 儿"式首字为阴平（尖尖儿）的词调，也是

"去声＋阴平"（定亲）"去声＋阳平"（放学）的连读调。

（3）共有五种模式空缺，分别为"阴平＋阳平""阴平＋去声""阳平＋去声""上声＋去声""去声＋阳平"，也就是说，平声＋去声的组合在词调层面空缺。

（4）共享和空缺多出现在与去声的组合中。

第三节 河湟地区汉土杂居区汉语状况

本节以海东市乐都区达拉土族乡甘沟山话和民和回族土族自治县中川乡话为个案，描述河湟地区土族聚居区汉语方言特征，说明民族杂居地区语言生态的样貌。

一 乐都区达拉土族乡地理与人文概况

乐都区位于青海省东部湟水河中下游，东面与民和回族土族自治县相连，西面为平安区，南面接壤化隆回族自治县，北面与互助土族自治县毗邻，东西宽 64 千米，南北长 76 千米，全区海拔 1850 米至 4480 米。全区共辖 20 个乡镇（街道），354 个行政村，14 个居民委员会，是一个汉、藏、蒙古、回、土等多民族聚居地区。从历史上来看，古称羌戎地，先秦时期称湟中部落，汉魏时称破羌县，其中汉时属金城郡，魏属西平郡。晋时始得"乐都"名，称乐都郡。唐时设鄯州，宋为湟州、乐州，明代设碾北卫，清雍正三年改为碾伯县。1929 年青海建省后设乐都县。1978 年由省直辖划归海东地区。2013 年，撤销乐都县，设立海东市乐都区。①

乐都区达拉土族乡位于县境西北部，距县政府驻地碾伯镇 31 千米。为全区所辖三个少数民族乡之一。西、北与互助土族自治县红崖子

---

① 《区情概况》，海东市乐都区人民政府，http://www.ledu.gov.cn。

沟乡和松多藏族乡毗邻，西南与高店镇接壤，东连共和乡和雨润镇。本节选取达拉土族乡甘沟山话作为个案研究。据发音合作人介绍，甘沟山村四周被土族村落包围，村民之间来往频繁。日常生活的接触使没有声调的土族语对当地汉语方言产生很大影响。

二　乐都区达拉土族乡甘沟山话音系及特点

（一）乐都区达拉土族乡甘沟山话音系

乐都区达拉土族乡甘沟山话音系有声母26个，包括零声母（见表2-12）；韵母30个（见表2-13）。

表2-12　乐都区达拉土族乡甘沟山话音系26个声母

声母	例字	声母	例字	声母	例字	声母	例字	声母	例字	声母	例字
p	布步百	pʰ	怕盘拍	m	门麦女						
						f	飞税服	v	闻午软		
t	到道答	tʰ	太同铁	n	难安怒年硬					l	路兰连梨驴
ts	自俊祖举地	tsʰ	仓齐醋趣踢			s	散苏虚	z	雨一		
tʂ	专招争	tʂʰ	尺昌处			ʂ	声上湿	ʐ	人日让	ɻ	
tɕ	精经焦	tɕʰ	秋枪桥			ɕ	修线小	ʒ	延元言		
k	贵高盖	kʰ	看开葵			x	化胡欢				
∅	阿儿										

表2-13　乐都区达拉土族乡甘沟山话音系30个韵母

韵母	例字	韵母	例字	韵母	例字	韵母	例字
ɿ	资第词斯移急旗去比米			ʊ	木故土	ɥ	欲局许吕
ʅ	直尺十						
ɑ	爬辣哈	ia	夹恰侠	ɑu	花刮夸		
ɜ	帅耳海			ɜu	怪快坏		
ə	婆莫卧色何			uə	河割各郭和	yə	靴确月

韵母	例字	韵母	例字	韵母	例字	韵母	例字
ɔ	保桃跑	iɔ	条消腰				
		ie	姐野血				
ɪ	妹你倍睡			uɪ	贵最灰		
əu	斗口丑	iəu	流袖油				
ə̃	根争身温	ĩ	林灵心星	uə̃	魂红东横尊	yə̃	群穷胸云
ɑ̃	党桑长双	iɑ̃	养祥将	uɑ̃	窗庄光		
ɑn	竿胆三	iɑn	间连闲	uɑn	短船换	yɑn	权玄圆

乐都区达拉土族乡甘沟山话音系单字调共 2 个：

平声　13　刚安开盖菜诗识石试事

上声　55　好五买有体碗古展口社

音值说明有以下几方面。

（1）[p pʰ] 在 [ʋ] 前唇齿化。

（2）[x] 在 [ʋ] 前舌位靠后，实际音值为 [χ]。

（3）单韵母 [ʋ]、[ɥ] 摩擦较重。

（4）[əu] 中的 [u] 实际音值为 [ʋ]。

（5）单字调中平声实际调值为 24，为体现单字调的系统性，将调值标为 13。

（二）乐都区达拉土族乡甘沟山话音韵特点

乐都区达拉土族乡的西面与北面分别与土族聚居的互助土族自治县红崖子沟乡和松多藏族乡相连，这两个乡中土族和藏族人口占比较高。西南与乐都区高店镇接壤，高店镇东面是平安区，当地居民所说方言属于中原官话秦陇片。达拉土族乡的东面是共和乡和雨润镇。从地理位置上考察，达拉土族乡处于汉、土、藏、蒙古族杂居的状态。与达拉土族乡相邻的乐都区雨润镇居民所说汉语方言属于中原官话河州片，与区政府所在地碾伯镇话性质一致。达拉土族乡甘沟山村虽然紧邻雨润镇，但语言特征与雨润话并不相同。下面先介绍乐都区碾伯镇话音系，以便用于比较。

1. 乐都区碾伯镇话音系

乐都区碾伯镇话音系有声母26个，包括零声母（见表2-14）；韵母30个（见表2-15）。

表 2-14　乐都区碾伯镇话音系 26 个声母

声母	例字	声母	例字	声母	例字	声母	例字	声母	例字	声母	例字
p	布步百	pʰ	怕盘拍	m	门麻女						
t	道大当	tʰ	太同铁	n	难怒安年硬	f	飞父税	v	闻午软	l	来路龙林
tṣ	糟祖举自第	tṣʰ	仓醋曲词踢			s	丝苏虚喜	z	一雨	ɭ	李吕
tʂ	正桌专	tʂʰ	长巢出			ʂ	伤师十	ʐ	人认绕		
tɕ	精经接	tɕʰ	秋丘枪			ɕ	修玄线	ʒ	元延言		
k	贵古高	kʰ	开口可			x	婚寒黑				
∅	阿耳儿										

表 2-15　乐都区碾伯镇话音系 30 个韵母

韵母	例字	韵母	例字	韵母	例字	韵母	例字
ɿ	资地急			ʊ	鹿木赌	ɥ	虚欲局
ʅ	直尺十						
ɑ	爬答辣	iɑ	架恰侠	uɑ	刮夸花		
ɛ	儿帅盖			uɛ	怪块坏		
ɪ	倍妹			uɪ	桂惠累		

青海河湟地区语言生态研究

韵母	例字	韵母	例字	韵母	例字	韵母	例字
ɒ	党桑上	iɒ	良央强	uɒ	床光黄		
ɤ	蛇色黑			uɤ	河郭落		
ɔ	饱桃到	iɔ	辽条叫				
ɯɯ	斗丑口	iɯɯ	流袖纠				
		ie	姐切野北			ye	确靴药
ə̃	根更分	ĩ	林灵心星	uə̃	魂红东尊	yə̃	云穷胸
ɑn	岸含胆软	iɑn	前间闲	uɑn	官关乱	yɑn	权圆远

乐都区碾伯镇话音系单字调共 3 个：

平声　213　高猪专开天陈徐人急铁拍约七福
上声　55　古展口好手死老碗米
去声　325　父抗正菜汉大近割桌说月药

乐都区碾伯镇话平声不分阴阳，主要来自古平声和清入，上声由古清上演变而来，去声主要来自古浊上、去声和浊入。

2. 乐都区达拉土族乡甘沟山话与碾伯镇话的异同

从乐都区碾伯镇话和甘沟山话声母的比较来看，两地声母部分特点一致。如古开口的庄组二等、流开三与章组止摄、端组蟹开四、止开三、精组止摄字、咸开一字有别，如，四 [ʂʅ] ≠ 师 [ʂʅ]= 示 [ʂʅ]，自 [tsʅ]= 地 [tsʅ]，三 [san] ≠ 衫 [ʂã]，僧 [sə̃] ≠ 生 [sə̃]；古生、船、书、禅母合口遇蟹止山臻通摄、江摄开口二等字声母读 [f]。如树 [fʊ]、税 [fɪ]、水 [fɪ]、帅 [fɛ]、刷 [fa]、说 [fɤ]、顺 [fə̃]、熟 [fʊ]、双 [fɒ]；一些普通话中为零声母的字在碾伯话和甘沟山话中有辅音声母，如安 [nan]、一 [ʐʅ]、卫 [vɪ]、鱼 [ʐʮ] 等。

表 2-16　乐都区碾伯镇话与达拉土族乡甘沟山话声母比较

乐都区碾伯镇话声母	乐都区达拉土族乡甘沟山话声母
p 布步百 pʰ 怕盘拍 m 门麻女	p 布步百 pʰ 怕盘拍 m 门麦女
f 飞父税 v 闻午软	f 飞税服 v 闻微午软
t 道大当 tʰ 太同铁 n 难怒安年硬 l 来路龙林	t 到道答 tʰ 太同铁 n 难安祆怒硬年 l 路兰连
ts 糟祖举自第 tsʰ 仓醋曲词踢 s 丝苏虚喜 z 一雨	ts 自遭俊祖举地 tsʰ 慈仓齐醋趣踢 s 散苏虚 z 一雨
tɕ 精经接 tɕʰ 秋丘枪 ʑ 李吕 ɕ 修玄线 ʒ 元延言	tɕ 精经焦 tɕʰ 秋枪桥 ʑ 梨驴 ɕ 修线小 ʒ 延元言
tʂ 正桌专 tʂʰ 长巢出 ʂ 伤师十 ʐ 人认绕	tʂ 专招争 tʂʰ 尺昌处 ʂ 声上湿 ʐ 人日让
k 贵古高 kʰ 开口可 x 婚寒黑	k 贵高盖 kʰ 看廾葵 x 化胡欢
∅ 阿耳儿	∅ 阿儿

　　从韵母的比较来看达拉乡甘沟山话的单韵母舌位靠央，如"婆"字，碾伯话韵母为 [ɤ]，甘沟山话为 [ə]，再如"斗"字，碾伯话主要元音为 [ɯ]，为后高元音，而甘沟山话为 [ə]，是央元音。与达拉乡西面和北面相邻的互助土族自治县，其汉语方言属于中原官话秦陇片，特点是单元音较多，且舌位高而央，如"河"字，秦陇片韵母为 [ʉ]，是高央元音。乐都碾伯话和甘沟山话的"河"字，韵母都是复元音，但是甘沟山话的复韵母主要元音央化了，为 [ə]，碾伯话是后元音 [ɤ]。这说明甘沟山话受周边秦陇片方言的影响，韵母有央化趋势。在多种民族杂居之地，不同民族之间的语言会互相有影响，而同一语言内部不同方言之间也会因接触而产生变化。

表 2-17　乐都区碾伯镇话与达拉土族乡甘沟山话韵母比较

乐都区碾伯镇话韵母	乐都区达拉土族乡甘沟山话韵母
ɿ 资地急　　ʅ 直尺十 ʋ 鹿木赌　　ɥ 虚欲局	ɿ 资第词斯移急旗去比米　　ʅ 直尺十 ʋ 木故土　　ɥ 欲局许吕
ɑ 爬答辣　　ia 架恰侠　　ua 刮夸花	ɑ 爬辣哈　　ia 夹恰侠　　ua 花刮夸

乐都区碾伯镇话韵母		乐都区达拉土族乡甘沟山话韵母	
ɤ 蛇色黑　　　 yɤ 河郭落		ə 婆莫卧色何　　　uə 河割各郭和	
ie 姐切野北　　　ye 确靴药		ie 姐野血　　　yə 靴确月	
ɛ 儿帅盖　　　　ɜɛ 怪块坏		ɛ 帅耳海　　　　ɜɛ 怪快坏	
ɿ 倍妹　　　　　uɿ 桂惠累		ɿ 妹你倍睡　　　uɿ 贵最灰	
ɔ 饱桃到　　　　ci 辽叫		ɔ 保桃跑　　　　ci 条消腰	
ɯ 斗丑口　　　　iɯ 流袖纠		ə 口斗丑　　　　uei 流袖油	
ɑn 岸含胆软　　　ian 前间闲 uan 官关乱　　　yan 权圆远		ɑn 竿胆三　　　　ian 间连闲 uan 短船换　　　yan 权玄圆	
ĩ 林灵心星　　　ɤ̃ 根更分 uɤ̃ 魂红东尊　　　yɤ̃ 云穷胸		ĩ 林灵心星　　　ɤ̃ 根争身温 uɤ̃ 魂红东横尊　　yɤ̃ 群穷胸云	
ɒ 党桑上　　　iɒ 良央强　　　uɒ 床光黄		ɒ̃ 党桑长双　　　iɒ̃ 养祥将　　　uɒ̃ 窗庄光	

从达拉土族乡甘沟山话的单字调来看，已经归并为两个。整个北方汉语受阿尔泰语系语言影响，在单字调个数上明显有减少。甘沟山话周围都是无声调语言土族语，当地汉族方言受其影响，单字调减少，是语言接触的结果。

表2-18　乐都区碾伯镇话与达拉土族乡甘沟山话单字调比较

乐都区碾伯镇话单字调	乐都区达拉土族乡甘沟山话单字调
平声213　高猪专开天陈徐人急铁拍约七福 上声55　古展口好手死老碗米 去声325　父抗正菜汉大近割桌说月药	平声13　刚安开盖菜诗识石试事 上声55　好五买有体碗古展口社

（三）民和回族土族自治县中川乡话音系及特点

1.民和回族土族自治县中川乡地理与人文概况

中川乡位于民和回族土族自治县境南端，东邻甘肃省永靖县，南以黄河与甘肃省积石山保安族东乡族撒拉族自治县为界，西与官亭镇接壤，北与甘沟乡前河毗邻。该乡以土族为主，土族人口占总人口的69.3%。民和建县前为碾伯县辖中川堡，建县后设中川乡。1949年沿旧制仍设中川乡，1956年成立中川土族乡，1958年并入黄河公社，1961年分设中川公社，1984年复设中川乡，2002年与峡口乡合并称中川乡。土族传统的民族节日"纳顿"（七月会），每年农历七月在这里举行，"三川杏雨"为县境一大自然景观。境内有辛家村宋代丹阳古城遗址，为省级文物保护单位。①

2. 民和回族土族自治县中川乡话音系

民和回族土族自治县中川乡话音系有声母25个，包括零声母（见表2-19）；韵母28个（见表2-20）。

表2-19　民和回族土族自治县中川乡话音系25个声母

声母	例字	声母	例字	声母	例字	声母	例字	声母	例字	声母	例字
p	布百变	pʰ	怕盘步	m	门买女			v	闻微午软		
t	到道答地	tʰ	太铁踢	n	难怒					l	路兰
ts	自遭俊祖举					s	散苏虚慈仓齐醋趣	z	以雨一	ɭ	李驴
tʂ	专招争	tʂʰ	尺昌处			ʂ	声上湿	ʐ	人日让		
tɕ	精经焦	tɕʰ	秋枪桥	ȵ	年硬	ɕ	修线小	ʑ	延元言		
k	贵高盖	kʰ	看开葵			x	化胡欢飞税符服				
∅	阿儿安袄岸										

① 《民和县乡镇简介——中川乡》，民和文旅公众号，2022年12月2日。

表 2-20　民和回族土族自治县中川乡话音系 28 个韵母

韵母	例字	韵母	例字	韵母	例字
ʅ	资词四	j	欲局许第吕里力梨急旗去比	ʋ	木故土
ʮ	直尺十				
ɑ	爬辣哈	iɑ	夹恰侠	uɑ	花刮夸
ɜ	盖海	iɛ	姐野血绝靴确月	ɜu	怪快坏帅
ɪ	妹倍睡设			uɪ	贵最灰
ɤ	色何河课			uɤ	割各郭和合婆莫卧
ɔ	保桃跑	iɔ	条消腰		
ɯ	斗口丑	iɯ	流袖油		
ɚ	耳儿二				
ã	竿胆三	iã	间连闲权玄圆	uã	短船换翻
ə̃	根争身温	ĩ	林灵心星群穷胸云	ũ	魂红东横尊
ɔ̃	党桑长双	iɔ̃	养祥将	uɔ̃	窗庄光

单字调共 1 个：

　　平声　　13　　刚安开盖菜诗识石试事好五买有碗古展白药黑急

音值说明有以下几点。

（1）[p]、[pʰ] 在 [ʋ] 前唇齿化。

（2）[m]、[n] 发音时伴有同部位塞音，尤其与鼻尾韵组合时更明显，音近 [mᵇ]、[nᵈ]。

（3）[x] 在 [ʋ] 前舌位靠后，实际音值为 [χ]。

（4）[t]、[tʰ] 与 [j] 拼合时，音近 [ȶ]。

（5）单韵母 [j]、[ʋ] 摩擦较重。

（6）[ɛ]、[ɪ]、[ɔ]、[ɯ] 都略有动程，其音值分别近 [ɛe]、[ɪi]、[ɔu]、

[ɯɯ]。[iɛ] 中的 [ɛ] 开口度较小，实际音值为 [e]。[uɣ] 动程较短，口唇圆拢度高，实际音值近 [uo]。

（7）只有一个单字调，调值为 13，少数浊平和清上读 44。

3. 民和回族土族自治县中川乡话特点

大部分中川土族人除了会说土族语，还会说汉语方言。土族中川乡话音系的特点具有十分明显的语言接触痕迹。可以将中川话和同处一县的民和巴州镇话做一比较，了解中川话的特点。先看巴州镇话音系。

巴州镇话音系有声母 27 个，包括零声母（见表 2-21）；韵母 32 个（见表 2-22）。

表 2-21　巴州镇话音系 27 个声母

声母	例字	声母	例字	声母	例字	声母	例字	声母	例字	声母	例字
p	布百逼	pʰ	步怕偏	m	门马明	f	飞冯符税	v	闻围午	l	兰路来
t	到道夺	tʰ	同太天	n	难怒	s	散苏虚思	z	衣雨	ʐ	吕梨
ts	祖自举急	tsʰ	此齐去醋			ʂ	生声师	ʐ	认绕闰		
tʂ	招展阵	tʂʰ	昌巢虫	ɲ	娘女	ɕ	修休线	ʒ	延元言		
tɕ	精经焦	tɕʰ	桥秋丘			x	胡红害				
k	贵郭谷	kʰ	跪开葵								
∅	阿安哀耳										

表 2-22　巴州镇话音系 32 个韵母

韵母	例字	韵母	例字	韵母	例字	韵母	例字
ɹ	资第比米一			ʋ	木土路	ɥ	雨俗曲局
ɻ	支尺石					ʮ	祖醋苏
ɑ	拉答拿	iɑ	架掐侠	uɑ	花刮夸		
ɪ	你北梅			uɪ	累脆碎		
ɛ	帅盖海	iɛ	接野姐	uɛ	怪块坏	yɛ	靴月缺

韵母	例字	韵母	例字	韵母	例字	韵母	例字
ə	舌破得			uə	河国		
ɔ	烧桃饱	iɔ	要条消				
ɯ	丑后收	iɯ	流幼秀				
ɻɤ	儿扔尔						
ã	胆三竿	iã	间连前	uã	完还酸	yã	元权玄
ə̃	根风梦	ĩ	林心星灵	ũ	尊红魂	ỹ	穷君胸
ɔ̃	党桑长双	iɔ̃	良央强	uɔ̃	庄床光		

单字调共 2 个：

平声 213 方急黑穷开福初田近厚妇住舅汉四正醉送放拔诗时
上声 55 碗委比米九有染老口丑粉

下面对民和巴州镇话和中川乡话音系进行比较。

表 2-23 民和巴州镇话和中川乡话声母比较

民和巴州镇话声母	民和中川乡话声母
p 布百逼 pʰ 步怕偏 m 门马明	p 布百变 pʰ 怕盘步 m 门买女
f 飞妇符税 v 闻围午	v 闻微午软
t 到道夺 tʰ 同太天 n 难怒 l 兰路来	t 到道答地 tʰ 太铁踢 n 难怒 l 路兰
ts 祖自举急 tsʰ 此齐去醋 s 散苏虚思 z 衣雨 ʐ 吕梨	ts 自遭俊祖举 s 散苏虚慈仓齐醋趣 z 以雨一 ʐ 李驴
tɕ 精经焦 tɕʰ 桥秋丘 ȵ 娘女 ɕ 修休线 ʒ 延元言	tɕ 精经焦 tɕʰ 秋枪桥 ȵ 年硬 ɕ 修线小 ʒ 延元言
tʂ 招展阵 tʂʰ 昌巢虫 ʂ 生声师 ʐ 认绕闰	tʂ 专招争 tʂʰ 尺昌处 ʂ 声上湿 ʐ 人日让
k 贵郭谷 kʰ 跪开葵 x 胡红害	k 贵高盖 kʰ 看开葵 x 化胡欢飞税符服
∅ 阿安哀耳	∅ 阿儿安祆岸

根据表 2-23 以及调查结果，可以看出中川乡话声母系统与民和巴州镇话之间有较大区别。

（1）因民和土族语中只有 [x]，而 [f] 只出现在借词里，所以中川乡话中的非晓组相混，音系中只有 [x] 而无 [f]，由此引起的相应的非组三等字在今音系中并未读作开口呼，而是读作合口呼。比如肺 [xuɪ¹³]、凡 [xuɑ̃¹³]、发 [xuɑ¹³]。

（2）民和土族语中以擦音 [s] 开头的复辅音较多，加之音系中没有送气的舌尖前塞擦音，于是中川乡话也将此特点带到汉语方言中，使得舌尖前送气塞擦音擦音化，读为 [s]，如菜 [sɛ¹³]、蚕 [sɑ̃¹³]、存 [sũ¹³]。

（3）此外，中川乡话中的 [m]、[n] 发音时伴有同部位塞音，尤其与鼻尾韵组合时更明显，音近 [mᵇ]、[nᵈ]，这与民和土族语存在复辅音有关。虽然民和土族语中的复辅音比互助土族语的复辅音少一半，但还属于较发达复辅音系统。这一特征影响了民和中川土族人的汉语发音。

（4）中川乡话中也存在新老派的区别，如零声母音节中古疑母、影母字如安、袄、岸、暗等字，老派都以 [n] 做声母，而新派因受普通话影响而读为零声母字。

（5）作为属于中原官话河州片方言，民和当地汉语方言有端精见组合流的表现，如资、急、第的声母相同，或者急、第声母相同。受此影响，中川话中"第"的声母有向"急"靠拢的表现，舌面化后读为 [tɕ]。

从表 2-24 可以看出，中川乡话韵母系统和巴州镇话韵母系统之间最主要的区别是：中川乡话韵母中没有撮口呼。这一特点使中川乡话韵母分布格局与周边方言差异很大。凡其撮口呼皆读为齐齿呼，如雨 [zj¹³]、月 [ʒiɛ¹³]、权 [tɕʰiɑ̃¹³]、穷 [tɕʰĩ¹³]；土族语中没有前高圆唇元音，[u uː] 只有在 [dʒ tɕ ɕ j] 等舌面音后变读为 [y yː]。所以中川乡话没有撮口呼韵母是否与土族语这种语音特征有关系，值得进一步考察。另外，部分宕摄开合口照组、见组字今读为开口呼，如双 [ʂɑ̃¹³]。

表 2-24 民和巴州镇话和中川乡话韵母比较

民和巴州镇话韵母	民和中川乡话韵母
ɿ 资第比米一　ʅ 支尺石　ʋ 木土路 ɥ 雨俗曲局　ʮ 祖醋苏	ɿ 资词四　ʅ 直尺十　ʋ 木故土 j 欲局许第吕里力梨急旗去比
ɑ 拉答拿　iɑ 架掐侠　uɑ 花刮夸	ɑ 爬辣哈　iɑ 夹恰侠　uɑ 花刮夸
ɪ 你北梅　uɪ 累脆碎	ɪ 妹倍睡设　uɪ 贵最灰
ə 舌破得　uə 河国	ɤ 色何河课　uɤ 割各郭和合婆莫卧
ɔ 烧桃饱　iɔ 要条消	ɔ 保桃跑　ci 条消腰
ɯ 丑后收　iɯ 流幼秀	ɯ 斗口丑　iɯ 流袖油
iɛ 接野姐　yɣ 靴月缺 ɛ 帅盖海　uɣ 怪块坏	iɛ 姐野血绝靴确月 ɛ 盖海　uɣ 怪快坏帅
ã 胆三竿　iã 间连前 uã 完还酸　yã 元权玄	ã 竿胆三　iã 间连闲权玄圆 uã 短船换翻
ĩ 林心星灵	ĩ 林灵心星群穷胸云
ə̃ 根风梦　ũ 尊红魂　ỹ 穷君胸	ə̃ 根争身温　ũ 魂红东横尊
ɒ̃ 党桑长双　iɒ̃ 良央强　uɒ̃ 庄床光	ɒ̃ 党桑长双　iɒ̃ 养祥将　uɒ̃ 窗庄光
ɚ 儿扔尔	ɚ 耳儿二

从表 2-25 可以看出，中川乡话只有一个单字调，为升调。调查时发现，仅有少数字读为高平调。因发音合作人为青年，不排除受汉语方言影响而产生此类现象的可能性。另外，土族语为无声调语言，当地土族人在学说汉语方言的时候，将本民族语言的特征带到学习过程中，目标语和母语二者"折中"，因此形成单字调只有一个的结果。

表 2-25 民和巴州镇话和中川乡话单字调比较

民和巴州镇话单字调	民和中川乡话单字调
平声 213　方急黑穷开福初田近厚妇住舅 　　　　汉四正醉送放拔诗时 上声 55　碗委比米九有染老口丑粉	平声 13　刚安开盖菜诗识石试事好五买有 　　　　碗古展白药黑急

　　综上所述，中川乡话所体现出的特点既表现出土族语对汉语方言的影响，也表现出当地汉语方言对土族人所说汉语的影响。族群接触导致的语言接触痕迹在少数民族所说汉语方言中得以显露。

第三章
河湟地区因语言接触产生的变化

第一节　族群接触中的语言比较

一　河湟地区语言接触概况

1.汉藏语言接触概况

格桑居冕、格桑央京将藏语方言分为卫藏、康、安多三大方言区，其中卫藏方言和康方言之间比较接近，但各自内部土语群差异巨大；卫藏方言和安多方言差异大，但安多方言内部土语群有更多一致性。河湟地区的藏族使用的母语，按照格桑居冕、格桑央京《藏语方言概论》所述，应属于安多方言区的农业区土语群。[①]王双成将青海境内的安多藏语分为三个土语群，分别是牧业区、农业区和半农半牧区，[②]按此分法，河湟地区的藏语安多方言分属农业区和半农半牧区。

根据研究者的分析，河湟地区藏语有如下主要特征：①复辅音多脱落或合并，且多以二合形式出现；单元音数量较牧业区土语群多，但相较复辅音，数量还是少；很少有复元音，多在汉语借词中见到复元音，如乐都藏语里的"姜片子 tɕaŋ phian tsʅ""轿子 tɕio tsʅ"；没有声

---

① 格桑居冕、格桑央京：《藏语方言概论》，民族出版社，2002。
② 王双成：《安多藏语的复元音韵母》，《西藏研究》2005 年第 3 期。

调，与其他两个方言区有明显区别；②与卫藏方言同源的词在语音上有对应关系，有些同源词还以不同的附加成分标注不同特点；汉语借词较卫藏方言多；③语法范畴和结构类型与卫藏方言相同，仅在部分语法形式和运用范围上略有分歧。①

河湟地区藏语的一些语言演变现象在河湟地区汉语方言里能够找到相同的变化，比如部分元音的舌尖化演变，藏语和汉语方言具有惊人的一致性，"汉语青海方言和安多藏语 t 组声母后 i 的音变还有一个共性，就是这部分 i 的舌尖化似乎没有经过摩擦化的过程，演化要简捷一些。因为对于其他两组声母后的 i，我们如果联系青海方言各点的特征就可以很轻松地勾画出 i > j（摩擦化）> ʅ（舌尖化）的音变过程，唯独 t 组声母看不到 i > j 的丝毫线索，或者说舌尖化的时间较早，有些层次已逐渐消失。如果我们比较安多藏语的情况，我们也会发现安多藏语 ts、tɕ 和 t 等组声母后 i 的舌尖化音变情况和青海方言基本一致，特别是 t 组后 i 的音变，我们也只能看到 i > ʅ 这个阶段而无法找到 i > j 这一层次。如果说汉语青海方言的这一音变发生的时间较早，有些层次已消失的话，安多藏语这一音变发生的时间较为晚近，摩擦化这一阶段应该还能看到但看不到，所以我们认为安多藏语 i 舌尖化的动因更有可能来自外部，即和青海当地汉语方言接触的结果"②。

2. 汉土语言接触概况

根据《土族语言文字的应用和保护现状》一文叙述，"大通为选择汉语的单语区；民和为土、汉语兼通的双语区；互助县为以土语为主，汉语为辅的母语区"③。关于同仁市土族的语言状况，有人认为该语言属于土族语的一个方言，也有人认为该语言与保安语的关系更为密切。根

---

① 格桑居冕、格桑央京：《藏语方言概论》，民族出版社，2002，第 174~185 页。

② 王双成：《安多藏语 i 的舌尖化及其类型学意义》，《语言研究》2010 年第 2 期，第 126 页。

③ 群克加、乔生华：《土族语言文字的应用和保护现状》，《中国土族》2008 年第 2 期（夏季号），第 44 页。

据《土族语简志》描述，土族语的主要特点为"复元音和成套的复辅音（除个别可以出现在词中外，大多数只出现在词首）；保留着词末的短元音，而较多地失落了词首音节里的短元音（有的短元音已不在词首出现）。在词汇方面，由于许多词首音节里的短元音失落，使词的音节数目产生相应的变化，凡失落元音的词都少一个音节，从而这些词的语音形式、音节数目比同语族其他语言有所减少；较多地保留着古词；藏语借词比较多；个别词的具体意义和用法也有自己的特点。在语法方面，具有特殊的复数附加成分 -ŋgula、-sge，复数第一人称代词没有排除式和包括式的区别，复数第一、第二人称代词没有独立的词干，而在非独立词干上加复数附加成分表示，静词作谓语时一般都借助于判断语气助词"①。青海土族语有两大方言区，分别为互助方言和民和方言。两地的方言内部区别很大，"互助方言的元音分长短，而民和方言的元音不分长短，互助方言的 x 和 f，在民和方言中分别读为 q 和 x，互助方言音节末的 r 和 l 在民和方言一律读为 [ɹ]，并使它前面的元音卷舌化，互助方言的藏语借词比民和方言多，而民和方言的汉语借词比互助方言多。其次，两个方言的复数附加成分也各不相同：互助方言的附加成分为 -ŋgula、-sge，民和方言的附加成分为 -sə。另外，陈述式现在时的意义在互助方言中用 -n+ 判断语气助词表示，而在民和方言中用 -la+ 判断语气助词表示"②。

就调查的情况来看，民和土族和互助土族的语言能力有新老差别、城乡差别。两地居住在城镇的土族一般接受过教育，语言转换能力较强，不管新老派都能够用汉语交流。而农村老派保持着较强的母语能力，互助地区的老派土族还会说藏语，与民和地区的老派相比，互助地区的老派汉语交际能力较弱，而民和地区的老派基本没有藏语交际能力。

① 照那斯图编著《土族语简志》，民族出版社，1981，第 1~2 页。
② 照那斯图编著《土族语简志》，民族出版社，1981，第 86 页。

就借词的表现手段来看，根据调查，一些借词都用特殊的标注形式标明其来源并非原语言本有。互助土族语和民和土族语的标注手段都不同。比如：

表 3-1 民和土族语和互助土族语部分动作行为类词比照

动作行为类词	民和土族语	互助土族语
擦	makʰɤ	tsʰakɤ
踩	t'akʰɤ	tʰakɤ
插	tsɛla	tʰɛna
搀	hulɑ	fʊla
戳	tʂʰuəkʰɤ	tʂʰuokɤ
点	tiankʰɤ	tiankɤ
点头	tʰarhɛnatiankʰɤ	tʰaʑhuɛtiansʅlia
举	tʂakʰɤ	tɕie
砍	tuəkʰɤ	tɕiacitɕiə
闹	nɔkʰɤ	nɔla
拧	mvrʅkʰɤ	mvʂʅkɤ
提	tʰjla	tʰiɛla
添	t'iankʰɤ	tʰiankɤ

从表 3-1 可见，民和土族语借词的标注多用 -kʰɤ，而互助土族语的借词标注多用 -kɤ，两地还共同用 -lɑ（a）标注借词。从借词的语音形式来看，两地语言接触对象不同，所以借词中表现出的特征也不同。比如，"搀"，民和为 [hulɑ]，而互助为 [fʊla]，是借用汉语的"扶"。在此借词中，民和土族语中没有 [f]，只有 [h]，而互助汉语中 [f]、[h] 皆有，所以，这个借词的发音民和为 [hulɑ]，而互助为 [fʊla]。另外，"点头"这个词，民和土族语为 [tʰarhɛnatiankʰɤ]，互助土族语为 [tʰaʑhuɛtiansʅlia]，这个词是土族语＋汉语的组合方式，但组合规则不同。民和土族语和互

助土族语中的"头"分别为 [tʰarhɛ] 和 [tʰaʒhuɛ]，从"点头"这个词的构成形式来看，两地土族语都是以 OV 形式构成，即"头"在前，"点"在后。"点"的读音借自汉语。但民和土族语是"头 +na+ 点 +kʰɤ"，用"na"来标注前置的动作行为对象，这是黏着语阿尔泰语系语言固有的特征。从该词可以看到在语言接触和融合的过程中，两种不同属性语言之间的互相"浸润"。而互助土族语是"头 + 点 + 是 lia"，并没有用标注的形式来注明动作行为对象，而是在结构的末尾用"是 lia"来强调和说明，此种结构方式与藏语的结构方式吻合。此结构是支配式，动作行为的支配对象出现在表动作行为的成分之前，即 OV 式，然后在结构的末尾以"是 lia"强调和说明，相当于藏语中判断的形式。

除了以上特点外，土族语在语法和词汇方面保有独特的民族特征。比如，亲属称谓就体现出族群对家庭关系、血缘关系与婚姻关系的认知，不同方言区的亲属称谓选用的语音特征皆不相同，各有特色。有些地方的方言不同亲属关系的称谓可以一致，比如，同仁土族语"亲属称谓中有些现象很值得注意，比如祖父之兄、父之兄、母之兄弟都可以叫 a:ʤa；父之姐妹之夫，母之兄弟，母之姐妹之夫、兄、姐夫都可以称作 gaga；父之弟、兄长也都可以叫 a:du"[1]。句法方面，句子成分的位置一般是主—宾—谓形式。宾语在主语之后，谓语之前。只有动词而且是及物动词作谓语才可以有宾语。如：

bu tɕidad puʤiɢ moçova
我　汉　文　读[2]　　（我读了汉文。）

3. 汉回语言接触概况

河湟地区的回族，从唐时一直到晚清，陆续从中亚、陕西、甘肃

---

① 吴宏伟：《土族语的亲属称谓》，《民族语文》1997 年第 1 期，第 68 页。
② 照那斯图编著《土族语简志》，民族出版社，1981，第 62 页。

迁来，民族来源复杂，但所操语言为有别于当地汉语方言的汉语。回族汉语除了有一些特殊的语音现象有别于当地汉语方言外，日常语言中的借词也使回族汉语具有了别样特点，如借自阿拉伯语、波斯语、汉语以及来源不明的一些词语，还有专门用于表达宗教信仰活动的"经堂语"等。有关河湟地区回族汉语的研究，现在可见的有张成材在《西宁方言词典》和《西宁方音记略》里谈及西宁回族汉语与汉族汉语的不同外，还有张安生的《西宁回民话的引语标记"说着"、"说"》及舍秀存的《二声调方言西宁回民话音略》《西宁回民话词汇调查研究》等文章，河湟其他地方回族汉语的研究成果还颇为稀少。有关回族语言生态状况的内容详见第二章第二节，此处不再赘述。

4. 汉撒语言接触概况

杨兆钧于 1943 年发表在《西北学术》上的《撒拉人的语文习俗之调查》和发表在《新西北》（1945 年 8 卷 4—6 期）上的《青海撒拉人之习俗与语言》，通过对撒拉族地区调查说明"撒拉人为有文字、有文化之民族"，还确认撒拉语为突厥语之一种。1946 年，日本语言学者柴田武在《东洋语研究》上发表《关于青海的撒拉语》①。新中国成立后，撒拉语研究工作由国家统一规划组织专门人员进行有计划、有步骤的调查研究，培养了一批专门人才。尤其到 21 世纪，撒拉语研究获得了丰硕成果。

从语言的特质来看，根据林莲云《撒拉语简志》所述，撒拉语属于阿尔泰语系突厥语族西匈语支乌古斯语组。撒拉语内部比较一致，根据语音、词汇、语法方面的一些差异，可划分为街子土语和孟达土语。街子土语分布在循化县的苏只、街子、清水、白庄，化隆县甘都等地；孟达土语分布在循化县的孟达大庄、木场、塔沙坡。除孟达土语同别处的语音差别较大外，各地的撒拉族都能互相通话。②在语音、词汇、语

---

① 韩建业：《撒拉族语言文化论》，青海人民出版社，2004，第5~6页。
② 林莲云编著《撒拉语简志》，民族出版社，1985，第2页。

法三方面的特点主要是"塞音和塞擦音不分清浊而只分为送气和不送气两套清音;有齿唇清擦音 f……由于汉语借词的影响,增加了一些复合元音;元音和谐(主要表现在构形附加成分里)以部位和谐为主。汉语借词比同语族其他语言中的多……构词附加成分都是后加成分。名词没有性的范畴,动词没有人称范畴,句子成分的次序是主—宾—谓,数量词或词组修饰名词时,一般在名词之后"[①]等。

日常交际中,年轻一代撒拉族大都会说汉语方言或普通话,老年撒拉族还有通藏语者,部分撒拉、回族混居的村落,回族也会说撒拉语。根据学者马伟的研究,撒拉语中有不同时代的汉语借词,在语音形式上展现出时代痕迹,比如"街上"为 [kisang],"咸菜"为 [xansi],"街"和"咸"作为中古见系开口二等字,在河湟地区汉语方言中还保留着古音,声母分别读作 [k]、[x],撒拉语汉语借词中保留有与这样的辅音性质相同的读音,说明借词年代较远。另外,由于撒拉语中汉语借词的出现,整个音系出现了一些变化,比如复元音韵母、辅音 [tʂ tʂʰ ʂ z]、塞音塞擦音有送气与不送气的区别,以及一些语法形式的变化。

循化的汉语方言属于中原官话河州片,根据郭纬国《循化方言志》和张成材的研究,循化方言音系有 24 个声母、35 个韵母、3 个单字调。语音方面的重要特点是循化方言有 [aŋ]、[iaŋ] 两韵,没有 [uaŋ] 韵,[ŋ] 可以充当声母。词汇方面,名词、形容词、副词都可以重叠,且重叠形式丰富。因为单字调数量少,连读变调复杂,在重叠形式中变调现象还具有相应的语法功能。语法方面,循化方言句子的语序以主—宾—谓为主,此外,相当于格助词的一些用法比较常见。

除了上述多民族杂居的语言接触特征,五屯话所表现出来的特征也是让研究者们了解到多民族地区语言接触和变异的力量。五屯人指的

---

① 林莲云编著《撒拉语简志》,民族出版社,1985,第 1 页。

是居住在黄南藏族自治州同仁市五屯上、下庄和江查麻的少数民族。其居住地周围为藏族村落，而五屯人的服装样式与年都乎、郭么日、杂洒日、保安下庄这四个土族村子的居民一样，但五屯人在族群认同上多倾向于藏族而不是土族。陈乃雄认为五屯话的音系特点反映出"五屯话是一种在长期受到藏语，或许还有保安语强烈影响的汉语的基础上发展变化逐渐具有了独特的内部规律的语言"①。五屯话中有汉语、藏语、保安语借词，基本语素多数是汉语的，从动词的形态来看，"领略到一种词根语朝着黏着型方向发展演变的实感"，根据调查结果，其语言属性难以确定。而意西微萨·阿错、向洵认为，五屯话是长期受藏缅语影响而形成的混合型语言。关于五屯话有无声调，以及声调的属性等，学界有不同的认识。陈乃雄认为五屯话的声调已经在演变过程中消失了，而意西微萨·阿错、向洵认为五屯话的声调系统是藏语的"音高重音"系统与汉语声调系统深度接触的产物。②陈保亚将五屯话的基本语素和汉语的基本语素进行对应，发现语素的核心程度越高，这些对应语素比例也越高。于是"初步可以断定五屯话曾经和汉语有对话状态。从这组对应语素所反映的内容看，时间层次比较晚，所以可以初步断定这组对应语素反映五屯话和汉语在晚近时期有对话状态。芈一之、席元麟等从移民的角度所作的研究也证明说五屯话的汉族祖先是从明永乐四年迁来的。从发生学的角度看，我们仍然可以把五屯话看成在孤岛条件下汉语受藏语强烈干扰而形成的藏式转型汉语方言"③，所以，陈保亚认为五屯话的本质特征还是属于汉语。还有学者认为五屯话源于藏语。从对五屯话性质的认知来看，因河湟地区多民族杂居形成的语言接触构成了复杂的语言面貌。

---

① 陈乃雄：《五屯话音系》，《民族语文》1988 年第 3 期，第 1 页。
② 意西微萨·阿错、向洵：《五屯话的声调》，《中国语文》2015 年第 6 期，第 484 页。
③ 陈保亚：《语言接触导致汉语方言分化的两种模式》，《北京大学学报》(哲学社会科学版) 2005 年第 2 期，第 49 页。

另外一种河湟地区少数民族语言康家语是居住在尖扎县康杨镇的部分康家回族使用的一种语言，居住在该镇其他地方的约占 10% 的当地藏族和汉族，一般都不懂康家语。康家人或康家回族主要指沙力木、宗子拉、巷道 3 个村中会说"土话"的人。从历史来源看，康家回族是从明代起陆续由多种民族融合而成，包括来自河州、东乡的部分操蒙古语的回族人和信仰伊斯兰教的蒙古人，以及后来从同仁保安地区来的保安人或回族人，以及当地少数汉、回等民族。他们的语言经过一段时间的"融合"后便形成今天的康家语。研究者认为，"康家、保安、东乡3 种语言彼此比较接近，而康家语则更接近于保安语。康家语内部比较一致，没有方言土语之别"①。

二　河湟地区汉语方言语法现象概述

河湟地区汉语方言的一些语法现象同普通话进行比对，会发现无法解释或者很难理解，但通过同境内阿尔泰诸语言的比对，会发现有许多共同之处。本小节拟从河湟地区汉语方言与境内阿尔泰语系诸语言之间的关系入手，来探讨这种多元文化影响下独特语言形式的特点。尤其是对河湟地区汉语方言中独特的"SOV"句式的认识，主要从这类句式和河湟地区汉语方言中独有的附置词二者结合的角度进行分析，认为河湟地区汉语方言这类句式受境内阿尔泰语系诸语言影响的可能性较大。河湟地区汉语方言中，附置词有"哈""啊""搭""塔拉"等，在组成句子的过程中，呈现出不同于普通话的特点。需要说明的是，之所以将该类词称为附置词，而不使用以往研究者所称呼的助词、语气词、介词等，是因为这些词在河湟地区汉语方言中所表现出来的语法功能不是助词、语气词、介词等能涵盖的，这样纷杂的命名恰好说明了这类词的复杂性。同时本小节试图运用类型学的观点和理论来解释这类词的特点，刘丹青在《语序类型学和介词理论》中论及"介词"的命名时，谈到沈

---

① 斯钦朝克图：《康家语概况》，《民族语文》2002 年第 6 期，第 66 页。

家煊在翻译 Comrie 的著作时，曾用"附置词"来对译"adposition"这一词，而"adposition"包括前置词和后置词。[①] 河湟地区汉语方言中的这些词根据其位置和作用，既有前置词，又有后置词，所以，为了便于解释分析，本小节将该类词统一称为附置词。

因为在 SOV 句式中，宾语出现在主语之后，必须要有相应的格标记，否则句子的主语和宾语在语法分析中无法界定，语义也容易出现歧义，这是富有形态变化语言的特征。作为以语序和虚词为主要语法手段的汉藏语系语言，汉语不具有这样的特点，因此句式呈现 SVO 型。作为汉语方言分支的河湟地区汉语方言，其 SOV 句式以及相应的附置词的使用，受到了方言语法研究者的注意，但大多研究者认为河湟地区汉语方言的这种特点是受境内另一具有亲属语言关系的藏语的影响。根据青海境内大量属于黏着语类型的阿尔泰语系诸语言的特点，通过观照河湟地区汉语方言语序中呈现的这种独特特征，本小节指出，该语序的形成以及相应附置词的使用与境内阿尔泰语系语言有更为密切的关系，而不是有些研究者认为的受藏语的影响而产生的结果，研究结果更倾向于支持桥本万太郎的北方汉语阿尔泰语化假说。

桥本万太郎认为中国北方汉语多受阿尔泰语系诸语言影响，在语序方面多形成不同于南方汉语的逆行结构，即一个表达一定意义的语言片段其核心成分一般在前，而修饰、补充成分在后。比如一个句子中，如果宾语在动词之前，则这个句子会有后置词成分。[②] 北方大陆的蒙古族所使用的语言语序就是典型的逆行结构。从青海的地理位置来看，处于北方阿尔泰诸语言的影响圈中：青海境内除了生活着有使用与汉语属于同一语系的藏语的藏族外，还生活着蒙古族、撒拉族、土族、东乡族等操阿尔泰语系语言的少数民族。桥本万太郎认为，"语言历史上的演变，大部分都不是由该语言内在的因素引起的。那么，比亲属关系更重

---

① 刘丹青：《语序类型学和介词理论》，商务印书馆，2003。
② 〔日〕桥本万太郎：《语言地理类型学》，余志鸿译，北京大学出版社，1985。

要的是跟周围语言的互相影响，和作为其结果的整个结构的区域性推移和历史发展"①。河湟地区汉语方言的独特语序以及相应的独特的附置词的产生，更多地从族群交融带来语言互动以致影响彼此语言结构的角度来理解。这种接触和交融在语言各个层面上都有较明显的体现。罗美珍谈道："在不同群体的接触中，群体之间的语言接触会出现三种后果：1. 在接触中某个群体的语言使用功能逐渐萎缩，最后为另一个群体的语言所替换。2. 相接触的不同群体，其语言在结构上互相渗透、扩散，在相互影响下各自丰富、发展。3. 相接触的不同语言在结构上发生混合或融合，最后由于渗透的深入而产生一种质变的语言。"②

河湟地区汉语方言受境内少数民族语言的影响深远，普遍使用宾动式（SOV 式）的语序进行语法表达，当然这种语序不是唯一语序，与普通话相同的动宾式（SVO 式）也是存在的，其他方面，河湟地区汉语方言出现了相当于格、数、位等语法范畴的表达形式。根据陈保亚的研究，"民族语言在和汉语的接触中通过两种方式影响汉语。首先是汉语民族方言通过母语干扰有规则有系统地影响汉语，导致方言的形成，其次是汉语民族方言通过母语转换变成汉语方言"③。在河湟地区汉语方言里出现的特殊的 SOV 语序、附置词等成分多是周边少数民族难于改变的语言习惯，其中的 SOV 语序是这些少数民族语言通过母语的表达习惯对河湟地区汉语方言有规则、有系统的干扰和渗透的结果。而河湟地区汉语方言里 SOV 语序和 SVO 语序并存的现象说明这种干扰是成功的，导致河湟地区汉语方言语序的变化，但还未形成完全转化。下面列举河湟地区汉语方言语法方面呈现的特点。

河湟地区汉语方言中普遍使用宾动式（SOV 式）的语序进行语法

---

① 〔日〕桥本万太郎：《语言地理类型学》，余志鸿译，北京大学出版社，1985，第204 页。

② 罗美珍：《论族群互动中的语言接触》，《语言研究》2000 年第 3 期，第 2 页。

③ 陈保亚：《语言接触导致汉语方言分化的两种模式》，《北京大学学报》（哲学社会科学版）2005 年第 2 期，第 43 页。

表达,如:

（1）你馍馍吃。　　　　　你吃馍馍。

（2）我家里没心肠去。　　我不想回家。

　　/我没心肠家里去。

（3）你作业哈写!　　　　你写作业!

这样的语序在河湟地区汉语方言中是较普遍的,尤其当加上一些附置词后,河湟地区汉语方言的 SOV 语序更明显。

1.河湟地区汉语方言的比较句

河湟地区汉语方言中表述比较关系的句子,有三种表达形式:

（4）他我哈高着。　　　　他比我高。

（5）他的岁数我唡傍肩。　他的年龄和我一样大。

　　/他的岁数逮我唡傍肩。

（6）他的字把我的不到。　他的字不如我的好。

这种表程度差别的句子在河湟地区汉语方言中都借助了一定的附置词,（4）、（5）中的附置词后置,和普通话句式相比,表程度的词语位置相同,只是附置词位置不同;（4）中的"哈"相当于"比",（5）中的"唡"相当于"和","逮"也相当于"和",河湟地区汉语方言中若这两个词一起使用,则表示"和",不表示比较。上文提到的 3 组词没有用"就是",而是使用了"相当于",这是因为在河湟地区汉语方言中这 3 个附置词还具有其他语法意义,下文将详细介绍,这里不再赘述。（6）中的附置词前置,表程度的词语在后,与普通话位置不同。而"把"字无相应的普通话虚词对应,只起将比较对象固定到程度词语前的作用。河湟地区汉语方言的"把"字句几乎摆脱了所有普通话

"把"字句的限制，尤其是表变化的形容词出现在"把"之后，表现了"程度"和"量"，只是比较的标记。

2. 河湟地区汉语方言的双宾句

河湟地区汉语方言中表给予义的双宾语句语序为"间接宾语＋哈＋直接宾语＋动词"，与普通话"间接宾语＋直接宾语"的基本语序相同，但间接宾语、直接宾语都前置于动词之前。王双成在谈及西宁方言的给予类双及物结构时，总结出共有"S+OR+哈＋V+OT""S+OR+哈+OT+V""S+给+OR+V+OT""S+把+OT+给＋OR+V"四种类型，但前两种为常用类型。[①] 如：

（7）我他哈书给掉了一本。　　我给了他一本书。

（8）他我哈教藏语着。　　　　他在教我藏语。

3. 附置词"哈（阿）"

"哈（阿）"在河湟地区汉语方言中有两读，一为"[xɑ]"，一为声母脱落后的"[ɑ]"，二者的作用相同，只是读音上有区别，但不是文白异读，是语音进一步弱化后脱落了声母。关于"哈（阿）"（以下统称为"哈"）的来源，桥本万太郎认为与中古的"行"有同源关系，[②] 都兴宙认为来自元代汉语"行"。[③] 关于"行"的用法和来源，余志鸿认为是多功能的后置词，是语言接触过程中的"借用"现象，分别是对蒙古语宾格、与格、位格、离格后置词的对译。[④] 江蓝生认为"行"有两种用法，只有"N行+VP"中的"行"是语法标记单位，该句式是元代汉语受蒙

---

① 王双成：《青海西宁方言的给予类双及物结构》，《方言》2011年第1期。

② 〔日〕桥本万太郎：《北方汉语的结构发展》，《语言研究》1983年第1期。

③ 都兴宙：《〈元朝秘史〉中"行"的用法分析》，《青海民族学院学报》（社会科学版）2005年第1期。

④ 余志鸿：《〈蒙古秘吏〉的特殊语法——OV型和POS结构》，《语言研究》1992年第2期。

古语语序影响而产生的新的句式。①而"行"的读音是"上"的变读音，是该字处于音节末尾时读轻声所致。河湟地区汉语方言中，"哈"的用法有如下几种。

（1）一般用在名词、代词之后，表示动作、行为的支配关涉的对象提前。

（2）表示让动关系。置于代词、名词、"的"字短语之后，与"给"共同构成"哈……给"的组合式附置词形式表达让动意义。

（3）出现在"的"字短语之后，将作为动作、行为支配对象的"的"字短语提前到相关的动词之前。

（4）后置于动词、动态助词"了""的"字短语之后，表动作行为发生的时间、条件。如：

（9）他我哈打了。　　　　他打了我。

（10）他我哈给了一本书。　他给了我一本书。

（11）你我的书哈拿来。　　你把我的书包拿来。

（12）你谁哈有意见？　　　你对谁有意见？

　/你谁哈意见有啊？

（13）没写过的哈写。　　　写没有写过的。

（14）我去哈他看书着哩。　我去的时候他正在看书。

4. 附置词"俩（俩）"

河湟地区汉语方言中的"俩"，有人也写作"俩"，其实绝非汉语普通话中的数词"俩"。本节用"俩（俩）"是标示其附置词的特点，并与普通话的"俩"区别开来。在河湟地区汉语方言中，该词一般读作"lia"或"la"，"俩（俩）"是用来记录这一语音的书写形式。该词有两种用

---

① 江蓝生：《后置词"行"孝辨》，《语文研究》1998 年第 1 期。

法：一种是表示动作行为的工具、材料，比较对象、动作的协同者，相当于普通话中的前置介词或连词"用""以""拿""和""与""跟"等，本书用"俩"表示；另一种是位于句末，表达一种语气，本书用"啊"表示。如：

（15）作业铅笔俩写！　　　　用铅笔写作业！

（16）他长得他兄弟俩活皮皮儿包给！

　　　　　　　　　　　　他和他弟弟长得一模一样！

（17）小王我俩一搭北京去了。　小王和我一起去了北京。

（18）你再不写哈我打啊！　　你要是还不写，我就要打你！

（19）我就写啊。　　　　　　我马上就写。

（20）这个娃娃动不动就哭啊。　这个小孩儿动不动就哭。

（21）你作业写啊？　　　　你写不写作业？

（22）你电视看啊？　　　　你看不看电视？

（23）你家里去啊？　　　　你回不回家？

　　河湟地区汉语方言中作用与普通话表工具、方式、对象的介词或连词用途相同的"俩"，其位置后置于工具、方式、对象之后。普通话中的动态助词"了""着""过"分别表达过去时、现在进行态/持续态、过去时完成态。（18）、（19）、（20）中的"啊"位于句末，在一般陈述句中可以表达出时、态这两组语法范畴。普通话中没有动态助词可表示出将来时未然态，可以用副词表示出相当于将来时未然态的语法意义。我们可以从（19）、（20）的表述中看到，普通话中没有对应的虚词和"啊"对译。（21）、（22）、（23）中的"啊"用在反复问句中，表将来时未然态。这处于句末的"啊"并不用借助任何虚词就可以表达时和态的语法范畴，且界限分明，不会引起歧义。比如（22），表示对即将发生动作的可能性的询问，而在普通话中这句可以有两种理解："你想不想看电视？ /

你平时（以前）喜欢不喜欢看电视?"普通话反复问句不一定仅表示即将发生的动作行为，也可以表示惯常的或者过去的动作行为。而河湟地区汉语方言中的"啊"在反复问句中仅表示将来时未然态。这种通过简单的——对应的语法标志表示语法范畴的形式，在普通话中是很少见的。

5. 附置词"搭"

附置词"搭"在河湟地区汉语方言中置于方位名词、时间名词、方位短语之后，表示动作、行为开始的地点、时间。相当于普通话的前置介词"从"。如：

（24）北京搭西宁米了。　　　从北京来到西宁。

（25）羊肉昨天搭涨价了。　　羊肉从昨天开始涨价了。

（26）明天搭开始好好学习!　　从明天开始好好学习!

6. 附置词"塔拉"

河湟地区汉语方言中的"塔拉"有两种用法：一种表示动作发生的时间，相当于普通话中的"……的时候"；另一种表示选择关系，相当于普通话的"与其……"。如：

（27）他来塔拉，我们睡觉着啊。

　　　他来的时候，我们还在睡觉。

（28）他去塔拉，还不如叫我去!

　　　与其让他去，还不如让我去!

三　河湟地区汉语方言与阿尔泰诸语言比较

青海境内生活着 35 个民族，其中汉、回、蒙古、藏、土、撒拉族人数较多。本小节主要论及上述民族中属阿尔泰语言的民族语言与河湟地区汉语方言语法，尤其是句法之间的关系。本小节涉及的青海境内阿尔泰诸语言例句皆来自各少数民族语言志，行文中不再一一标注所引具体页码，只在文后参考文献中注明各语言志信息。

1. 阿尔泰诸语言的动词与宾语语序

蒙古语中，宾语作为补充成分出现在动词之前，虽名为补充成分，但与动词所表示的动作行为之间有支配和被支配关系或者是作为动词所表示动作行为关涉的对象出现的，可以是零形式的主格形式的名词作及物动词的直接宾语。如：

xœŋ dʒarǎn　　　　　　　　　宰羊
绵羊　宰杀

nɔgɔɔ dabslǎn　　　　　　　　腌咸菜
菜　　腌

也可以是带宾格附加成分 -ɪɪg 的名词或者代词作动词的直接宾语。如：

baat（ǎ）ɣ-ɪɪg dɯɯd.　　　　　把巴特尔叫来。
巴特尔　　　　叫。

或者在更大的结构中表示施事。如：

tʃam-ɛɛ jabsn-ɪɪg [xɔ̃ tʃ mədsɔ̃ŋgue].　[谁也不知道] 你走了。
你　　走　　谁也　知道无。

还可以是带造格附加成分 -oor 的名词作间接宾语。如：

toloolŏxtʃ-oor soŋgdʒee　　　　选为代表。
代表　　　　　选举

土族语中，宾语在主语之后、谓语之前，并且只有及物动词才可以带宾语。静词（包括名词、形容词、数词、副词、代词等）都可以作宾语，动词中形动词名物化后可以作宾语。宾语以领（宾）格形式或者与（宾）格形式出现，名词宾语的附加成分有时可以省略。如：

tçə kun-nə   bii sgoo !   你不要骂人！

你　　人（宾语）　不要　骂！

bu ṣdəme   deva.   我吃馍馍了。

我　馍馍（宾语）　吃。

noxuai ndaa   dʑauudʐ（ə）a.   狗咬我了。

狗　　我（宾语）　咬　　是。

保安语的句子成分有主语、谓语、补语、修饰语四种。其中补语比较复杂，包括动作所及的对象、处所、时间等。语序是主语在前，谓语在后，补语在主谓之间，有时还在主语之前。作为动作行为对象，一般是由带格标志的静词或形动词充当。如，与（宾）格形式的第一、第二人称代词作动作行为对象：

bǔ ənə gadəgənə tçǐodə ok（ə）e.   我把这张纸给你吧。

我　这　纸　　你　给。

领（宾）格形式的静词作动作行为的对象：

dʑiaṣilənə Gua!   你洗家什！

家什　　洗！

东乡语的句子成分也有主语、谓语、补语、修饰语四种。其补语可以由具有某些格标志的名词、代词、数词、形容词、形动词充当，其中形容词和形动词相当于普通话的"的"字短语。如：

领—宾格形式：

tʂɯ	çinni	pidʐɯ!	你写信！
你	信（名词）	写！	

tʂɯ	gaonini	bari!	你拿好的！
你	好的（形容词）	拿！	

haronsə	tawunni	tʂoɣotuɣa!	（你）（从）十减去五！
十	五（数词）	减！	

从格形式：

tʂɯ	hənsə	suru!	你向他学习！
你	他（代词）	学习！	

与—位格形式：

bi	gagadənə	ogiwo.	我给我哥哥了。
我	哥哥（名词）	给。	

撒拉语中的宾语充当谓语的被支配成分，按形式可分为直接宾语和间接宾语，但位置都位于动词之前。如，由带宾格形式 -nə 的词或短语充当的直接宾语：

men	bu	ʂunə	oɣu	dos-dʒi.	我读完了这本书。
我	这	书	念	完。	

sen ɢo-nə atʃ!   你开门！

你 门 开！

由带与格的名词和代词或短语充当的间接宾语：

aŋa ji-ɣusi neme bidʒe ver-doʁo!   给他一点吃的东西！

给他 吃的 食物 一点   给！

这些阿尔泰诸语言中蒙古语、土族语、东乡语、保安语都属于阿尔泰语系蒙古语族，撒拉语属于突厥语族。从句子成分次序来看，都呈现普遍的 SOV 语序。虽然有些语言没有将句子的宾语命名为"宾语"，但是考察其与动词之间的语义关系，动宾结构的语法关系还是存在的。其语言类型被语言类型学认为是典型的 SOV 式语言，通过这些例句和河湟地区汉语方言之间的比较观察，这种语序对河湟地区汉语方言的影响是巨大的。如河湟地区汉语方言中的"我馍馍吃"和土族语所表现出来的一般陈述句语序具有一致性。

bu ʂdəme   deva.   我吃馍馍了。

我 馍馍（宾语） 吃。

再如河湟地区汉语方言中的"你作业哈写！"和东乡语领—宾格形式作宾语的表述：

tʂɯ çinni   pidzɯ!   你写信！

你 信（名词） 写！

保安语领—宾格形式的静词作动作行为对象的表述：

dʐiaʂilənə   Gua!   （你）洗家什！

家什（名词）洗！

撒拉语的由宾格形式的词或短语充当直接宾语的表述：

sen Go-nə atʃ!   你开门！

你   门   开！

相比照后，这几种语言之间的语序呈现出惊人的一致。而相应的普通话的语序却是：

（1）我馍馍吃。   我吃馍馍。

（2）你作业哈写！   你写作业！

这种基本语序与阿尔泰诸语言一致，而与普通话不同的现象使得河湟地区汉语方言在语序类型上表现出更为复杂的面貌。

2. 阿尔泰诸语言中的比较关系表达形式

阿尔泰诸语言中，比较关系是以形态变化的形式表达的。蒙古语中的比较关系是用带表示比较的离格附加成分 -ɔɔs 的名词或 -aas 的代词作形容词的补充成分的形式表达的。如：

mœɣ（i）n-ɔɔs xœrdǎ   比马快

马   快

tʃam-aas dʐalɷɷ   比你年轻

你   年轻

土族语中以带离比格附加成分 -sa 的名词或者代词来表示比较。如：

ne iilən-sa saiin a.　　　　　　这个比所有的好。

这个 全部 好 是。

çdʐoosə ger-sa ndur.　　　　　　树比房子高。

树 房子 高。

或者用带造联格附加成分 -naa 的名词来表示。如：

te çdʐun ……aaba-la-naa sarlan a.

那个 女儿 爸爸 像 是。

那个姑娘像他爸爸。

保安语用带从—比格形式附加成分 -sə 的静词作补语的方式表达比较关系，如：

ənə awu nasə undər o.　　这个男孩子比我高。

这 男孩 我（代词） 高 是。

东乡语的比较对象用带从格形式附加成分 - sə 的名词、代词、数词等作形容词补语的形式表达。如：

bi hənsə undu wo.　　　　我比他高。

我 他（代词） 高。

撒拉语中可以用名词的从格形式 -əndən 表比较，或者用与格形式 -nə 表比较的对象。如：

mi(niɣi) beɢəraχ-əm ɑniɣi beɢəraχ-əndən jaŋa(<jaŋəta).

我的　　　衣服　　他的　　　衣服　　　新。

我的衣服比他的衣服新。

境内阿尔泰诸语言都以格范畴表示普通话里用虚词表示的语法关系，河湟地区汉语方言受其影响，也表现出格的语法范畴。如河湟地区汉语方言中的"他我哈高着"和其他民族语言的表述：

蒙古语　　tʃam-aas dʒalωω　　　　　　　　比你年轻

　　　　　你　　　　年轻

土族语　　ne iilən-sa saiin a.　　　　　这个比所有的好。

　　　　　这个 全部　　好　 是。

保安语　　əne awu nasə　　　　undər o.　这个男孩子比我高。

　　　　　这 男孩　我（代词）高　 是。

东乡语　　bi hənsə　　　　undu wo.　　我比他高。

　　　　　我　他（代词）高。

撒拉语　　mi(niɣi) beɡəraχ-əm aniɣi beɡəraχ-əndən jaŋa(<jaŋəta).

　　　　　我的　　　衣服　　他的　　衣服　　　新。

我的衣服比他的衣服新。

相比而言，形式上相似，语法手段也接近。

3.阿尔泰诸语言中的宾语分类

阿尔泰诸语言中的宾语和普通话相比，虽然冠以直接宾语或者间接宾语的名称，其句式表达实质不同于普通话。蒙古语中的直接宾语、间接宾语是以动词的补充成分前置于动词的形式出现的。如：

təbŏg oʃĭglŏn　　　　　　　　踢毽子（直接宾语）

毽子　　踢

dʒɔtʃ(ĭ)d-ɪɪg sɯɯlgǎn	让客人们住（直接宾语）
客人　　　　坐	
ʃuudʒii-g-əər tɔɛmĭlsɔ̃	任命为书记（间接宾语）
书记　　　　任命	
xun-əəs gɔtʃrɔ̆n	落在人家后面（间接宾语）
人　　落后	
tʃam-aas asɯɯn	问你（向你发问）（间接宾语）
你　　问	

　　蒙古语中的直接宾语、间接宾语并不像普通话中的直接宾语、间接宾语一样，是处于不同句子的两种成分，其内容与普通话有相同的部分也有不同的地方。如"让客人们住"的普通话表达形式是兼语式，而蒙古语用形态变化的方式前置于动词，成为动作对象，普通话的表达必须加一个使动意义的动词"让"才能产生"住"这一行为；间接宾语中的"落在人家后面"在普通话的表述中"人家"其实是作为动词"落后"的补充成分出现的，并非宾语，与蒙古语的表述大异。而蒙古语直接宾语、间接宾语的意义可以根据不同形态表现出来，-ɪɪg 表宾格的附加成分为直接宾语，-əər 表造格的、-əəs/-aas 表离格的附加成分为间接宾语等。

　　土族语中无相应的直接宾语、间接宾语概念，宾语是以动词的补语成分出现。

　　保安语中也无直接、间接宾语之分。部分带格附加成分的静词、形动词作补语，实际与动词形成动宾关系。

　　东乡语中无直接、间接宾语概念，带领—宾格和从格形式附加成分的词以动词的补语形式出现。

　　撒拉语中有直接宾语、间接宾语之分。其中直接宾语由带宾格形式附加成分的词或短语充当，如：

men bu ʂunə oχu dos-dʒi.　　　我读完了这本书。（直接宾语）

我　这　书　念　　完。

sen ɢo-nə atʃ !　　　你开门！（直接宾语）

你　　门　开！

间接宾语由带与格的名词和代词或短语充当的：

aŋa ji-ɣusi neme bidʒe ver-doʁo.　　　给他一点吃的东西。

他　吃的　食物　一点　　给。

mi(niɣi) aba-m heli-nə ini-m-ə ver-dʒi.

我的　　父亲　钱　弟弟　给。

我的父亲把钱给了我弟弟。

piser oj-inə aʃ　　　iʃ-me va(r)-ʁur.　　我们到他家去吃饭。

我们　家　饭、面条　喝　　去。

从这些阿尔泰诸语言的句子来看，与普通话的直接宾语、间接宾语成分可比性很小，五种民族语言中有三种没有这两个概念，有此概念的语言与普通话很难构成对应关系。如蒙古语中的间接宾语性质其实相当于普通话中的补语；撒拉语中的间接宾语与普通话的状语、一般宾语相当。

　　与河湟地区汉语方言相比，"我他哈书给掉了一本"与蒙古语、土族语、保安语、东乡语无可比之处，与撒拉语中的表述相比，却有相似之处。

aŋa ji-ɣusi neme bidʒe ver-doʁo.　　　给他一点吃的东西。

给他　吃的　食物　一点　　给。　　（间接宾语）

"我他哈书给掉了一本"中直接宾语、间接宾语都在动词"给"之前，撒拉语中也是如此，位于句首的"ɑŋɑ"是带与格形式附加成分的第三人称"u"的变格，相当于普通话中的间接宾语，但在撒拉语中，间接宾语是"neme"，与对译的普通话相比，恰好相反，但是二者都遵循了间接宾语离动词近的规则。韩建业谈及在既有直接宾语又有间接宾语的句子中，撒拉语、汉语词序的不同，[①] 如下：

撒拉语：主语—间接宾语—直接宾语—动词

汉　语：主语—动词—间接宾语—直接宾语

例如：

撒拉语：u maŋə Gelem bir verdʒi.

　　　　他 给我　竹笔　 一　给了。

汉　语：他给了我一支竹笔。

撒拉语中，有时也可以把直接宾语置于间接宾语之前，这是为了强调"动作施于谁"的缘故。如：

u bir Gelemni maŋə verdʒi.[②]

他一　 竹笔　 我　给。

河湟地区汉语方言中的直接宾语和间接宾语都处于动词之前，与普通话的置于动词后不同，并且直接宾语离动词较近。任碧生举例说明河

---

① 韩建业：《撒拉语与汉语语法结构特点之比较》，《青海民族学院学报》（社会科学版）1990年第1期，第58页。

② 韩建业：《撒拉语与汉语语法结构特点之比较》，《青海民族学院学报》（社会科学版）1990年第1期，第58页。

湟地区汉语方言的双宾语句式时，指出主要语序为 S+O₁+O₂+VP，还可以为 S+O₂+O₁+VP，O₂+S+O₁+VP，O₁+S+O₂+VP 的格式。① 和前文所引韩建业文中例句相比，这两个句子分别为 S+O₁+O₂+VP 和 S+O₂+O₁+VP，后一例句只在强调"动作施于谁"时才用，S+O₁+O₂+VP 是撒拉语中常见的语序。而河湟地区汉语方言中 S+O₁+O₂+VP 也是首选语序，其他三个是这一基本语序的变形。无论怎样变化，我们可以看到，SOV 的语序没有发生变化。

四　语言接触背景下河湟地区汉语方言的类型学意义

为便于理解，先将本书涉及的 Greenberg 有关世界语言语序类型 45 条共性特征中的 9 条罗列如下，罗列时序号按原文序号排列。

（2）使用前置词的语言中，所有格几乎总是后置于中心名词，而使用后置词的语言，所有格几乎总是前置于中心名词。

（4）采取 SOV 为正常语序的语言，使用后置词的远在半数以上。

（5）如果一种语言以 SOV 为优势语序，并且所有格置于中心名词之后，那么形容词也处于名词之后。

（7）在以 SOV 为优势语序的语言中，如果没有或仅有 OSV 为其替换性语序，那么动词所带的一切状语都处于动词之前。（这就是Ⅲ型的"严格"次类）

（9）在远远超过随机频率的多数情况下，涉及全句的疑问小词或词缀，在前置词语言中居于句首，在后置词语言中居于句末。

（12）陈述句中以 VSO 为优势语序的语言，其特指疑问句中总把疑问词或疑问短语放在句首。陈述句中以 SOV 为优势语序的

①　任碧生：《西宁方言的前置宾语句》，《方言》2004 年第 4 期。

语言，从没有这条定规。

（22）在形容词比较结构中，如果唯一的或可能交替的语序之一是基准—标记—形容词的话，那么这语言是后置词语言。如果唯一的语序是形容词—标记—基准，那么这种语言除了偶然出现的情况外，绝大多数是前置词语言。

（24）如果关系从句前置于名词或者是唯一的或者是可交替的结构，那么这种语言或使用后置词，或者形容词前置于名词，也可能二者兼有。

（27）如果一种语言仅有后缀，那么它是使用后置词的；仅有前缀，则是使用前置词的。①

Greenberg 将他所观察的三十种语言从逻辑上归为六种类型，只有三种作为优势语序出现，即 VSO、SVO、SOV，根据 Greenberg 对语言语序共性的描述和对汉语语法特征的通行看法之间的比对，可以看出，汉语优势语序为 SVO，属于前置词语言，但和 SVO 语序相关的其他参项进行比对时，汉语表现出复杂的与 SVO 语序不和谐的现象。比如，Greenberg 的第 9 条蕴含共性说明"当疑问句助词或词缀相对于整个句子有专用的位置时，以远超出偶然的频率显示，位于句首时，该语言是前置词语言，位于句末时，该语言是后置词语言"。汉语的疑问助词如"吗"位于句末，这是后置词语言的句法特征，而汉语的语序表明属于前置词语言。再如共性 2 "使用前置词的语言中，所有格几乎总是后置于中心名词，而使用后置词的语言，所有格几乎总是前置于中心名词"，汉语使用前置词，但所有格总是前置于中心名词，如"我的书"，但语序属于前置词语言。刘丹青认为河湟地区汉语方言属于真正

① Jaseph.H.Greenberg：《某些主要跟语序有关的语法普遍现象》陆丙甫、陆致极译，《国外语言学》1984 年第 2 期，第 47~54 页。

的 SOV 语言，[①] Greenberg 的第 41 条蕴含共性说明"如果一种语言里动词后置于名词性主语和宾语是优势语序，那么这种语言几乎都具有格的系统"，河湟地区汉语方言中的"哈"等词具有格标记作用，这类标记在河湟地区汉语方言该类句式中对区别主语和宾语起到了关键的作用，并且因为有这类词的存在，宾语可以任意前置而不至于和主语相混，或者被当作话题，也就保证了河湟地区汉语方言中有 SOV 句式这一前提，为进一步分析这一句式的类型学特点提供了可能。所以本节对河湟地区汉语方言中的附置词给予了很大的关注，因为 Greenberg 对语序类型共性的总结中也十分重视附置词，在他总结的 45 条蕴含共性中，除了 S、O、V 间的语序外，附置词成为第二个重要的参项，说明他也意识到附置词在语序类型中的重要性。

下面我们将重点对河湟地区汉语方言 SOV 句式和附置词的类型学特点进行分析。

（一）河湟地区汉语方言 SOV 句式的类型学特点

桥本万太郎认为中国北方汉语受阿尔泰诸语言的影响在句式上形成逆行结构，逆行结构就是修饰语依次置于被修饰语之前的结构，而中国南方的句式结构为顺行结构。[②] 刘丹青认为桥本万太郎的假说只重视了历史和地理的原因而忽视了汉语内部类型演变的力量。[③] 河湟地区汉语方言语序类型的形成是方言内部演变的可能性较小，而受外部的历史、移民等因素影响形成目前状况的可能性很大。这点和刘丹青认为动词居末的吴、闽语的演变是汉语内部类型演变的结果不同。并且从河湟地区汉语方言的 SOV 句式和其他参项来看，该方言不一定是受同一语系的藏语的影响而形成 SOV 句式的。就 Greenberg 经典的 45 条蕴含共性中与 SOV 句式相关的语序共性来看，前置词（preposition）、后置

---

① 刘丹青：《汉语给予类双及物结构的类型学考察》，《中国语文》2001 年第 5 期。
② 〔日〕桥本万太郎：《北方汉语的结构发展》，《语言研究》1983 年第 1 期。
③ 刘丹青：《汉语方言的语序类型比较》，（日本）《现代中国语研究》2001 年第 2 期。

词（postposition）、所有格（领属语）与中心名词（GN）、形容词与中心名词（AN）的关系是重要的参项。并且，在蕴含共性中，和谐和优势是两个非常重要的概念。优势不是按照语序的出现频率来判定的，优势的语序可以在不具备其他条件的情况下出现，而劣势语序只有在与其和谐的结构出现时才会出现，换言之，优势语序可以在和谐与不和谐状态下出现，而劣势语序必须在符合其出现的条件时才出现。所谓和谐语序，就是共性中体现的某种特定结构必然有相应的成分，这样的关系就是和谐语序，比如后置词语言和领属语前置于名词、形容词定语前置于名词、SOV 语序等。在语序类型学的研究中，纯和谐性在现实的语言中只占少数。而和谐与优势又是两个既相关又矛盾的概念。语言中不和谐的语序所体现出来的特点比纯和谐的语序体现出的特点更能说明该类语言的语序倾向。现选取与 SOV 语序有关的几条共性与河湟地区汉语方言语序进行比对，见表 3-2，表中加粗字体为笔者所加。

表 3-2　Greenberg 语序共性与河湟地区汉语方言语序特征

Greenberg 语序共性	河湟地区汉语方言语序特征
共性 2：使用**前置词**的语言中，所有格几乎总是**后置**于中心名词，而使用**后置词**的语言，所有格几乎总是**前置**于中心名词	几乎都是**后置词**，领属语**前置**于中心名词
共性 4：以 SOV 为正常语序的语言，使用**后置词**的远在半数以上	SOV、SVO 语序并存，多使用**后置词**
共性 5：如果一种语言以 SOV 为优势语序，并且所有格置于核心名词之后，那么形容词也处于名词**之后**	SOV 语序，领属语**前置**，形容词**前置**
共性 7：在以 SOV 为优势语序的语言中，如果没有或仅有 OSV 为其替换性语序，那么动词所带的一切状语都处于动词**之前**	SOV 语序，状语**前置**于动词
共性 9：在远远超过随机频率的多数情况下，涉及全句的**疑问小词**或词缀，在**前置词语言**中居于**句首**，在**后置词语言**中居于**句末**	**疑问小词**居于**句末**，是**后置词语言**
共性 12：陈述句中以 VSO 为优势语序的语言，其特指疑问句中总是把疑问词或疑问短语放在**句首**。陈述句中以 SOV 为优势语序的语言，从没有这条定规	SOV 语序，疑问词多在**句末**，**也可在句中**

Greenberg 语序共性	河湟地区汉语方言语序特征
共性 22：在形容词比较结构中，如果唯一的或可能交替的语序之一是**基准—标记—形容词**的话，那么这语言是**后置词**语言。如果唯一的语序是**形容词—标记—基准**，那么这种语言除了偶然出现的情况外，绝大多数是**前置词**语言	比较结构中的语序为**基准—标记—形容词**，**后置词**语言
共性 24：如果关系从句**前置**于名词或者是唯一的或者是可交替的结构，那么这种语言或使用**后置词**，或者形容词**前置**于名词，也可能二者兼有	关系从句**前置**于名词是唯一表达法，属**后置词**语言，形容词**前置**于名词
共性 27：如果一种语言仅有**后缀**，那么它是使用**后置词**的；仅有前缀，则是使用**前置词**的	有**后缀**，是**后置词**语言

刘丹青从 Greenberg 语序共性和对汉语（普通话）的通行看法之间的对比得出表 3-3 [①]：

表 3-3　Greenberg 语序共性与对汉语（普通话）的通行看法

Greenberg 语序共性	对汉语（普通话）的通行看法
共性 2：在具有**前置词**的语言中，领属语几乎总是**后置**于中心名词。在具有**后置词**的语言，领属语几乎总是**前置**于中心名词	有前置词，没有后置词，领属语前置于中心名词
共性 4：以绝对大于偶然性的频率，以 SOV 为正常语序的语言是后置词语言	SVO 语序，前置词
共性 9：当疑问句助词或词缀相对于整个句子有专用的位置时，以远超出偶然的频率显示，位于句首时，该语言是前置词语言，位于**句末**时，该语言是**后置词**语言	疑问助词"吗"等位于**句末**，属**前置词**语言
共性 22：当差比句的唯一语序或语序之一是"基准—标记—形容词"时，该语言是后置词语言。如果唯一语序是"形容词—标记—基准"时，大于偶然性的绝对优势可能是该语言为前置词语言	差比句语序是"比较标记—基准—形容词"（如"比他高"），前置词语言

①　刘丹青：《语序类型学与介词理论》，商务印书馆，2003。

青海河湟地区语言生态研究

续表

Greenberg 语序共性	对汉语（普通话）的通行看法
共性 23：如果一种语言只有**后缀**，则这种语言是**后置词**语言。如果一种语言只有前缀，则这种语言是**前置词**语言（该共性当为第 27 条共性）	普通话几乎只有**后缀**（"阿—"基本上是南方话后缀），属**前置词**语言
共性 24：如果关系从句**前置**于名词或者是唯一表达法或可选表达法之一，或者这种语言是**后置词**语言，或者形容词定语前置于名词，或者两者都是	关系从句**前置**于名词是唯一语序，属**前置词**语言，形容词定语前置

在对河湟地区汉语方言语序类型与 Greenberg 语序共性作对比时，选用的共性项比表 3-3 刘丹青选用的多了三项，即共性 5、7、12，并且刘丹青的表述与表 3-2 中有所不同，但所表达的意义是相同的，故不作更改。共性 5、7 与共性 2 表达的内容接近，但更具体，分别说明所有格（领属语）、形容词定语、状语与相应语序的关系，所以选取以便更好地体现河湟地区汉语方言的语序特征。共性 12 和共性 9 都是有关疑问句语序的，列举共性 12 可以兼顾河湟地区汉语方言疑问句中疑问助词和专门表现疑问的词语的语序，也有助于河湟地区汉语方言和普通话之间的比对。从表 3-2、表 3-3 展现的语序共性与河湟地区汉语方言、汉语（普通话）语序类型对比中，可以看出，河湟地区汉语方言的特点多体现了后置词语言与相应特点的和谐性，与普通话的特点相比更为复杂。从共性 2 来看，本节列举的河湟地区汉语方言中的附置词多为具有格标记作用的，其中多为后置词，只有"逮"可前置，一般也是和"俩"共用，构成"逮……俩"形式表示动作状态的协同和对象，独立使用的能力较弱，所以也可以看作河湟地区汉语方言中仅有的后置词，这些词与普通话中相应词的比较作用相同，位置不同。而普通话只有前置词，没有后置词，从领属语和中心名词的位置来看，河湟地区汉语方言和普通话的领属语都居于中心名词之前。河湟地区汉语方言体现出了

和谐性，而普通话不具备和谐性。从共性 4 来看，河湟地区汉语方言语序并不仅是 SOV 语序，还存在 SVO 语序，只是 SOV 语序和后置词存在和谐关系，成为常规语序。普通话语序为 SVO，使用前置词。作为普通话的地域分支，河湟地区汉语方言在语序和附置词方面显现出与普通话不一致的特点。共性 5、7 说明不同语序情况下修饰语的位置，河湟地区汉语方言作为 SOV 语序语言，在领属语和形容词定语与中心名词的位置关系上体现了不和谐性，和作为 SVO 语言的普通话一样，领属语、形容词定语前置于中心名词，在这一点上呈现复杂面貌。而与共性 7 中状语前置于动词相符，形成和谐性。这一共性，Greenbergr 指出动词总是处于末尾的 SOV 型语言的"严格"次类体现出的语序特征，我们将它拿来与河湟地区汉语方言的语序类型比较，说明 Greenberg 在逻辑上推导的动词居末的 SOV 语言状语前置于动词是有实例的，也可以结合其他特性说明河湟地区汉语方言是突出的 SOV 语序。在河湟地区汉语方言的疑问句表达中，疑问小词也和普通话一样居于句末，与共性 9 体现的后置词语言的语序共性有和谐性，而在体现特指疑问句的共性 12 中，河湟地区汉语方言的特指疑问词位置不固定，多居于句末，也可以居于句中。如：

你阿扎˝去呐？	你去哪里？
你谁啊？／你谁是呐？	你是谁？
你要啥？／你啥要呐？	你要什么？

Greenberg 解释这一共性时，说明 SVO 语序的语言中具有特殊疑问词的疑问句语序一般和陈述句语序不同，最常见的是疑问词出现在句首，如英语，或者是疑问短语出现在句首，但短语内部的语序与其在陈述句中的语序一致。并且体现这一共性的四分表显示，疑问词在句首的语序与前置词具有和谐性，疑问句和陈述句语序一致的的语言与后置

词关系密切。河湟地区汉语方言的该类疑问句语序和陈述句语序是一致的。如：

疑问句语序	陈述句语序
你阿扎去吗？	我家里去哪。
你谁啊？ / 你谁是吗？	我小王啊。
你要啥？ / 你啥要吗？	我要苹果。

　　这样的语序特点和与之相关的后置词语言特征是和谐的。普通话的特指疑问句语序中，疑问词一般居于句末，疑问句和陈述句的语序趋于一致，而普通话却是前置词语言，存在不和谐关系。

　　在表示差比关系的句子中，河湟地区汉语方言的基本语序为"基准—标记—形容词"。如"他我哈高着"，"他的岁数我俩傍肩 / 他的岁数逮我俩傍肩"，这一语序与共性 22 所概括的内容一致，并与后置词和谐。李蓝在谈到现代汉语方言差比句的八种语序类型时，指出青海方言差比句的类型与其他七种都不同，究其根本，就是比较基准出现在比较标记之前。该文中还多加了一个参项——比较主体，青海方言的比较主体和比较基准都前置于比较标记，更能体现出青海方言差比句语序的独特性。这样独特语序的出现，该文指出是受了境内阿尔泰语系语言——土族语的影响。[①] 而普通话体现出"比较标记—基准—形容词"（如"比他高"）的基本语序，就差比句中的主要参项比较标记和基准之间的语序来观察，普通话差比句的语序和其前置词语言特性有和谐性，但也存在不和谐，是否可以看作后置词语言"基准—比较标记—形容词"语序和前置词语言"形容词—比较标记—基准"语序的融合结果有待进一步探讨，差比句语序特点呈现复杂面貌。

---

① 李蓝：《现代汉语方言差比句的语序类型》，《方言》2003 年第 3 期。

共性 24，探讨关系从句与名词的语序，其实从汉语的角度来分析，表现的还是修饰成分和中心名词之间的语序。在这条共性中，关系从句居于名词之前和后置词的关系，与关系从句居于名词之后和前置词的关系相比，更具有和谐性，也就是说，在后置词语言中，关系从句更倾向于放在名词前面，但同时关系从句放置在名词之后的语序作为可交替的语序也存在。河湟地区汉语方言的关系从句都前置于名词，如：

<table>
<tr><td>你<u>我买下的</u>书哈拿来。</td><td>你把<u>我买来的</u>书拿来。</td></tr>
<tr><td>尕梅<u>你送给的</u>衣裳哈别人
哈给掉着。</td><td>小梅把<u>你送的</u>衣服送给了
别人。</td></tr>
</table>

两句中起修饰、限制作用的黑体部分前置于名词，与普通话相同，这说明河湟地区汉语方言在后置词语言和关系从句前置之间达成和谐。而普通话作为前置词语言，形容词却前置于名词，形成不和谐。

Greenberg 的语序共性调查认为，在有词缀的语言中，更倾向于使用后缀，并且后缀和后置词具有和谐性，而如果有前缀，那会和前置词形成和谐。共性 27 就体现了这一点，河湟地区汉语方言从严格意义上来说，没有前缀，而存在各种后缀性质的构词成分。如儿（干板鱼儿、沙燕儿、蘸吃儿、调羹儿），子（洋柿子、锅铲子、蒜辫子、台沿子）等，列举这一点词法上的共性，也是为了探讨河湟地区汉语方言语序类型上的特点。从后缀来观察，河湟地区汉语方言具有很强烈的后置词语言特征。相比较普通话，几乎都是后缀，而普通话语序特点却是以前置词语言的特点为主。通过以上比较，我们可以将表 3-2 和表 3-3 合并比较，见表 3-4。

表 3-4　Greenberg 语序共性与汉语（普通话）、
河湟地区汉语方言语序的比对

Greenberg 语序共性	汉语（普通话）语序特征	河湟地区汉语方言语序特征
共性 2：使用**前置词**的语言中，所有格几乎总是**后置**于中心名词，而使用**后置词**的语言，所有格几乎总是**前置**于中心名词	有**前置词**，没有后置词，领属语**前置**于中心名词	几乎都是**后置词**，领属语**前置**于中心名词
共性 4：以 SOV 为正常语序的语言，使用**后置词**的远在半数以上	SVO 语序，**前置词**	SOV、SVO 语序并存，多使用**后置词**
共性 5：如果一种语言以 SOV 为优势语序，并且所有格置于核心名词之后，那么形容词也处于名词**之后**	SVO 语序，领属语**前置**，形容词**前置**	SOV 语序，领属语**前置**，形容词**前置**
共性 7：在以 SOV 为优势语序的语言中，如果没有或仅有 OSV 为其替换性语序，那么动词所带的一切状语都处于动词之前	SVO 语序，状语**前置**于动词	SOV 语序，状语**前置**于动词
共性 9：在远远超过随机频率的多数情况下，涉及全句的**疑问小词**或词缀，在**前置词**语言中居于**句首**，在**后置词**语言中居于**句末**	疑问助词"吗"等位于**句末**，属前置词语言	**疑问小词**居于**句末**，是**后置词语言**
共性 12：陈述句中以 VSO 为优势语序的语言，其特指疑问句中总把疑问词或疑问短语放在**句首**。陈述句中以 SOV 为优势语序的语言，从没有这条定规	SVO 语序，疑问词在**句末**	SOV 语序，疑问词多在**句末**，也可在**句中**
共性 22：在形容词比较结构中，如果唯一的或可能交替的语序之一是**基准—标记—形容词**的话，那么这语言是**后置词**语言。如果唯一的语序是**形容词—标记—基准**，那么这种语言除了偶然出现的情况外，绝大多数是**前置词**语言	差比句语序是"**比较标记—基准—形容词**"（如"比他高"），**前置词**语言	差比句语序为**基准—标记—形容词**，后置词语言
共性 24：如果关系从句**前置**于名词或者是唯一的或者是可交替的结构，那么这种语言或使用**后置词**，或者形容词**前置**于名词，也可能二者兼有	关系从句**前置**于名词是唯一语序，属**前置词**语言，形容词定语**前置**	关系从句**前置**于名词是唯一表达法，属**后置词**语言，形容词**前置**

Greenberg 语序共性	汉语（普通话）语序特征	河湟地区汉语方言语序特征
共性 27：如果一种语言仅有**后缀**，那么它是使用**后置词**的；仅有前缀，则是使用**前置词**的	普通话几乎只有**后缀**（"阿—"基本上是南方话后缀），属**前置词**语言	只有**后缀**，是**后置词**语言

通过表 3-4，我们发现，河湟地区汉语方言相比普通话而言，是后置词语言特征更为明显的语言。不论是 SOV 语序、领属语位置、形容词定语的位置、差比句式，还是构词法，都呈现极强的后置词语言与相应特征的和谐性。以共性 2 为例来分析河湟地区汉语方言的语序和普通话的语序，可以得出不同表现形式语言的共性。根据 Greenberg 语序共性的蕴含关系，共性 2 可以形成这样的四分表（表 3-5）。

表 3-5　共性 2 体现的蕴含关系

+ 前置词语言，领属语后置；+ 后置词语言，领属语前置	- 前置词语言，领属语前置；+ 后置词语言，领属语前置
+ 前置词语言，领属语后置；- 后置词语言，领属语后置 *	- 前置词语言，领属语前置；- 后置词语言，领属语后置

根据 Greenberg 蕴含关系中的和谐关系和优势语序理论，表 3-5 表明，"+ 前置词语言，领属语后置；+ 后置词语言，领属语前置"和"- 前置词语言，领属语前置；- 后置词语言，领属语后置"两种蕴含关系是两个和谐的语序，而代表普通话的语序和河湟地区汉语方言语序的蕴含关系"- 前置词语言，领属语前置；+ 后置词语言，领属语前置"是不和谐语序，"+ 前置词语言，领属语后置；- 后置词语言，领属语后置"蕴含关系是不成立的。代表河湟地区汉语方言语序的"+ 后置词语言，领属语前置"相对于代表普通话语序的"- 前置词语言，领属语前置"而言是优势语序，它是和谐语序"+ 前置词语言，领属语后置；+ 后置词语言，领属语前置"蕴含关系中的被蕴含项，所以是优势语序，

而同样普通话语序在和谐语序"－前置词语言，领属语前置；－后置词语言，领属语后置"蕴含关系中是被蕴含项，也是优势语序，两种优势语序不和谐，但可以并存于一种语言中。所以，在现实的语言中，普通话和河湟地区汉语方言都是汉语，不过一种是标准语，一种是地域分支，二者的语序共性体现在领属语都是前置的。今后研究需要进一步探讨的是：为什么河湟地区汉语方言和普通话的语序共存于同一语言而不和谐？为什么会体现出语序共性？这一共性产生的动因是什么？

（二）河湟地区汉语方言附置词的类型学意义

前文专门论及河湟地区汉语方言的附置词"哈""啊（俩）""搭""塔拉"，这些词都置于名词、代词、动词之后，起着相当于格标记的作用。刘丹青在《语序类型学与介词理论》中介绍了 Dik 语序类型学中的联系项理论与介词的语序，该理论将连词、附置词、从属小句的引导词、格标记、修饰语标记等都看作联系项，在句中将"两个有并列或从属关系的成分连结成一个更大的单位，并且标明两个成分之间的关系"[①]。联系项的位置一般处于两个被联系的成分之间，并且在某种与被联系项有关的特定片段中，处于被联系项的边缘。在前置词语言中，联系项位于动词短语之后、名词短语之前，形成"动词短语＋联系项（前置词）＋名词短语"的形式；在后置词语言中，形成"名词短语＋联系项（后置词）＋动词短语"的形式。河湟地区汉语方言中的附置词"哈""啊（俩）""搭"在句中处于两个被联系成分之间，如"他我哈打了"的"哈"，"木头俩做板凳"的"俩"，"房顶上搭跳下来了"的"搭"都表现出与后置词语言和谐的语序。在这样的表述中也可以看到，这些附置词的使用也是符合 Greenberg 共性 7 中的 SOV 语序特征，状语前置于动词，而前置的状语是由一后置词形式的短语构成的，与后置词语言语序特征形成和谐关系，并且也符合联系项理论的联系词位于两个被联系

---

① 刘丹青：《语序类型学与介词理论》，商务印书馆，2003，第 69 页。

项之间的要求，也具有和谐关系。而"塔拉"一词的用法异于以上词，居于动词短语之后。但分析"塔拉"在河湟地区汉语方言中的两种意义，如"他来塔拉，我们睡觉着啊"和"他去塔拉，还不如叫我去"，前句"塔拉"联系了"他来"和"我们睡觉着啊"，用"塔拉"表示动作发生的时间；后句中"塔拉"联系了选择关系从句。从 Dik 联系项理论中总结的联系项位置来看，"塔拉"位于被联系项的中间，并且如果按照语音停顿来分析两例，"塔拉"位于被联系项的边缘，因此，"塔拉"不符合后置词语言的联系项特征，但其联系项的根本特征没有发生变化，也是和谐的。

青海地处多民族聚居区，文化的交流、碰撞一直没有停止，从语言接触的角度，用罗列一些语言现象的方法，可以较为客观地看到不同语言之间的异同点。尤其是河湟地区汉语方言附置词与境内阿尔泰诸语言语法范畴的比对，更是直观地显现出河湟地区汉语方言与这些语言之间的关系。那么河湟地区汉语方言现在的面貌是有从历史、地理、移民、语言接触等方面来解释的可能：相对闭塞的环境，相对丰富的语言环境，一方面使得河湟地区汉语方言远离了汉语的影响，同时也加快了与异质语言的接触，长期频繁的接触逐渐改变了河湟地区汉语方言原本的特质，形成现在的特点；与阿尔泰诸语言的比较也可以让我们在观照河湟地区汉语方言的语序特点时，从和谐与不和谐语序中了解到河湟地区汉语方言共时与历时的变化，从而对汉语的语序类型有更广泛的认识角度，进而了解河湟地区汉语方言的特点和实质。

第二节　多民族聚居区的语言借用和变异

青海是一个多民族聚居地区，人口相对密集的河湟地区生活着汉、回、蒙古、藏、土、撒拉等民族。历史上的民族迁徙造成该地区广泛的族群接触和文化交融，这种接触和交融直接影响了各族群的语言形态，使得各自的语言要素发生了变化。从这些要素的变化中我们可以感受到文化交融的巨大力量，将原本不属于同一语系的语言改变得界限模糊起来。也正是这样的文化交融，使得语言的变化成为可能，并使新的语言形式又构成一种新的文化现象。现主要从语音、词汇、语法三个方面谈谈这些变化。

一 河湟地区语言语音的接触变化

河湟地区汉语和境内少数民族语言在长期的接触中，互相影响，使得各自的语音系统发生了不同程度的变异。桥本万太郎在《汉语声调系统的阿尔泰化》中谈到汉语方言从南到北音节数逐渐减少，声调数也逐渐减少。这种声调数目的减少是由于"当初操阿尔泰语言的民族侵入中原地区改用汉语作为自己的语言，并把他们所讲的那种汉语加以发展的时候，只能保留有限数量（二、三种）的音节语调"①。青海汉语的声调系统中，单字调大多只有三个。张成材、朱世奎的《西宁方言志》中认为河湟地区汉语方言除轻声外还有阴平（44）、阳平（24）、上声（53）、去声（213）；②都兴宙认为河湟地区汉语方言除轻声外只有三个调类，次高平调（阴平，44）、次高升调（阳平、去声，24）、高降调（上声，53）；③曹志耘、邵朝阳的《青海乐都方言音系》反映出乐都方言中单字调只有三个，分别是：平声（13）、上声（53）、去声（34）。④芦兰花认为湟源方言有三个单字调，⑤张成材在《青海省汉语方言的分区》中认为循化方言有三个单字调。桥本万太郎在《汉语声调系统的阿尔泰化》中认为"在许多西北方言里，于其他任何位置上都相互区别的两个声调，

---

① 〔日〕桥本万太郎：《汉语声调系统的阿尔泰化》，王希哲译，《晋中师专学报》1986 年第 2 期，第 115 页。

② 张成材、朱世奎：《西宁方言志》，青海人民出版社，1987。

③ 都兴宙：《中古入声字在西宁方言中的读音分析》，《青海师范大学学报》（社会科学版）1991 年第 1 期，第 80 页。

④ 曹志耘、邵朝阳：《青海乐都方言音系》，《方言》2001 年第 4 期。

⑤ 芦兰花：《青海湟源方言音系》，《中国语文》2011 年第 1 期。

在词组里的末尾音节上（包括每个字单读时的字调在内）合并成一个声调而失去独立"[1]，现代汉语调类数目最少是三个这样的结论是从西北方言得出的。

河湟地区汉语方言的声调系统单字调多为三个。这与同在青海境内的汉藏语系藏缅语族语言藏语和阿尔泰语系语言的蒙古语、撒拉语、土语、保安语、东乡语的影响不无关系。因为河湟地区藏语属于安多藏语，而安多藏语存古性较高，属于无声调语言。而阿尔泰语系语言只有重音，没有声调。当河湟地区的汉族和说藏语、说阿尔泰语系语言的民族交流时，这些民族由于母语的语感起作用，在兼用或转用汉语时将自己母语的语音特点带到了转用的汉语中，如撒拉族、东乡族、保安族在使用汉语时，声调只有两个，调值差别很小，将汉语里音高较高的音读得较重，音高较低的读得较轻，形成了位置不固定的重音。同时，使用汉语的汉族由于受这些没有声调语言的影响，声调系统产生了单字调减少，音值相差不大的现象。甚至在这些民族语言里，由于汉语借词的出现，原本固有的重音位置也发生了变化，如东乡语的重音位置通常在词的最后一个音节上，比如 a'na "母亲"，ba'ri— "捉、拿"，但一些汉语借词的重音却不固定，如，ba'wa "阿訇" 和 'bawa "曾祖父"，bao'dzɯ "包子" 和 'baodzɯ "豹子"，重音位置不同，意义也不同。很明显，这就是汉语声调的影响结果。

音节方面，阿尔泰语系突厥语族的语言音节中没有复元音韵母，即只有一个元音。处于新疆地区的其他突厥语族保留了单元音韵母这一特征，而同属于突厥语族的撒拉语受汉语的影响，出现了复元音韵母。《撒拉语简志》中总结撒拉语的音节结构共有六种类型（Y 代表元音，F 代表辅音）：1.Y、2.YF、3.FY、4.FYF、5.FYY、6.FYYF。其中前四种是撒拉语音节里最常见的类型，而后两种是受汉语借词的影响而

---

① 〔日〕桥本万太郎：《汉语声调系统的阿尔泰化》，王希哲译，《晋中师专学报》1986 年第 2 期，第 112 页。

产生的。突厥语族语言音节一般都是单元音韵母，撒拉语受汉语的影响出现了复元音现象，如 bio "表"，lieŋ-ge "连枷"。而属于蒙古语族的蒙古语、土族语、东乡语，也出现了复元音增加的现象。据钟进文《甘青地区独有民族的语言文化特征》的数据，这些蒙古语族复元音情况分别是：保安语有 13 个，土族语有 12 个，东乡语有 11 个。这些复元音主要是由于借词而产生的。同时，这些阿尔泰诸语言的元音和谐律都有不同程度的改变，如撒拉语中的元音和谐只限于舌位和谐和后圆唇元音和谐；另外，突厥语族中有浊塞音和浊塞擦音与送气的清塞音和清塞擦音对立的现象，而撒拉语没有浊塞音和塞擦音，只有清塞音和清塞擦音的送气与不送气的对立，与汉语辅音系统的对立现象一致。杜安霓等在《撒拉语中的突厥语因素——一种具有察哈台语形式的乌古斯语？》中对这个现象有具体、详细的分析，认为"撒拉语的这一特点表现为汉藏语系的特点，而并非为突厥语系的特点"，并且大胆将这一地理区域界定为"浊音化和送气音相连带"，正是在这种语言接触和交融频繁的区域，才有可能将两种或多种语言的特点融合在一起，形成新的语言特点——"撒拉语由于受汉藏送气音影响，基本浊音化特点在表面上已被混淆"。[①]

这些汉语单字调的减少、少数民族语言复元音的出现或增多、元音和谐的日趋改变、不送气的清塞音和清塞擦音与送气的对立说明了河湟地区各语言之间的影响是相互的、广泛的。

二　河湟地区语言词汇的接触变化

河湟地区汉语方言中存在许多少数民族语言词语，如"一挂"（全部）、"干散"（精干）来自土语，"朵罗"（头）来自蒙古语，"卡码"（合适）、"阿拉巴拉"（凑凑合合）来自藏语。而少数民族语言从

---

① 杜安霓、赵其娟、马伟：《撒拉语中的突厥语因素——一种具有察哈台语形式的乌古斯语？》，《青海民族研究》2003 年第 3 期。

汉语中借词，或少数民族语言之间互相借词的现象也是常见的。如，撒拉语中的汉语借词涉及政治、经济、文化、教育、亲属称谓、婚丧用语以及日常生活等各个方面。如：guodʒɑ（国家）、jinxoŋ（银行）、vunxuɑ（文化）、dienjin（电影）、tujxun（退婚）、bozi（包子）、bɑndəŋ（板凳）。

根据韩建业《从外来词透视撒拉族文化》的研究，撒拉语中的汉语借词有许多保留有中古汉语的语音特点，比如："lim（檩）、tam（淡）、kan（件）、gang（间），gin（紧）、jingna（蒸）、qingna（成长、成功）、jongna-（装）、qongna（撞）、galqang（擀面杖）、dudu（都督）、dugh（蠹）、dong（冻）、tang（张）、Jing（真）、boz（布帛）、gijir（戒指）、kodan（搅团）、lengir（连枷）、jonggl（庄稼）、dinjir（顶针儿）"[①]等。这说明河湟地区各语言之间的接触和交融具有很长的历史。

土族语中也有不少汉语借词，借入较早的发音已适应土族语的语音系统，且发音固定，借入较晚的语音不稳定，根据说话人的年龄、性别及懂汉语的程度表现出不同的读音来，如，老借词tɕoŋgoŋ（窗户）、dzauuxa（灶火）、ɕensən（先生）、dzauurə（枣儿）；新借词guntsandaŋ（共产党）、lindauula（领导）。

撒拉语和土族语中还有一定数量的藏语借词，如撒拉语中的lõŋsɑ（大背斗）、pɑloŋ（大石）、ʃo（酸奶）就借自藏语，土族语的gaara（糖）、varva（媒人）、nad（病）借自藏语。撒拉语中也有借自土族语、保安语的词，如ɕinaɢa（勺子）借自土族语，morə（黄河）借自保安语。

在青海广泛流传的民间艺术"花儿"的表现方法上，汉语"花儿"中就夹杂着其他民族语言，出现汉藏、汉土、汉撒、汉蒙语言合璧的"风搅雪"现象，比如：

---

① 韩建业：《从外来词透视撒拉族文化》，《青海民族研究》1995年第1期，第48页。

> 青石岩上的清泉儿，
>
> 达恰恰孜个曲通果格；
>
> 我这里想你着没法儿，
>
> 巧德那奇雪果格。

这首"花儿"里嵌入了藏语，"达恰恰孜个曲通果格"意为"一匹匹花马饮水哩"，"巧德那奇雪果格"意为"你那里干什么哩"。再如：

> 蚂蚁虫儿两头儿大，
>
> 介希登你那仁达怀哇，
>
> 你十七来我十八，
>
> 达活罗赛你达怀哇。

这首"花儿"里的第二句是土族语"当中间细得很呐"，第三句是"我俩配对呵美啊"。这样两种语言交替使用的文化艺术的表达形式极具地方色彩，用语言直观地表现出了文化的交融。还有在花儿唱词中嵌入少数民族词语的方式，比如：

> 手里拿的西纳哈，
>
> 奶子哈拉拉里舀下；
>
> 腿肚子软着没办法，
>
> 就活像帮给的搅把。

这首流传于湟源和海晏一带的"花儿"中嵌入蒙古语词"西纳哈"，意为"勺子"。再比如：

> 新修的大路没修通，

旧大路水淌着走了；

新维的巴加没维成，

旧巴加人引着走了。

这首"花儿"里的"巴加"是撒拉语"朋友"的意思。

再如河湟地区汉语方言中的"猫儿跟头"一词，笔者一直疑惑于这种类似于体育运动前滚翻的动作为什么被称作"猫儿跟头"，经过查检资料，发现此词是一个蒙汉合璧的词语。《蒙汉词典》中"mörgö"为叩拜的意思，"mörgölte"为频频叩头之意。明代徐渭《上谷边词》四首中有："骆驼见柳等闲枯，虏见南醪命拚狙。倒与鸥夷留一滴，回缰犹作卯儿姑。"诗尾自注："北谚云：'骆驼见柳，达子见酒'，又夷言磕头为卯儿姑。"① 方龄贵引用明代阮大铖《燕子笺》剧中唱词以及多本国内外蒙古语词典中记录的音义，如"卯儿姑""木儿古""木儿沽"等，均表示叩首、磕头之意。② 邢向东（2009年）中说到表前滚翻意义的词时，秦晋黄河沿岸地区的神木方言叫"猫儿官头"，绥德叫"猫儿拐头"，延长、永济叫"猫圪头"等。秦晋黄河沿岸各地方言里大多数有"猫"和"跟头"，"猫"有些地方也写作"帽""毛""冒"。③ 综上分析，河湟地区汉语方言中的"猫儿跟头"和秦晋黄河沿岸地区方言中的词语都是蒙古语"卯儿姑"音转后的产物，河湟地区汉语方言中的"猫儿跟头"也是"卯儿姑"逐渐衍加汉语"跟头"合成的一个词语。

河湟地区汉语方言中有谚语"羊肺肺压不到锅里"喻遇事急躁、沉不住气的人。还有诸如"马不跳着鞍子跳着"喻不该着急的人却很着急，没有事找事；"骆驼再大毛绳俩牵着"喻再庞大的事物也有管理的办

---

① 李利军：《复兴于末流的徐渭边塞诗》，《天水师范学院学报》2013年第1期，第87页。
② 方龄贵：《元明戏曲中的蒙古语续考（连载）》，《西北民族研究》2001年第3期。
③ 邢向东：《秦晋两省黄河沿岸方言词汇中的语音变异》，《方言》2009年第1期。

法；"牛肋巴三尺呵往里弯着"喻自己人总是护着自己人，和"胳膊肘朝里拐"意同；"鸡蛋里挑刺，酥油里抽毛哩"喻吹毛求疵；"不宰黑牦牛，难见黄板油"指不经观察很难分析出事物的详情。这些河湟地区汉语方言俗语、谚语中的"羊肺肺""骆驼""牛肋巴""酥油""牦牛"等是游牧民族日常生活中常见的，这说明河湟地区东部主要从事农业生产的汉族和少数民族的日常交流十分频繁和密切，在文化和生活方式上都受到影响，因此在俗语和谚语中可以看到这些词语。

这种多方位、多语言的借词系统丰富了河湟地区各民族语言的词汇系统，有力地推动了各民族之间的语言交融。

三 河湟地区语言语法的接触变化

河湟地区语言间的相互接触、影响是全面的，除了语音、词汇系统以外，语法系统之间也有影响。如撒拉语在汉语的影响下名词"性"的范畴消失，名词领属人称附加成分"数"的区别消失，动词没有人称范畴等，语言类型已从黏着型趋于分析化，都属于语言间的影响。尤其是河湟地区汉语方言受境内少数民族语言的影响更为深广，如语序出现SOV式，不同于汉语普通话的形式。

其他方面，河湟地区汉语方言出现了相当于格、数、位等语法范畴的表达形式，使用不同于汉语普通话虚词的后置虚词等现象。河湟地区汉语方言中普遍使用SOV式的语序进行语法表达，当然这种语序不是唯一语序，与普通话相同的SVO式也是存在的。当河湟地区汉语方言和周边阿尔泰语系语言蒙古语、土族语、撒拉语以及与同属同一语系的藏语语言发生接触后，河湟地区汉语方言使用或吸收另一种甚至另外多种语言的成分。后置虚词中的"哈""啊（俩）""搭""塔拉"等都具有相应少数民族母语语法范畴转用于河湟地区汉语方言中的特征。而SOV语序、后置虚词体现的语法范畴都属于这些少数民族语言的深层成分。

河湟地区的少数民族多为操阿尔泰语系语言的人，当操汉语的汉族人和这些不同语言使用者长期生活在一起，处于杂居状态，进行各方面、各层次的接触时，语言结构的互相渗透便产生了。这样，语言的结构特征或成分会同时双向扩散或渗透，这种扩散或渗透既使彼此的语言得到丰富、发展，还有可能由于从表层到深层的渗透而形成一种质变语言或语言融合体。而这些变化主要取决于接触双方经济、文化、人口的力量，语言使用功能的大小，语言的差别程度和语言保守情况。罗美珍认为"在不同群体的接触中，某一群体语言的结构特征或成分会向另一种语言扩散或渗透，这种扩散或渗透既可能使被渗透的语言得到丰富、发展，也有可能由于从表层到深层的渗透而形成一种质变语言或语言融合体。关键看接触双方的力量，语言使用功能的大小，语言的差别程度和语言保守情况。接触双方的力量如果在该地区相差不悬殊（指经济、文化、人口），或者弱的一方居住较为封闭，语言保守势力较强，或者两种语言差别较大，在这种情况下接触的结果只是吸收对方的一些语言成分来丰富自己，谁也不战胜谁，各自分别发展。我们把这种浅层渗透称作语言影响。如果接触双方的力量一强一弱；或者弱的一方比较开放；或者两种语言比较接近，则渗透的时间长久了，深入了就容易形成一种混合语或语言融合体"①。河湟地区汉语方言和周边少数民族语言相互影响，汉语和阿尔泰诸语言相比差别很大，和同语系不同语族的藏语也有一定的差距，操阿尔泰诸语言、藏语的少数民族地处偏僻，相对封闭，极好地保留了本民族语言的特质。这种影响是长时期的，绵延一千多年，河湟地区汉语方言在这些阿尔泰语系语言、藏语的影响下，语言结构由表层的、暂时的影响变为深层的、本质的影响。而其他语言也在汉语影响下发生了变化，这种双向性的语言影响使河湟地区的汉语和少数民族语言都发生了变化。这种接触和交融在语言层面上有较明显的体现。

① 罗美珍：《论族群互动中的语言接触》，《语言研究》2000 年第 3 期，第 7 页。

以上语音、词汇、语法三方面的现象说明，河湟地区各民族语言在长期的族群接触中形成交融，彼此的影响是深广的。一方面保留了语言的本来面貌，另一方面又呈现不同于原来特点的新现象。比如河湟地区汉语方言中语音系统有声调，词汇系统中保留了一部分上古、中古词语，并依旧按照汉语词汇的构成方式，根据时代的发展创造新的词语，语法方面普遍使用 SOV 式的语序进行语法表达，此外，声调的减少，词汇中的少数民族语言借词，语法的特殊语序，具有后置词特征的附置词等现象说明，在语言发展的历史长河中，河湟地区汉语方言受到不止一种语言的影响，发生了由浅入深的变化。单就河湟地区汉语方言体现出来的主要跟语序有关的这些语法特征而言，其受境内何种语言影响，形成目前这种表层是汉语的表现形式，深层来看，却具有了相当于形态变化的语法特征，这说明河湟地区汉语方言的语法特征和青海地区语言交融的现象较为复杂。

结语

创建和谐语言文化生活

德国语言学家洪堡特（Humboldt）说过"语言从不是个人的产物，也几乎不可能是一个家庭的产物，而只能为一个民族所造就；只有当不同的思维—感觉方式具有足够丰富多样的形式，同时又不失却共同的努力方向，语言才可能产生"①。语言的产生是一个符号和意义关联的过程，特定的符号附着着特定的意义。当这种符号和特定的意义连接起来时，语言才进入人类的生活。人类的生活、人类的本质体现在语言中，所以，语言的本质就是人的本质。卡西尔将人定义为符号的动物："符号化的思维和符号化的行为是人类生活中最富有代表性的特征，并且人类文化的全部发展都依赖于这些条件，这一点是无可争辩的。"②而这种符号不是一些语言学家想象中的纯粹、透明的科学体系。这种符号体系，体现了人类文化的各个方面，宗教、艺术、哲学，是具有人文特性的符号系统。这种人文的特性改变了以往人们认为的语言是理性的源泉，语言即理性的固有观念。在承认理性能力是人类特性的同时，符号系统让我们看到人类的情感，日常生活就是通过语言来传达的。人类的语言活动表现了人类的特质，这种能力恰恰是语

① 〔德〕威廉·冯·洪堡特:《洪堡特语言哲学文集》，姚小平编译，湖南教育出版社，2001，第242页。
② 〔德〕恩斯特·卡西尔:《人论》，甘阳译，上海译文出版社，1985，第35页。

言本质的体现。

从语言产生的源头来看，语言就是不同民族文化的体现，是作为各种文化的载体出现在日常交际中的，它显示出与相关民族的历史、艺术、精神、族群结构、认知体系的相关性，体现出该民族的本质和行为。河湟地区各民族之间的文化交往从有历史记载的时期就已开始，这些族群的接触历史就是青海多元文化形成的历史。正是在这样一个多元文化语境中，河湟地区各民族在展示、发展着本民族语言特征的同时，也在文化接触和交融中进行着语言的交融和变异。

钟敬文将民俗分为物质民俗、社会民俗、精神民俗和语言民俗。其中语言民俗包括民俗语言与民间文学，民俗语言就广义而言是民族语言与方言，就狭义而言，是指在"一个民族或地区中流行的那些具有特定含义的，并且反复出现的套语"①。在青海河湟多民族地区，多民族聚居的民俗现象使得语言的研究既可以着眼于广义方面的，也可以进行狭义的单个民族或地区语言的研究。这样的多元民俗文化视野下的语言研究既可以有广泛的涵盖性，又有着深入掘进的必要性。从广义和狭义两方面进行的观察可以让我们看到，多元民俗文化传统下语言生态所具有的历史性、杂糅性和多样性。

根据历史资料，河湟地区多民族文化的交融发展始自秦汉，曾有羌、鲜卑、吐蕃、蒙古等民族与汉族生活在此地，进行着政治、经济、文化、宗教等各方面的接触与交流。长期的文化接触与交流，给各族人民的生产生活和习俗留下了深刻的融合痕迹。另外，作为文化的载体，各民族的语言也呈现出由于文化的复杂、生动的"杂交"而导致的独特特征，表现出语言生态的多样化。这样的多样化，犹如一个植被丰富的大森林，每个物种各具特色，在青海多民族、多民俗文化的大环境下，青海各民族语言也富有多种特性。

---

① 钟敬文主编《民俗学概论》，上海文艺出版社，1998，第6页。

正是在这种多元民俗文化的语境中，河湟地区操不同语言的汉族、藏族、蒙古族、撒拉族、土族等民族，通过各种生产、生活和艺术方式进行着各层次的接触和融合。除了民俗的互相影响外，语言方面的渗透和影响也是由浅层变为深层，使得彼此的语言结构由于渗透而发生变化，更有利于双方的交流和接触，形成文化影响上的双向性。

能够明显表现出这种语言上的交融和变化，是因为本地区多种民俗文化和谐共存提供了语言交融的现实基础，民俗文化的多元化使各语言的形成和发展具有了多种可能性，操各种语言的族群才可以为适应现实交际和文化交流而改变某些语言特征。从自然环境的角度来看，多种生物在自然的力量下相互作用、相互渗透，构成丰富多样、异质性强的生态系统，是最强劲的生态系统。而因物种稀少，导致生态系统失衡酿成生态危机的教训是极为深刻的。语言生态系统和自然生态系统的相似点在于：多种语言共存于一个社会文化环境中，相互作用以达成一个动态平衡的体系。这种动态平衡的维持就表现在民俗文化的多元化和语言形式的多样性，而语言的多样性包括语种多样性以及各种语言形式的交融和变化。

通过对河湟地区各民族语言语音、词汇、语法特点的了解，更能深刻理解语言会在外部条件作用下产生变化，同时也更能够认识到：多元文化产生的语言生态多样化促成了这种语言自身发展变化的现实结果。在多元文化语境下，河湟地区的语言生态才具有了历史性、广泛性和多样性。河湟地区语言的多样性在体现出本地区民俗文化多样性的同时，说明各种文化的健康、和谐发展处于一个动态平衡的良好环境中。

附录

主要方言点部分词汇、语法调查内容

本附录为本课题涉及的主要方言点的部分词汇、语法调查内容汇总。

本附录所用调查表格依照《陕西方言重点调查研究调查表》分别选取"亲属""代词""副词""介词""量词"几个条目作为词汇内容，词汇的记音用国际音标标注；语法标注以相应的汉字标注；有音无字或者目前无法探知实际写法的直接用国际音标或同音字表示。

（一）贵德上刘屯方言部分词汇、语法调查内容

1. 词汇部分

词汇调查表

亲属（71条）

词目	方言
祖父	阿爷 $a^{55}ʒie^{55}$
祖母	阿奶 $a^{55}nε^{55}$
外祖父	外爷 $vɿ^{55}ʒie^{21}$
外祖母	外奶奶 $vɿ^{55}nε^{21}nε^{35}$
曾祖父	太爷 $t^hε^{55}ʒie^{21}$
曾祖母	太奶奶 $t^hε^{55}nε^{21}nε^{35}$；阿太 $a^{21}t^hε^{55}$
父亲	阿□ $a^{55}tɔ^{21}$
母亲	阿□ $a^{55}mɔ^{21}$

词目	方言
岳父（背称）	丈人 tʂɤ̃⁵⁵zɤ̃²¹
岳母（背称）	丈母娘 tʂɤ̃⁵⁵mʋ²¹niɤ̃³⁵
公公（背称）	公公 kũ²¹kũ⁵⁵
婆婆（背称）	婆婆 pʰɤ²¹pʰɤ⁵⁵
继父（背称）	后父 xɯ⁵⁵fʋ²¹
继母（背称）	后娘 xɯ⁵⁵niɤ̃⁴⁵
伯父（背称）	大大 tɑ⁵⁵tɑ²¹
伯母（背称）	妈妈 mɑ⁵⁵mɑ²¹
叔父（背称）	爸爸 pɑ²¹pɑ⁵⁵
叔母（背称）	婶子 ʂɤ̃⁵⁵tsʅ²¹
舅父（背称）	阿舅 ɑ²¹tɕiɯ³⁵
舅母（背称）	舅母 tɕiɯ⁵⁵mʋ²¹
姑妈（背称）	娘娘 niɤ̃⁵⁵niɤ̃⁵⁵
姨妈（背称）	姨娘 ʒj²¹niɤ̃⁵⁵
姑父（背称）	姑父 kʋ²¹fʋ³⁵
姨父（背称）	姨夫 ʒj²¹fʋ⁵⁵
夫妻	两口子 liɤ̃²¹kʰɯ⁵⁵tsʅ²¹
丈夫（背称）	掌柜子 tʂɤ̃⁵⁵kɯ⁵⁵tsʅ²¹
妻子（背称）	媳妇儿 sj²¹fɤ⁵⁵；家里的 tɕiɑ²¹ʐj³⁵tʂʅ⁵⁵
大伯子（背称）	大哥 tɑ⁵⁵kɔ²¹；哥哥 kɔ²¹kɔ³⁵
小叔子（背称）	兄弟 ɕỹ²¹tsʅ³⁵
大姑子（背称）	大姑 tɑ²¹kʋ⁵⁵
小姑子（背称）	小姑 ɕiɔ⁵⁵kʋ²¹
内兄（背称）	大舅子 tɑ⁵⁵tɕiɯ⁵⁵tsʅ²¹
内弟（背称）	尕舅子 kɑ²¹tɕiɯ⁵⁵tsʅ²¹

青海河湟地区语言生态研究

词目	方言
大姨子（背称）	大姨子 tɑ²¹ʒj⁵⁵tsŋ²¹
小姨子（背称）	小姨子 ɕiɔ⁵⁵ʒj²¹tsŋ²¹
弟兄	弟兄 tsŋ⁵⁵ɕỹ²¹
姊妹	姊妹 tsŋ⁵⁵mɪ²¹
哥哥（背称）	哥哥 kɔ²¹kɔ³⁵
嫂子（背称）	嫂子 sɔ²¹tsŋ³⁵
弟弟（背称）	兄弟 ɕỹ²¹tsŋ³⁵
弟媳（背称）	兄弟媳妇儿 ɕỹ²¹tsŋ³⁵ŋj²¹fɤ⁵⁵
姐姐（背称）	姐姐 tɕie²¹tɕie³⁵
姐夫（背称）	姐夫 tɕie²¹fʋ³⁵
妹妹（背称）	妹子 mɪ⁵⁵tsŋ²¹
妹夫（背称）	妹夫 mɪ⁵⁵fʋ²¹
堂（兄弟姊妹）	
姑表	姑舅 kʋ²¹tɕiɯ³⁵
姨表	姑舅 kʋ²¹tɕiɯ³⁵
子女	子女 tsŋ²¹mj⁵⁵；儿女 ɛ²¹mj⁵⁵
儿子	儿子 ɛ²¹tsŋ⁵⁵；尕娃 kɑ⁵⁵vɑ⁵⁵
大儿子	大儿子 tɑ⁵⁵ɛ²¹tsŋ⁵⁵
小儿子	尕儿子 kɑ³⁵ɛ²¹tsŋ³⁵；尕的个 kɑ²¹tʂʅ³⁵kɤ⁵⁵
养子	抱哈的 pɔ⁵⁵ɑ²¹tʂʅ⁵⁵
儿媳妇	儿媳妇儿 ɛ²¹sj⁵⁵fɤ²¹
女儿	丫头 ʒiɑ²¹tʰɯ³⁵
女婿	女婿 mj⁵⁵sʅ⁵⁵
孙子	孙子 sũ²¹tsŋ⁵⁵
孙女	孙女 sũ²¹mj⁵⁵

词目	方言
外孙（背称）	外孙 vɛ⁵⁵sũ²¹
外甥（背称）	外甥 vɛ⁵⁵sɔ̃²¹
侄子（背称）	侄儿子 tʂʅ²¹ɛ⁵⁵tsŋ²¹
侄女（背称）	侄女儿 tʂʅ²¹mj⁵⁵ɛ²¹；侄女儿 tʂʅ²¹mie⁵⁵
带犊儿改嫁带的儿女（背称）	带上来的 tɛ⁵⁵ɔ̃²¹le³⁵tʂɤ⁵⁵
妯娌	先后 ɕiɑ̃⁵⁵xɯ²¹
连襟	挑担 tʰiɔ⁵⁵tɑ²¹
亲家	亲家 tɕʰĩ⁵⁵tɕia²¹
舅爷父亲的舅舅（背称）	舅爷 tɕiɯ⁵⁵ʒie²¹
老姑姑父亲的姑（背称）	姑奶奶 kʊ⁵⁵nɛ⁵⁵nɛ²¹
亲戚	亲戚 tɕʰĩ²¹tsʰj³⁵
婆家	婆家 pʰɤ²¹tɕia⁵⁵；婆家儿 pʰɤ²¹tɕie⁵⁵
娘家	娘家 niɔ̃²¹tɕia⁵⁵；娘家儿 niɔ̃²¹tɕie⁵⁵

代词（55条）①

词目	方言
我	我 uɤ¹³
你	你 nɪ¹³
他	□□ ɑ̃²¹tsj⁵⁵；□ kɷ⁵⁵①
我们（注意变调）	阿们 a²¹mɔ̃³⁵
咱们	阿们 a²¹mɔ̃³⁵
你们（注意变调）	你们 nɪ²¹mɔ̃³⁵
他们（注意变调）	□们 kɷ²¹mɔ̃³⁵；□□们 ɑ̃²¹tsj⁵⁵mɔ̃⁵⁵

---

① [ɷ] 仅出现在代词中，因此未单列为一个音位出现在音系中。

青海河湟地区语言生态研究

词目	方言
咱们俩	阿们两个 ɑ²¹mɜ³⁵liɤ²¹kɤ⁵⁵
您	
我的	我的 uɤ²¹tʂʅ³⁵
你的	你的 nɿ²¹tʂʅ³⁵
他的	□□的 ã²¹tsj⁵⁵tʂʅ²¹
我们的	阿们的 ɑ²¹mɜ⁵⁵tʂʅ²¹
咱们的	阿们的 ɑ²¹mɜ⁵⁵tʂʅ²¹
自己	各家儿 kuɤ²¹tɕie⁵⁵
人家	□□们 ã²¹tsj⁵⁵mɜ²¹
谁	谁 fɿ¹³；阿个 ɑ²¹kɤ³⁵
什么	什么 ʂɜ⁵⁵mɜ²¹；啥 sɑ⁵⁵
这个	个 kɤ⁵⁵
那个	固ᵘ个 kʊ⁵⁵kɤ²¹；兀个 vʊ⁵⁵kɤ²¹
哪个	阿个 ɑ²¹kɤ³⁵
这些	个些 kɤ⁵⁵ɕie²¹
那些	固ᵘ些 kʊ⁵⁵ɕie²¹
哪些	阿个些 ɑ²¹kɤ⁵⁵ɕie²¹
这里	□ kɪe¹³
那里	兀□ vʊ²¹kuɛ³⁵；兀搭ᵘ些 vʊ⁵⁵tɑ²¹ɕie⁵⁵
哪里	阿□ ɑ²¹kɪe³⁵
这会儿	□□ tʂʅ⁵⁵kʰū²¹
那会儿	□□ ne⁵⁵kʰū²¹
多会儿	阿□ ɑ⁵⁵kʰū²¹
这么（高）	□□高 tʂʅ⁵⁵mɜ²¹kɔ³⁵
那么（高）	□□高 nɤ⁵⁵mɜ²¹kɔ³⁵

词目	方言
这么（做）	□□做 tʂʅ⁵⁵ tʂɤ⁵⁵ tsɿ⁴⁵；□□做 tʂʅ²¹mɔ³⁵tsɿ⁵⁵
那么（做）	□□做 nã⁵⁵tʂɤ⁵⁵ tsɿ⁴⁵；□□做 nɤ²¹mɔ³⁵tsɿ⁵⁵
怎么（做）	□□做啊 tʂʅ²¹ma³⁵tsɿ³⁵lia⁵⁵
怎么办	□□做啊 tʂʅ²¹ma³⁵tsɿ³⁵lia⁵⁵
怎样	阿潵 ᵔɑ²¹mã³⁵；□□ tʂʅ²¹ma³⁵
为什么	为啥 vɿ⁵⁵sɑ⁵⁵
多少	多少 tuɤ²¹ʂɔ⁵⁵
多（久、高、长、大、厚）	□□ tʂʅ²¹ma³⁵；阿潵 ᵔɑ²¹mã³⁵
我们俩	阿们两个 ã²¹mã⁵⁵liõ⁵⁵kɤ⁵⁵
咱们俩	阿们两个 ã²¹mã⁵⁵liõ⁵⁵kɤ⁵⁵
父子俩	大大儿子 ta²¹ta³⁵ɛ²¹tsʅ³⁵
母女俩	娘们儿 niõ²¹mie⁵⁵
妯娌俩	两先后 liõ⁵⁵çiã⁵⁵xɯ²¹
哥儿俩	两兄弟 liõ⁵⁵çỹ²¹tsʅ³⁵；两弟兄 liõ⁵⁵tsʅ⁵⁵çỹ²¹
姐儿俩	两姊妹 liõ²¹tsʅ⁵⁵mɿ²¹
父子们	大大儿子 ta²¹ta³⁵ɛ²¹tsʅ³⁵
母女们	娘们儿几个 niõ²¹mie⁵⁵tsj²¹kɤ⁵⁵
谁们	阿个们 a²¹kɤ⁵⁵mã²¹
妯娌们	先后俩儿 çiã⁵⁵xɯ²¹lie⁵⁵
这些个理儿们	个些道理 kɤ⁵⁵çie²¹tɔ⁵⁵ʐj²¹
那些个事儿们	固 ᵔ些事情 kʋ⁵⁵çie²¹sʅ⁵⁵tçĩ²¹
师徒们	师傅逮徒弟 sʅ²¹fʋ⁵⁵tɛ²¹tʰʋ²¹tsʅ³⁵； 师傅逮徒弟俩儿 sʅ²¹fʋ⁵⁵tɛ²¹tʰʋ²¹tsʅ⁵⁵lie²¹
桌子们	桌子些 tʂuɤ²¹tsʅ⁵⁵çie²¹；桌子俩儿 tʂuɤ²¹tsʅ⁵⁵lie²¹

青海河湟地区语言生态研究

副词 介词（64条）

（调查时，笔者请发音人用当地话把例句的意思说出来）

词目	方言
刚我~来，没赶上	刚 tɕiɤ̃¹³
刚不大不小，~合适	刚 tɕiɤ̃¹³
净~吃面，不吃米	净 tɕĩ¹³
总共~才十个	刚 tɕiɤ̃¹³；一共 ʒi²¹kũ⁵⁵
仅~十来个人	刚 tɕiɤ̃¹³；一共 ʒi²¹kũ⁵⁵
大概~有二十里地	大估谋 tɑ³⁵kũ⁴⁵m̩⁵⁵；将近 tɕiɤ̃²¹tɕĩ⁵⁵
有点儿天~冷	点点 ʒi²¹tiã⁵⁵tiã⁵⁵
怕也许~要下雨	□□里 sã³⁵mɤ̃²¹ʨj⁵⁵
也许明天~要下雨	□□里 sã³⁵mɤ̃²¹ʨj⁵⁵
差点儿~摔了	再点 tsɛ⁵⁵tiã⁵¹
偶尔我们~见一面	供 "里 "麻 "里 "kũ⁵⁵ʨj²¹ma³⁵ʨj⁵⁵
突然路边~跑出个人来	猛地 mã⁵⁵tʂɤ²¹
马上~就来	就 tɕiɯ¹³；□ tsɔ⁵⁵
趁早儿~走吧	早早塔 "tsɔ⁵⁵tsɔ⁵⁵tʰɑ²¹
一贯他~就这脾气	一直 ʒi³⁵tʂʅ⁴⁵
一直我~不认识他	阿□时 ɑ⁵⁵kʰũ²¹ʂʅ⁵⁵
早晚；随时~来都行	阿□ ɑ⁵⁵kʰũ²¹
眼看~就到期了	眼看着 niã⁵⁵kʰã⁵⁵tʂɤ²¹
尽管~吃，不要客气	
幸亏~你来了，要不然我们就走错了	亏哒 kʰɯ²¹sa⁵⁵；幸亏 ɕi⁵⁵kʰɯ⁵⁵
一块儿咱们~去	一搭 ʒi²¹tɑ⁵⁵
顺便请他~给我买本书	一手 ʒi²¹ʂɯ⁵⁵
故意~捣乱	故意儿 kʋ⁵⁵ʒie⁵⁵
一定他~知道这事儿	肯定 kʰə̃⁵⁵tĩ⁵⁵

词目	方言
到了儿他~走了没有，你要问清楚	
压根儿他~不知道	一点儿 ʒj³⁵tie⁵¹
实在这人~好	实话 ʂʅ²¹xuɑ⁵⁵
太~好了	再 tsɛ⁵⁵；那 nɑ⁵⁵
特别他~喜欢养花	胡˝度˝xʊ²¹tʊ⁵⁵
不~去了	不 pʊ¹³
没~去过	冇 mɔ¹³
不要慢慢儿走，~跑	嫑 pɔ¹³
不用你就~来了	嫑 pɔ¹³
不敢；别~跳	嫑 pɔ¹³
万一~他知道了怎么办	□□知道哈时，□□做啊 ã²¹tsj⁵⁵tʂʅ²¹tɔ³⁵ɑ⁵⁵ʂʅ²¹，tʂʅ²¹mɑ⁵⁵tsʯ³⁵liɵ̃⁵⁵
偏你不让我去，我~要去	就 tɕiɯ⁵⁵
白不要钱：~吃	白 pɪ¹³
白；空~跑一趟	白 pɪ¹³
胡~搞，~说	胡 xʊ¹³
另外~还有一个人	还一个人有啊 xã⁵⁵ʒj³⁵kɤ⁵⁵zə̃²¹ʒiɯ²¹liɑ³⁵
被书~他弄丢了	□□书哈撂掉了 ã²¹tsj⁵⁵fʊ²¹ɑ³⁵liɔ⁵⁵tiɔ²¹lɔ³⁵
把~门关上	门关上 mã³⁵kuã²¹xɵ̃³⁵
对你~他好，他就~你好	你□□哈好时，□□你哈也好啊 nɪ⁵⁵ã²¹tsj⁵⁵ɑ²¹xɔ²¹ʂʅ³⁵，ã²¹tsj⁵⁵nɪ²¹ɑ⁵⁵ʒie³⁵xɔ²¹liɑ⁵⁵
到~哪儿去	阿□去啊 ɑ²¹kɪe³⁵tsʰj³⁵liɑ⁵⁵
到扔~水里	水里扔给 fɪ²¹ʨj³⁵və̃²¹kɪe⁵⁵
在~哪儿住家	家阿□坐嗲（ʨiɑ³⁵）ɑ²¹kɪe⁵⁵tsuɤ⁵⁵tiɑ²¹
从~哪儿走	阿□塔走嗲 ɑ²¹kɪe³⁵tʰɑ⁵⁵tsɯ⁵⁵tiɑ²¹
自从~他走后我一直不放心	□□走掉塔拉，我就心没放下 ã²¹tsj⁵⁵tsɯ²¹tiɔ⁵⁵tʰɑ²¹lɑ⁵⁵，uɤ²¹tɕiɯ⁵⁵ɕĩ²¹mɪ³⁵fɵ̃⁵⁵xɑ²¹

附录 主要方言点部分词汇、语法调查内容

词目	方言
照~这样做就好	照着做唠就对嗲 tʂɔ⁵⁵tʂɤ⁵⁵tsʯ⁵⁵mɛ²¹tɕiɯ³⁵tuɪ⁵⁵tia²¹
照~我看不算错	我看时没错着 uɤ³⁵kʰã⁵⁵ʂʅ²¹mɪ²¹tsʰuɤ⁵⁵tʂɤ²¹
使你~毛笔俩写	你毛笔俩写 nɪ⁵⁵mɔ²¹pj⁵⁵la³⁵ɕie³⁵
顺着~这条大路一直走	个路上塔¨一直走 kɤ⁵⁵lʋ⁵⁵õ⁵¹tʰa²¹ʒi²¹tʂʅ⁵⁵tsɯ⁴⁵
顺着；沿着~河边走	沿河边走 ʒĩ⁵⁵xuɤ²¹piã⁵⁵tʂɤ⁵⁵tsɯ⁵⁵
朝~后头看看	（往）后头看个（võ⁵⁵)xɯ⁵⁵tʰɯ²¹kʰã⁵⁵kɤ²¹
替你~我写封信	你我哈忙帮着信个写给 nɪ⁵⁵uɤ²¹a⁵⁵mõ²¹põ³⁵tʂɤ³⁵ɕĩ⁵⁵kɤ²¹ɕie⁵⁵kɪe⁴⁵
给~大家办事儿	一例（咧）哈办事情 ʒj²¹ʈʐj³⁵（lie⁵⁵）xa⁵⁵pã⁵⁵ʂʅ⁵⁵tɕʰĩ²¹
给我虚用：你~吃干净这碗饭	你个饭哈吃干净 nɪ⁵⁵kɤ⁵⁵fã⁵⁵a²¹tʂʰ³⁵kã²¹tɕĩ³⁵
给咱虚用：你~照应孩子	你我的娃娃哈拉来 nɪ⁵⁵uɤ²¹tʂɤ⁵⁵va²¹va⁵¹la²¹le³⁵
和介：~他谈话	□啦喧板 kuɤ²¹lõ³⁵ɕyã²¹pã⁵⁵
向~他打听一件事	□□哈问个事情 ã²¹tsj⁵⁵xa²¹võ⁵⁵kɤ²¹ʂʅ⁵⁵tɕʰĩ²¹
问~他借一本书	□□（□）的书哈借上 ã²¹tsj⁵⁵（kuɤ²¹）tʂɤ³⁵fʋ²¹a³⁵tɕie⁵⁵xõ²¹
比这个~那个高	个个比兀个高嗲 kɤ⁵⁵kɤ²¹pj⁵⁵vʋ⁵⁵kɤ²¹kɔ²¹tia³⁵
管…叫有些地方管白薯叫山药	有的地方里白薯哈山药叫嗲 ʒiɯ⁵⁵tʂɤ²¹tsʅ⁵⁵fõ⁵⁵ʈʐj²¹pɛ²¹fʋ⁵⁵xa²¹ʂã²¹ʒʏ³⁵tɕiɔ⁵⁵tia²¹
拿…当有些地方拿麦秸当柴烧	有的地方麦秆哈当成柴了烧嗲 ʒiɯ⁵⁵tʂʅ⁵⁵tsʅ⁵⁵fõ⁵⁵mɪ²¹kã⁵⁵a²¹tõ²¹tʂʰã³⁵tʂʰe²¹lɔ³⁵ʂɔ²¹tia³⁵

量词（52 条）

词目	方言
一匹（马）	一匹马 ʒj²¹pʰj⁵⁵ma⁵⁵
一头（牛）	一个牛 ʒj²¹kɤ⁵⁵niɯ⁴⁵
一只（鸡）	一个鸡儿 ʒj²¹kɤ⁵⁵tɕie⁴⁵

词目	方言
一条（河）	一条河 ʒj²¹tʰiɔ⁵⁵xuɤ⁴⁵
一辆（车）	一辆车 ʒj²¹liɒ̃⁵⁵tʂʰɪe⁴⁵
一只（手）	一只儿手 ʒj²¹tʂɪe⁵⁵ʂɯ⁴⁵
一床（被子）	一床被儿 ʒj²¹tʂʰuɒ̃⁵⁵pɪe⁵⁵
一支（笔）	一杆儿笔 ʒj²¹kɪe⁵⁵pj⁴⁵；一个笔 ʒj²¹kɤ⁵⁵ pj⁴⁵
一棵（树）	一棵树 ʒj²¹kʰuɤ⁵⁵fʋ⁵⁵
一丛（草）	一攒攒草 ʒj³⁵tʂʰuɑ̃²¹tʂʰuɑ̃³⁵tsʰɔ⁵⁵
一朵（花儿）	一朵花 ʒj²¹tuɤ⁵⁵xuɑ⁴⁵
一块（石头）	一个石头 ʒj²¹kɤ⁵⁵sɭ²¹tʰɯ⁵⁵
一所（房子）	一个房子 ʒj²¹kɤ⁵⁵fɒ̃²¹tsj³⁵
一桩（事情）	一个（桩）事情 ʒj²¹ kɤ⁵⁵（tʂuɒ̃⁵⁵）sɿ⁵⁵tɕʰĩ²¹
一卷儿（纸）	一卷纸 ʒj²¹tɕyɑ̃⁵⁵tʂɭ⁵⁵
一挑（水）	一担水 ʒj²¹tɑ̃⁵⁵fɪ⁵⁵
一截（棍子）	一截棍棍 ʒj²¹tɕie⁵⁵kũ⁵⁵kũ⁵⁵
一部（书）	一本书 ʒj²¹pə̃⁵⁵fʋ⁴⁵
一个（人）	一个人 ʒj²¹kɤ⁵⁵zə̃⁴⁵
一嘟噜（葡萄）	一欻啦葡萄 ʒj²¹tʂʰuɑ⁵⁵lɑ²¹pʰʋ³⁵tʰɔ⁴⁵
一幅（画）	一幅画 ʒj²¹fʋ⁵⁵xuɑ⁵⁵
一团（泥）	一团泥 ʒj²¹tʰuɑ̃⁵⁵mj⁴⁵
一撮（毛）	一撮毛 ʒj²¹tsuɤ⁵⁵mɔ⁴⁵
一绺（头发）	一绺头发 ʒj²¹liɯ⁵⁵tʰɯ²¹fa⁵⁵
一处（地方）	一个地方 ʒj²¹kɤ³⁵tsɿ⁵⁵fɒ̃²¹
一点儿	一点儿 ʒj²¹tie⁵⁵
一双（鞋）	一双鞋 ʒj²¹fɒ̃⁵⁵xɛ⁴⁵
一对（花瓶）	一对花瓶 ʒj²¹tuɪ⁵⁵xuɑ³⁵pʰĩ⁴⁵

青海河湟地区语言生态研究

词目	方言
一副（眼镜）	一副眼镜 ʐj²¹fʊ⁵⁵niɑ̃⁵⁵tɕĩ⁵⁵
一套（书）	一套书 ʐj²¹tʰɔ⁵⁵fʊ⁴⁵
一种（虫子）	一种蛆儿 ʐj²¹tʂũ⁵⁵tɕʰye⁴⁵
一些	一点儿 ʐj³⁵tie⁵¹
一伙儿（人）	一帮人 ʐj²¹põ⁵⁵zə̃⁴⁵
一帮（人）	一帮人 ʐj²¹põ⁵⁵zə̃⁴⁵
（洗）一遍	洗给一遍 sj²¹ kɪ³⁵ʐj²¹piɑ̃⁵⁵
（吃）一顿	吃一顿 tʂʅⁱ²ᶠʅ²ᶠʐj²¹tu⁵⁵
（打）一下	打给一挂 tɑ²¹kɪ³⁵ʐj²¹kuɑ⁵⁵
（走）一趟	走一趟 tsɯ³⁵ʐj⁵⁵tʰə̃²¹
（谈）一会儿	喧一阵 ɕyɑ̃³⁵ʐj²¹tʂə̃⁵⁵
（闹）一场	□□一场 tɕʰɪe²¹tʰə̃³⁵ʐj²¹tʂʰə̃⁵⁵；□一场 tɕʰɪe³⁵ʐj²¹tʂʰə̃⁵⁵
（下）一阵（雨）	一挂⁼挂 ʐj²¹kuɑ⁵⁵kuɑ⁵¹
（见）一面	一挂⁼ʐj²¹kuɑ³⁵；（一）个（ʐj²¹）kɤ⁵⁵；见个 tɕiɑ̃⁵⁵kɤ⁵⁵
一个	一个 ʐj²¹kɤ⁵⁵
两个	两个 liõ²¹kɤ³⁵
三个	三个 sɑ̃²¹kɤ⁵⁵
四个	四个 sʅ⁵⁵kɤ²¹
五个	五个 vʊ³⁵kɤ⁵⁵
六个	六个 liɯ²¹kɤ⁵⁵
七个	七个 tsʰj²¹kɤ⁵⁵
八个	八个 pa²¹ kɤ⁵⁵
九个	九个 tɕiɯ²¹kɤ³⁵
十个	十个 ʂʅ²¹kɤ⁵⁵

2.语法部分

第一部分

1. 谁呀？我是老王。

   阿个是啊？我老王是啊。

2. 老四呢？他正跟一个朋友说着话呢。

   老四来？ã²¹tsʮ⁵⁵一个朋友俩板喧着。

3. 他还没有说完吗？

   兀还没说完啦？

4. 还没有。大约再有一会儿就说完了。

   还没。再一阵儿时说完啊。

5. 他说马上就走，怎么这么半天了还在家里呢？

   那ã²¹tsʮ⁵⁵说着就走哩说呗，tʂʮ²¹ma³⁵tʂʮ⁵⁵kʰũ²¹了还家里有啊？

6. 你到哪儿去？我到城里去。

   你阿kɪe³⁵去啊？我县城里个去。

7. 在那儿，不在这儿。

   兀kɪe³⁵有啊，kɪe³⁵没。

8. 不是那么做，是要这么做的。

   nã⁵⁵tʂʮ⁵⁵没做着，这么做着。

9. 太多了，用不着那么多，只要这么多就够了。

   太多了，nə²¹mə̃⁵⁵多价═不要，个点就够啊。

10. 这个大，那个小，这两个哪一个好一点儿呢？

    个个大着，兀个尕着，个两个阿个个好着点？

11. 这个比那个好。

    个个比兀个好。

12. 这些房子不如那些房子好。

    个些房子兀些房子比不上。

13. 这句话用刘屯话怎么说？

    个话哈刘屯话啦tʂʮ²¹ma³⁵说着？

14. 他今年多大岁数？

    兀今年多少了？

15. 有三十来岁罢。

    大概三十的个吧。

16. 这个东西有多重呢？

    个个东西tʂʮ²¹ma³⁵重的个有啊？

17. 有五十斤重呢！

    五十斤的个有啊！

18. 拿得动吗？

    拿动啊哩冇？

19. 我拿得动，他拿不动。

    我拿动啊啊，ã²¹tsʮ⁵⁵拿不动。

20. 真不轻，重得连我都拿不动了。

    实话没轻着，重得连我啊拿不动唉。

青海河湟地区语言生态研究

21. 你说得很好，你还会说点儿什么呢？

你说得胡﹦度﹦啊，你还 tʂ̩⁵⁵mɤ²¹ 点说来吶？

22. 我嘴笨，我说不过他。

我嘴笨，ã²¹tsj⁵⁵啊说不过。

23. 说了一遍，又说了一遍。

说了一遍着，可说了一遍了。

24. 请你再说一遍！

你再说一遍！

25. 不早了，快去罢！

再不早了，tsɔ⁵⁵赶紧去！

26. 现在还很早呢。等一会儿再去罢。

tsɔ⁵⁵还早哆，一阵了再去。

27. 吃了饭再去好罢？

饭吃上再去时成哩冇？

28. 慢慢儿地吃啊！不要急煞！

慢慢吃！嫑急！

29. 坐着吃比站着吃好些。

坐啊了吃唛比站着吃时好。

30. 这个吃得，那个吃不得。

个个吃时成俩，固﹦个吃时就不成。

31. 他吃了饭了，你吃了饭没有呢？

kɷ⁵⁵饭吃了唛，你吃了冇没着？

32. 他去过上海，我没有去过。

ã²¹tsj⁵⁵上海去过，我没去过。

33. 来闻闻这朵花香不香？

过来了闻个，个花香着有没？

34. 香得很，是不是？

香得很吵？

35. 给我一本书！

我啊书一本给！

36. 我实在没有书嘛。

我再实话书没。

37. 你告诉他。

你 kɷ⁵⁵啊说给。

38. 好好儿地走！不要跑！

好好走！嫑跑！

39. 小心跌下去爬也爬不上来！

嫑看着了时，绊上下去了爬啊爬不上来！

40. 医生叫你多睡一睡。

大夫说着你啊多 ʒj³⁵ 睡上个说。

41. 吸烟或者喝茶都不行。

吃烟喝茶一挂﹦不成。

42. 烟也好，茶也好，我都不喜欢。

烟了，茶了，一挂﹦ʂɯ⁴⁵着不成。

43. 不管你去不去，反正我是要去的。

你去哩冇不时，我去吶。

44. 我非去不可。

我就去吶。

45. 你是哪一年来的？

你阿个一年来啊的？

46. 我是前年到的北京。

我前年搭北京来了呗。

47. 今天开会谁主持？

今儿的会阿个主持嗲？

48. 你得请我的客。

你我啊 tɕʰiɔ²¹ 的要吶。

49. 这是他的书，那一本是他哥哥的。

个 kuɤ²¹ 的书，兀个一本是 a²¹tsj⁵⁵
的哥哥的。

50. 一边走，一边说。

一面走，一面说。／旋走，旋
说。

51. 看书的看书，看报的看报，写
字的写字。

书看的书看，报纸看的报纸看，
字儿写的字儿写。

52. 越走越远，越说越多。

越走越远，越说越多。

53. 把那个东西拿给我。

kuɤ⁵⁵ 家什啊我啊取给。

54. 有些地方把太阳叫日头。

有的地方里太阳啊热头叫嗲。

55. 你贵姓？我姓王。

你姓啥？我姓王。

56. 你姓王，我也姓王，咱们两个

都姓王。

你姓王，我也姓王，阿们两个
一挂〞姓王。

57. 你先去吧，我们等一会儿就来。

你先去，阿们刚就儿一挂〞了
就来。

第二部分

58. 西安夏天热得很。

西安夏天热得发〞码〞。

59. 北京城很大。

北京城胡〞度〞大。

60. 他爸爸在哪儿工作？

个的大大阿 kɪe³⁵ 工作嗲？

61. 他爸爸在中学教书呢。

个的大大中学里教书嗲。

62. 我昨天见老张了。

我昨个老张啊见了。

63. 他明天要去上海。

ã²¹tsj⁵⁵ 明早上海去哩说。

64. 他不会去上海的。

ã²¹tsj⁵⁵ 上海不去说。

65. 他去北京还是去上海？

那 ã²¹tsj⁵⁵ 北京去哩 mɔ⁴⁵ 还是
上海去哩说？

66. 你去问问，他今天走不走。

你问个去，ã²¹tsj⁵⁵ 今儿走哩 mã²¹

不说。

67. 你抽烟吗？你抽烟不抽？你抽烟不抽烟？你抽不抽烟？

你烟吃着么？你烟吃哩么？你烟吃哩么不？你烟吃有没着？

68. 你喜欢抽烟还是喜欢喝茶？

你烟有心抽吗还是茶有心喝？

69. 请买一下车票！

车票啊买 xõ⁵⁵！

70. 甲：咱把这点儿活干完吧。

乙：歇一会儿着。/ 歇一会儿再说。

甲：阿们两个个点活啊做完。

乙：缓一挂了再说。

（二）贵德河阴镇方言部分词汇、语法调查内容

1. 词汇部分

词汇调查表

亲属（71条）

词目	方言
祖父	爷儿 ʒi⁵⁵ɛ²¹；阿爷 ɑ⁵⁵ʒi⁵⁵；爷爷 ʒi²¹ʒi³⁵
祖母	奶奶 nɛ⁵⁵nɛ²¹；阿奶 ɑ⁵⁵nɛ⁵⁵
外祖父	外爷 vɪi²¹ʒi⁵⁵
外祖母	外奶奶 vɪi³⁵nɛ²¹nɛ³⁵
曾祖父	太爷 tʰɛ²¹ʒi⁵⁵
曾祖母	太奶奶 tʰɛ²¹nɛ⁵⁵nɛ²¹；阿太 ɑ²¹tʰɛ³⁵；太太 tʰɛ²¹tʰɛ⁵⁵
父亲	爸爸 pɑ⁵⁵pɑ²¹；阿大 ɑ⁵⁵tɑ⁵⁵（阿□ ɑ⁵⁵tɔ²¹）
母亲	妈妈 mɑ⁵⁵mɑ⁵⁵；阿妈 ɑ⁵⁵mɑ⁵⁵（阿□ ɑ⁵⁵mɔ²¹）
岳父（背称）	丈人 tʂɒ²¹zən⁵⁵
岳母（背称）	丈母 tʂɒ²¹mʊ⁵⁵
公公（背称）	公公 kun⁵⁵kun⁵⁵
婆婆（背称）	婆婆 pʰɔ²¹pʰɔ³⁵
继父（背称）	后父 xɯ²¹fʊ⁵⁵

词目	方言
继母（背称）	后妈 xɯ²¹ma⁵⁵；后娘 xɯ²¹niɒ⁵⁵
伯父（背称）	大大 ta²¹ta⁵⁵
伯母（背称）	妈妈 ma²¹ma⁵⁵
叔父（背称）	爸爸 pa²¹pa³⁵
叔母（背称）	婶婶 ʂən⁵⁵ʂən²¹
舅父（背称）	阿舅 a²¹tɕiɯ³⁵；舅舅 tɕiɯ²¹tɕiɯ⁵⁵
舅母（背称）	舅母 tɕiɯ²¹mʋ⁵⁵；舅妈 tɕiɯ³⁵ma⁵⁵
姑妈（背称）	娘娘 niɒ⁵⁵niɒ⁵⁵；姑姑 kʋ⁵⁵kʋ⁵⁵
姨妈（背称）	姨娘 ʒj²¹niɒ³⁵
姑父（背称）	姑父 kʋ⁵⁵fʋ⁵⁵
姨父（背称）	姨父 ʒj²¹fʋ⁵⁵
夫妻	两口儿 liɒ²¹kʰɯ⁵⁵ɛ²¹
丈夫（背称）	男的 nan²¹tsʅ³⁵
妻子（背称）	媳妇儿 sj²¹fɛ³⁵；婆娘 pʰɔ²¹niɒ³⁵
大伯子（背称）	阿伯子 a⁵⁵pɹi⁵⁵tsʅ²¹
小叔子（背称）	小叔儿 ɕiɔ⁵⁵fʋ⁵⁵ɛ²¹
大姑子（背称）	大姑儿 ta²¹kʋ⁵⁵ɛ²¹
小姑子（背称）	小姑 ɕiɔ⁵⁵kʋ²¹
内兄（背称）	舅子 tɕiɯ²¹tsʅ⁵⁵
内弟（背称）	舅子 tɕiɯ²¹tsʅ⁵⁵
大姨子（背称）	大姨儿 ta²¹ʒj⁵⁵ɛ²¹
小姨子（背称）	小姨儿 ɕiɔ⁵⁵ʒj⁵⁵ɛ²¹
弟兄	弟兄 tsʅ²¹ɕyn⁵⁵
姊妹	姊妹 tsʅ⁵⁵mɹi²¹
哥哥（背称）	阿哥 a⁵⁵kɔ⁵⁵；哥哥 kɔ⁵⁵kɔ²¹

青海河湟地区语言生态研究

词目	方言
嫂子（背称）	嫂子 sɔ⁵⁵tsɿ²¹
弟弟（背称）	兄弟 ɕyn⁵⁵tsɿ⁵⁵
弟媳（背称）	兄弟媳妇儿 ɕyn⁵⁵tsɿ⁵⁵sj²¹fɛ³⁵
姐姐（背称）	阿姐 a⁵⁵tɕi⁵⁵；姐姐 tɕi⁵⁵tɕi²¹
姐夫（背称）	姐夫 tɕi⁵⁵fʋ²¹
妹妹（背称）	妹子 mɿ²¹tsɿ⁵⁵
妹夫（背称）	妹夫 mɿ²¹fʋ⁵⁵
堂（兄弟姊妹）	
姑表	姑舅 kʋ²¹tɕiɯ³⁵
姨表	姑舅 kʋ²¹tɕiɯ³⁵
子女	儿女 ɛ²¹mj⁵⁵；子女 tsɿ²¹mj⁵⁵
儿子	孨娃 ka²¹ua⁵⁵；儿子 ɛ²¹tsɿ³⁵；娃娃 ua²¹ua³⁵
大儿子	大孨娃 ta³⁵ka²¹ua⁵⁵；大儿子 ta³⁵ɛ²¹tsɿ³⁵
小儿子	孨孨娃 ka²¹ka²¹ua⁵⁵；小儿子 ɕiɔ⁵⁵ɛ²¹tsɿ³⁵
养子	抱下的 pɔ²¹xa⁵⁵tsɿ²¹
儿媳妇	儿媳妇儿 ɛ³⁵sj²¹fɛ³⁵
女儿	丫头 ʒia⁵⁵tʰɯ⁵⁵；姑娘 kʋ⁵⁵niɒ⁵⁵
女婿	女婿 mj⁵⁵sʅ²¹；女婿娃 mj⁵⁵sʅ²¹ua³⁵
孙子	孙子 sun⁵⁵tsɿ⁵⁵
孙女	孙丫头 sun²¹ʒia³⁵tʰɯ⁵⁵；孙女儿 sun⁵⁵mj⁵⁵ɛ²¹
外孙（背称）	外孙儿 ve²¹sun⁵⁵ɛ²¹
外甥（背称）	外甥娃 ve²¹sən⁵⁵ua⁴⁵；外甥儿 vɛ²¹sən⁵⁵ɛ²¹
侄子（背称）	侄儿子 tʂʅ²¹ɛ³⁵tsɿ⁵⁵；侄儿 tʂʅ²¹ɛ³⁵
侄女（背称）	侄女儿 tʂʅ²¹mj⁵⁵ɛ²¹
带犊儿改嫁带的儿女（背称）	带上来的 te²¹ɒ⁵⁵lɛ²¹tsɿ³⁵

词目	方言
妯娌	先后 ɕian²¹xuɯ⁵⁵
连襟	挑担 tʰiɔ⁵⁵tan²¹
亲家	亲家 tɕʰin²¹tɕia⁵⁵
舅爷父亲的舅舅（背称）	舅爷儿 tɕiɯ²¹ʒɿ⁵⁵ɛ²¹
老姑姑父亲的姑（背称）	姑奶奶 kʊ⁵⁵nɛ⁵⁵nɛ²¹
亲戚	亲戚 tɕʰin⁵⁵tsʰɿ⁵⁵
婆家	婆家 pʰɔ²¹tɕia³⁵
娘家	娘家 niɒ²¹tɕia³⁵

代词（55 条）

词目	方言
我	脑 ⁼nɔ⁵⁵
你	你 nɪi⁵⁵
他	家 ⁼tɕia²¹⁴
我们（注意变调）	脑 ⁼们 nɔ⁵⁵mən²¹
咱们	脑 ⁼们 nɔ⁵⁵mən²¹
你们（注意变调）	你们 nɪi⁵⁵mən²¹
他们（注意变调）	家 ⁼们 tɕia²¹mən⁵⁵
咱们俩	脑 ⁼俩 nɔ⁵⁵lia⁴⁵
您	
我的	脑 ⁼的 nɔ⁵⁵tsɿ²¹
你的	你的 nɪi⁵⁵tsɿ²¹
他的	家 ⁼的 tɕia²¹tsɿ⁵⁵
我们的	脑 ⁼们的 nɔ⁵⁵mən²¹tsɿ³⁵
咱们的	脑 ⁼们的 nɔ⁵⁵mən²¹tsɿ³⁵

青海河湟地区语言生态研究

词目	方言
自己	各家 kɐ²¹tɕia³⁵
人家	别人 pɹi²¹zən⁵⁵；家⁼们 tɕia²¹mən⁵⁵
谁	谁 fɹi²¹⁴
什么	啥 sa²¹⁴
这个	之⁼个 tʂʅ²¹kɔ⁵⁵
那个	乃⁼个 nɛ²¹kɔ⁵⁵
哪个	阿个 a²¹kɔ⁵⁵
这些	之⁼些 tʂʅ⁵⁵ɕi²¹
那些	乃⁼些 nɛ⁵⁵ɕi²¹
哪些	阿些 a⁵⁵ɕi²¹
这里	之⁼扎 ⁼tʂʅ²¹tʂa⁵⁵
那里	乃⁼扎 ⁼nɛ²¹tʂa⁵⁵
哪里	阿扎 ⁼a²¹tʂa⁵⁵
这会儿	之⁼一阵儿 tʂʅ⁵⁵ʒj²¹tʂən³⁵ɛ⁵⁵
那会儿	乃⁼一阵儿 nɛ⁵⁵ʒj²¹tʂən³⁵ɛ⁵⁵
多会儿	阿□ a²¹kʰuan²¹
这么（高）	之⁼懑 ⁼tʂʅ²¹mən³⁵
那么（高）	乃⁼懑 ⁼nə²¹mən³⁵
这么（做）	之⁼懑 ⁼tʂʅ²¹mən³⁵
那么（做）	乃⁼懑 ⁼nə²¹mən³⁵
怎么（做）	阿懑 ⁼a²¹mən³⁵
怎么办	阿懑 ⁼a²¹mən³⁵
怎样	阿懑 ⁼a²¹mən³⁵
为什么	为啥 vɹi³⁵sa²¹
多少	多少 tɐ²¹ʂɔ⁵⁵

词目	方言
多（久、高、长、大、厚）	阿潵 ᵕa²¹mən³⁵
我们俩	脑ᵕ俩 nɔ⁵⁵lia⁴⁵
咱们俩	脑ᵕ俩 nɔ⁵⁵lia⁴⁵
父子俩	爷儿俩 ʒɿ²¹ɛ³⁵lia⁴⁵
母女俩	娘俩 niɒ³⁵lia⁴⁵
妯娌俩	两先后 liɒ⁵⁵ɕian²¹xɯ⁵⁵
哥儿俩	弟兄俩 tsɿ²¹ɕyn⁵⁵lia⁴⁵；哥儿俩 kɔ⁵⁵ɛ⁵⁵lia⁴⁵
姐儿俩	姊妹俩 tsɿ⁵⁵mɹi²¹lia³⁵
父子们	爷儿俩 ʒɿ²¹ɛ³⁵lia⁴⁵
母女们	娘俩 niɒ³⁵lia⁴⁵
谁们	谁们 fɹi²¹mən³⁵
妯娌们	先后们 ɕian²¹xɯ⁵⁵mən²¹
这些个理儿们	之ᵕ些个理儿们 tʂɿ⁵⁵ɕi²¹kɔ³⁵tɹj⁵⁵ɛ²¹mən³⁵
那些个事儿们	乃ᵕ些个事儿们 nɛ⁵⁵ɕi²¹kɔ⁵⁵sɿ³⁵ɛ⁵⁵mən²¹
师徒们	师傅徒弟们 sj⁵⁵fʋ⁵⁵tʰʋ²¹tsɿ³⁵mən⁵⁵
桌子们	桌子们 tʂʉ⁵⁵tsɿ⁵⁵mən²¹

副词 介词（64 条）

（调查时，笔者请发音人用当地话把例句的意思说出来）

词目	方言
刚我~来，没赶上	刚 tɕiɒ²¹⁴
刚不大不小，~合适	刚 tɕiɒ²¹⁴
净~吃面，不吃米	光 kuɒ⁵⁵
总共~才十个	一挂ᵕ麻ᵕ拉 ʒj²¹kua³⁵ma²¹la³⁵
仅~十来个人	刚 tɕiɒ²¹⁴

续表

词目	方言
大概~有二十里地	差不多 tsʰa²¹pʋ³⁵tɤ⁵⁵
有点儿天~冷	有点 ʒiɯ⁵⁵tian²¹
怕也许~要下雨	恐怕 kʰun⁵⁵pʰa²¹
也许明天~要下雨	可能 kʰɔ⁵⁵nən⁴⁵
差点儿~摔了	差乎 ″稀 ″tsʰa⁵⁵xʋ²¹ɕi⁵⁵
偶尔我们~见一面	
突然路边~跑出个人来	猛乍乍 mən⁵⁵tsa⁵⁵tsa⁴⁵
马上~就来	早 ″tsɔ⁵⁵
趁早儿~走吧	投 ″黑儿 tʰɯ³⁵xɪi⁵⁵ɛ⁵⁵
一贯他~就这脾气	一介 ″儿 ʒj²¹tɕi⁵⁵ɛ²¹
一直我~不认识他	一直 ʒj³⁵tʂʅ⁵⁵
早晚；随时~来都行	啥时候 sa²¹sʅ⁵⁵xɯ²¹
眼看~就到期了	眼睛看着 nian⁵⁵tɕin²¹kʰan²¹tʂɔ⁵⁵
尽管~吃，不要客气	下荏 ɕia³⁵tsʰa⁴⁵；压荏 ʒia³⁵tsʰa⁴⁵
幸亏~你来了，要不然我们就走错了	亏哟 kʰɯi⁵⁵sa⁵⁵
一块儿咱们~去	一搭 ʒj²¹ta³⁵
顺便请他~给我买本书	一手儿 ʒj²¹ʂɯ⁵⁵ɛ²¹
故意~捣乱	故意 kʋ³⁵ʒj⁴⁵
一定他~知道这事儿	肯定 kʰən⁵⁵tin⁴⁵
到了儿他~走了没有，你要问清楚	到底 tɔ²¹tsʅ⁵⁵
压根儿他~不知道	根本 kən²¹pən⁵⁵
实在这人~好	实话 ʂʅ²¹xua³⁵
太~好了	太 tʰɛ²¹⁴
特别他~喜欢养花	胡 ″度 ″xʋ²¹tʋ³⁵
不~去了	不 pʋ²¹⁴

词目	方言
没~去过	冇 mɔ²¹⁴
不要慢慢儿走，~跑	嫑 pɔ²¹⁴
不用你就~来了	嫑 pɔ²¹⁴
不敢；别~跳	嫑 pɔ²¹⁴
万一~他知道了怎么办	要是 ʒiɔ³⁵sj⁵⁵
偏你不让我去，我~要去	偏 pʰian⁵⁵
白不要钱：~吃	白 pɹi²¹⁴
白；空~跑一趟	白 pɹi²¹⁴
胡~搞，~说	胡 xʊ²¹⁴
另外~还有一个人	还 xan²¹⁴
被书~他弄丢了	家 ⁼书啊丢掉给了 tɕia³⁵fʊ⁵⁵a⁵⁵tiɯ⁵⁵tiɔ⁵⁵kɹi²¹liɔ²¹
把~门关上	门啊关上 mən²¹a³⁵kuan⁵⁵ʂʊ⁵⁵
对你~他好，他就~你好	你家 ⁼哈好，家 ⁼就你哈好 nɹi⁵⁵tɕia³⁵xa⁵⁵xɔ²¹，tɕia³⁵ tɕiɯ³⁵nɹi⁵⁵xa²¹xɔ²¹
到~哪儿去	阿扎 ⁼去啊？ a²¹tʂa³⁵tsʰj²¹lia²¹
到扔~水里	水里撂给 fɹi⁵⁵ȵj²¹liɔ²¹kɹi²¹；扔到水里 zən⁵⁵tʂɔ⁵⁵fɹi⁵⁵ȵj²¹
在~哪儿住家	阿扎 ⁼坐着 a²¹tʂa³⁵tsʉ²¹tʂɛ⁵⁵
从~哪儿走	阿扎 ⁼塔 ⁼走 a²¹tʂa³⁵ tʰa³⁵tsɯ⁵⁵
自从~他走后我一直不放心	家 ⁼走了塔 ⁼脑 ⁼就一直不放心 tɕʰia³⁵tsɯ⁵⁵liɔ²¹tʰa³⁵nɔ⁵⁵tɕiɯ³⁵ʒj³⁵tʂʅ⁴⁵pʊ²¹fɔ³⁵ɕin⁵⁵
照~这样做就好	就之 ⁼懑 ⁼做唉成啊 tɕiɯ³⁵tʂʅ²¹mən⁵⁵tsʯ³⁵mɛ⁵⁵tʂʰən²¹lia³⁵；之 ⁼懑 ⁼价 ⁼做就成着（啊）tʂʅ²¹mən²¹tɕia⁵⁵tsʯ²¹tɕiɯ³⁵tʂʰən²¹tʂɛ³⁵（lia³⁵）
照~我看不算错	早 ⁼脑 ⁼看哈错不下 tsɔ⁵⁵nɔ⁵⁵kʰan²¹xa⁵⁵tsʰʉ³⁵pʊ²¹xa³⁵
使你~毛笔写	你毛笔俩写 nɹi⁵⁵mɔ³⁵pj⁵⁵lia⁵⁵ɕi⁵⁵
顺着~这条大路一直走	沿着 ʒian²¹tʂɔ³⁵
顺着；沿着~河边走	沿着 ʒian²¹tʂɔ³⁵

附录　主要方言点部分词汇、语法调查内容

续表

词目	方言
朝~后头看看	往 vɒ²¹⁴
替你~我写封信	你帮脑″写个信吧 nɿi⁵⁵pɒ²¹nɔ³⁵ɕi⁵⁵kɔ²¹ɕin²¹pa⁵⁵
给~大家办事儿	大家哈办事儿 ta²¹tɕia⁵⁵xa²¹pan³⁵ʂʅ⁵⁵ɛ⁵⁵
给我虚用：你~吃干净这碗饭	你脑″哈之″一碗饭吃干净给 nɿi⁵⁵nɔ²¹xa²¹tʂʅ³⁵ʐj²¹uan⁵⁵fan³⁵tʂʰʅ²¹kan⁵⁵tɕin⁵⁵kɿi²¹
给咱虚用：你~照应孩子	你脑″们啊娃娃个看给 nɿi⁵⁵nɔ²¹mən²¹a²¹ua²¹ua⁵⁵kɔ⁵⁵kʰan²¹kɿi⁵⁵； 你给脑″们看娃娃 nɿi⁵⁵kɿi²¹nɔ⁵⁵mən²¹kʰan³⁵ua²¹ua³⁵
和ʌ：~他谈话	家″俩说话 tɕia³⁵lia⁵⁵fɔ²¹xua³⁵
向~他打听一件事	家″前打听个事儿 tɕia³⁵tɕʰian⁵⁵ta⁵⁵tʰin²¹kɔ²¹ʂʅ²¹ɛ⁵⁵
问~他借一本书	家″前借一本书 tɕia³⁵tɕʰian⁵⁵tɕi³⁵ʐj²¹pən⁵⁵fu⁵⁵
比这个~那个高	比 pj⁵⁵
管…叫有些地方管白薯叫山药	有些地方白薯啊叫山药着 ʐiɯ⁵⁵ɕi²¹tsʅ²¹fɒ⁵⁵pɿi²¹fu³⁵a²¹tɕiɔ³⁵san⁵⁵ʐʮ⁵⁵tʂɛ²¹
拿…当有些地方拿麦秸当柴烧	有些地方麦秆俩当柴烧着 ʐiɯ⁵⁵ɕi²¹tsʅ²¹fɒ⁵⁵mɿi⁵⁵kan⁵⁵lia²¹tɒ³⁵tsʰɛ³⁵ʂɔ³⁵tʂɛ²¹

量词（52条）

词目	方言
一匹（马）	一匹马 ʐj³⁵pʰj⁵⁵ma⁵⁵
一头（牛）	一头牛 ʐj³⁵tʰɯ⁵⁵niɯ⁴⁵
一只（鸡）	一只儿鸡儿 ʐj²¹tʂʅ⁵⁵ɛ²¹tsj⁵⁵ɛ⁵⁵
一条（河）	一条河 ʐj²¹tʰiɔ⁵⁵xʮ⁴⁵
一辆（车）	一辆车 ʐj²¹liɒ³⁵tʂʰɛ⁵⁵
一只（手）	一只儿手 ʐj²¹tʂʅ⁵⁵ɛ²¹ʂɯ⁵⁵
一床（被子）	一床被 ʐj²¹tʂʰuɒ⁵⁵pj⁴⁵
一支（笔）	一根儿笔 ʐj²¹kən⁵⁵ɛ²¹pj⁵⁵

词目	方言
一棵（树）	一棵树 ʒj²¹kʰʉ⁵⁵fʋ⁴⁵
一丛（草）	一堆儿草 ʒj³⁵tuɿi⁵⁵ɛ⁵⁵tsʰɔ⁵⁵
一朵（花儿）	一朵儿花儿 ʒj²¹tʉ⁵⁵ɛ⁵⁵xuɑ⁵⁵ɛ⁵⁵
一块（石头）	一块石头 ʒj²¹kʰuɛ⁵⁵ʂʅ²¹tʰɯ³⁵
一所（房子）	一院房房 ʒj²¹ʒyan³⁵fɔ²¹fɔ³⁵； 一院房子 ʒj²¹ʒyan³⁵fɔ²¹tsʅ³⁵
一桩（事情）	一件事儿 ʒj²¹tɕian⁵⁵sj²¹ɛ⁵⁵
一卷儿（纸）	一卷纸 ʒj²¹tɕyan²¹tsʅ⁵⁵
一挑（水）	一担水 ʒj²¹tan³⁵fi⁵⁵
一截（棍子）	一截棍棍儿 ʒj³⁵tɕɨ⁴⁵kun²¹kun⁵⁵ɛ²¹
一部（书）	一本书 ʒj²¹pən²¹fʋ⁵⁵
一个（人）	一个人 ʒj²¹kɔ³⁵zən⁴⁵
一嘟噜（葡萄）	一欶葡萄 ʒj²¹tʂʰuɑ³⁵pʰʋ²¹tʰɔ³⁵
一幅（画）	一幅画 ʒj²¹fʋ⁵⁵xuɑ⁴⁵
一团（泥）	一块儿泥 ʒj²¹kuɛ⁵⁵ɛ²¹mj³⁵
一撮（毛）	一撮儿毛 ʒj²¹tsʉ⁵⁵ɛ²¹mɔ³⁵
一绺（头发）	一撮儿头发 ʒj²¹tsʉ⁵⁵ɛ²¹tʰɯ²¹fɑ³⁵
一处（地方）	一处儿地方 ʒj²¹tʂʰʋ²¹ɛ⁵⁵tsʅ²¹fɔ⁵⁵
一点儿	一点儿点儿 ʒj³⁵tie⁵⁵tie²¹；一点儿点儿 ʒj²¹tie⁵⁵tie⁴⁵
一双（鞋）	一双鞋 ʒj²¹fɔ⁵⁵xɛ⁴⁵
一对（花瓶）	一对儿花瓶 ʒj²¹tuɿi³⁵ɛ³⁵xuɑ⁵⁵pʰin⁵⁵
一副（眼镜）	一副眼镜儿 ʒj²¹fʋ⁵⁵nian⁵⁵tɕin²¹ɛ⁵⁵
一套（书）	一套书 ʒj²¹tʰɔ³⁵fʋ⁵⁵
一种（虫子）	一种虫儿 ʒj²¹tʂun⁵⁵tʂʰun²¹ɛ³⁵
一些	一些儿 ʒj²¹ɕi⁵⁵ɛ²¹
一伙儿（人）	一伙人 ʒj²¹xʉ⁵⁵ɛ²¹zən³⁵

青海河湟地区语言生态研究

续表

词目	方言
一帮（人）	一伙儿人 ʒj²¹xɤ⁵⁵ɛ²¹zən³⁵
（洗）一遍	洗一挂 ˉsj⁵⁵ʒj²¹kuɑ³⁵
（吃）一顿	吃一顿 tʂʅ⁵⁵ʒj²¹tun³⁵
（打）一下	打一挂 ˉtɑ⁵⁵ʒj²¹kuɑ³⁵
（走）一趟	走一趟 tsɯ⁵⁵ʒj²¹tʰɒ³⁵
（谈）一会儿	喧一阵儿 ɕyan⁵⁵ʒj²¹tʂən³⁵ɛ⁵⁵
（闹）一场	闹一场 nɔ³⁵ʒj²¹tʂʰɒ³⁵
（下）一阵（雨）	下一阵儿雨 ɕia³⁵ʒj²¹tʂən³⁵ɛ⁵⁵ʒʮ⁵⁵
（见）一面	见一面 tɕian²¹ʒj⁵⁵mian²¹
一个	一个 ʒj²¹kɔ³⁵
两个	两个 liɒ⁵⁵kɔ⁴⁵
三个	三个 san⁵⁵kɔ⁵⁵
四个	四个 sj²¹kɔ⁵⁵
五个	五个 vʋ⁵⁵kɔ²¹
六个	六个 liɯ⁵⁵kɔ⁵⁵
七个	七个 tsj⁵⁵kɔ⁵⁵
八个	八个 pɑ⁵⁵kɔ⁵⁵
九个	九个 tɕiɯ⁵⁵kɔ²¹
十个	十个 ʂʅ²¹kɔ³⁵

2. 语法部分

第一部分

1. 谁呀？我是老王。

   谁呀？脑ˉ是老王。

2. 老四呢？他正跟一个朋友说着话呢。

   老四唻？家ˉ正跟一个伴儿俩话说着。

3. 他还没有说完吗？

家゠还有说完吗？

4. 还没有。大约再有一会儿就说
完了。

还有哪，再一阵儿哈就说完了。

5. 他说马上就走，怎么这么半天
了还在家里呢？

家゠说就走 fɔ³⁵，哪阿瀗゠还家
里哪着（撒)?

6. 你到哪儿去？我到城里去。

你阿扎゠去哪？脑゠城里去个。

7. 在那儿，不在这儿。

乃゠~~~~扎゠有哪，之゠扎゠
冇有。

8. 不是那么做，是要这么做的。

乃゠瀗゠价゠冇做着，之゠瀗゠价゠
做着。

9. 太多了，用不着那么多，只要
这么多就够了。

太多了，乃゠瀗゠多价゠不要，
之゠点儿就成哪。

10. 这个大，那个小，这两个哪一
个好一点儿呢？

之゠个大着，乃゠个小着，那
阿个好撒？

11. 这个比那个好。

之゠个比乃゠个好。

12. 这些房子不如那些房子好。

之゠些房子没有乃゠些好。

13. 这句话用贵德话怎么说？

之゠个话贵德话俩阿瀗゠说着？

14. 他今年多大岁数？

家゠今年多大着？

15. 大概有三十来岁罢。

大概三十多（岁）吧。

16. 这个东西有多重呢？

之゠个东西阿瀗゠重撒゠？/之゠
个东西阿瀗゠重的个有哪？

17. 有五十斤重呢！

五十斤哪！

18. 拿得动吗？

拿动啊哪？

19. 我拿得动，他拿不动。

脑゠拿动哪，家゠拿不动。

20. 真不轻，重得连我都拿不动了。

之゠个重着脑゠唉拿不动了。

21. 你说得很好，你还会说点儿什
么呢？

你说着好，你还会说点儿啥哪？

22. 我嘴笨，我说不过他。

脑゠嘴笨，家゠啊说不过。

23. 说了一遍，又说了一遍。

说了一遍，可说了一遍。

24. 请你再说一遍！

那你再说一遍／你啊麻烦着再说一遍！

25. 不早了，快去罢！

迟了，赶紧去！

26. 现在还很早呢。等一会儿再去罢。

还早着，等一阵儿再去吧！

27. 吃了饭再去好罢?

饭吃上了去吧?

28. 慢慢儿地吃啊！不要急煞！

慢慢吃！要急!

29. 坐着吃比站着吃好些。

坐上着吃比站下着吃好些。

30. 这个吃得，那个吃不得。

之"个吃得吗，乃"个吃不得。

31. 他吃了饭了，你吃了饭没有呢?

家"吃了 fɔ²¹，你吃了冇?

32. 他去过上海，我没有去过。

家"上海去过，脑"冇去过。

33. 来闻闻这朵花香不香?

闻个之"个花儿香着啊?

34. 香得很，是不是?

就撒"，香着撒"? （就撒"＝就是撒"）

35. 给我一本书。

脑"啊书一本给。

36. 我实在没有书嘛。

脑"啊真正（正儿八经）书冇有。

37. 你告诉他。

你家"啊说给。

38. 好好儿地走！不要跑!

好好儿走！要跑!

39. 小心跌下去爬也爬不上来!

小心跌上下去爬不上来!

40. 医生叫你多睡一睡。

医生说着你啊多睡觉 fɔ⁵⁵。

41. 吸烟或者喝茶都不行。

烟抽茶喝呵都不成。

42. 烟也好，茶也好，我都不喜欢。

烟也成，茶也成，脑"一挂"不喜欢。／烟着儿成（好），茶着儿成（好），脑"一挂"不喜欢。

43. 不管你去不去，反正我是要去的。

管你去不去，反正脑"去吗。

44. 我非去不可。

脑"一定去吗。

45. 你是哪一年来的?

你阿一年来啊的?

46. 我是前年到的北京。

脑"前年来啊的北京。

47. 今天开会谁主持?

今儿会开的时候谁主持了？

48. 你得请我的客。

   你脑⁼啊乔⁼的要吗。

49. 这是他的书，那一本是他哥哥的。

   之⁼个是家⁼的书，乃⁼个是家⁼阿哥的。

50. 一边走，一边说。

   旋走，旋说。

51. 看书的看书，看报的看报，写字的写字。

   看书的看书，看报的看报，写字的写字。

52. 越走越远，越说越多。

   越走呵越远，越说呵越多。

53. 把那个东西拿给我。

   乃⁼个东西脑⁼啊给。

54. 有些地方把太阳叫日头。

   有些地方太阳啊叫热头儿着。

55. 你贵姓？我姓王。

   你姓啥着？脑⁼姓王。

56. 你姓王，我也姓王，咱们两个都姓王。

   你姓王，脑⁼也姓王，脑⁼们一挂⁼姓王呗。

57. 你先去吧，我们等一会儿就来。

   你先去，脑⁼们一阵儿了就来。

第二部分

58. 西安夏天热得很。

   夏天西安热啊！／夏天西安热着发⁼码⁼。

59. 北京城很大。

   北京胡⁼度⁼大呀！

60. 他爸爸在哪儿工作？

   他爸爸阿扎⁼上班着？／他爸爸阿扎⁼有吗？

61. 他爸爸在中学教书呢。

   家⁼爸爸中学里教书着。

62. 我昨天见老张了。

   脑⁼昨天老王哈见了。

63. 他明天要去上海。

   家⁼明天上海去吗。

64. 他不会去上海的。

   家⁼上海不去。

65. 他去北京还是去上海？

   他北京去着嘛上海去着？

66. 你去问问，他今天走不走。

   你问个，家⁼今天走着冇。

67. 你抽烟吗？你抽烟不抽？你抽烟不抽烟？你抽不抽烟？

   你烟抽着啊？（不知情况）

   你烟抽吗？（知情况）

   你烟抽吗不？（知情况）

你烟抽着吗冇？（不知情况）

68. 你喜欢抽烟还是喜欢喝茶？

你喜欢抽烟嘛是喝茶？

69. 请买一下车票！

车票买个！/麻烦买个车票！

70. 甲：咱把这点儿活干完吧。

乙：歇一会儿着。/歇一会儿再说。

甲：脑˝们把之˝点儿活儿干完吧？

乙：缓一阵儿/缓一阵儿了再说。

（三）贵德王屯方言部分词汇、语法调查内容

1. 词汇部分

词汇调查表

亲属（71条）

词目	方言
祖父	阿爷 $a^{21}ʒie^{55}$
祖母	阿奶 $a^{21}ne^{55}$
外祖父	外爷 $vɪ^{55}ʒie^{21}$
外祖母	外奶奶 $vɪ^{55}ne^{21}nɛ^{35}$
曾祖父	太爷 $tʰɛ^{55}ʒie^{21}$
曾祖母	阿太 $a^{21}tʰɛ^{35}$
父亲	爸爸 $pɑ^{55}pɑ^{21}$；阿大 $a^{21}ta^{55}$
母亲	妈妈 $ma^{55}ma^{55}$；阿妈 $a^{21}ma^{55}$
岳父（背称）	丈人 $tʂə̃^{55}zə̃^{21}$
岳母（背称）	丈母娘 $tʂə̃^{55}mʊ^{21}niɔ̃^{35}$
公公（背称）	公公 $kuɔ̃^{21}kuɔ̃^{55}$
婆婆（背称）	婆婆 $pʰɤ^{21}pʰɤ^{55}$
继父（背称）	后父 $xɯ^{55}fʋ^{55}$
继母（背称）	后妈 $xɯ^{55}ma^{55}$
伯父（背称）	大大 $ta^{55}ta^{21}$

词目	方言
伯母（背称）	妈妈 ma⁵⁵ma²¹
叔父（背称）	爸爸 pa²¹pa³⁵
叔母（背称）	婶子 ʂə̃⁵⁵tsʅ²¹
舅父（背称）	阿舅 a²¹tɕiɯ³⁵
舅母（背称）	舅妈 tɕiɯ⁵⁵ma²¹
姑妈（背称）	娘娘 niə̃⁵niə̃²¹
姨妈（背称）	姨娘 ʒj²¹niə̃⁵⁵
姑父（背称）	姑父 kʊ⁵⁵fʊ⁵⁵
姨父（背称）	姨父 ʒj²¹fʊ⁵⁵
夫妻	两口子 liə̃²¹kʰɯ⁵⁵tsʅ²¹
丈夫（背称）	掌柜子 tʂə̃²¹kuɪ⁵⁵tsʅ²¹
妻子（背称）	媳妇儿 sj²¹fə⁵⁵
大伯子（背称）	阿哥 a²¹kɔ⁵⁵
小叔子（背称）	兄弟 ɕyə̃²¹tsʅ³⁵
大姑子（背称）	大姑 ta²¹kʊ⁵⁵
小姑子（背称）	小姑 ɕiɔ⁵⁵kʊ²¹
内兄（背称）	大舅子 ta³⁵tɕiɯ⁴⁵tsʅ⁵⁵
内弟（背称）	小舅子 ɕiɔ⁵⁵tɕiɯ²¹tsʅ⁵⁵
大姨子（背称）	大姨子 ta³⁵ʒj²¹tsʅ⁵⁵
小姨子（背称）	小姨子 ɕiɔ⁵⁵ʒj²¹tsʅ⁵⁵
弟兄	兄弟 ɕyə̃²¹tsʅ³⁵
姊妹	姊妹 tsʅ⁵⁵mɿ²¹
哥哥（背称）	阿哥 a²¹kɔ⁵⁵
嫂子（背称）	嫂子 sɔ²¹tsʅ³⁵
弟弟（背称）	兄弟 ɕyə̃²¹tsʅ³⁵

青海河湟地区语言生态研究

词目	方言
弟媳（背称）	兄弟媳妇儿 ɕyə²¹tsʅ³⁵sj²¹fə⁵⁵
姐姐（背称）	阿姐 ɑ²¹tɕie³⁵
姐夫（背称）	姐夫 tɕie²¹fʋ⁵⁵
妹妹（背称）	妹子 mɪ⁵⁵tsʅ²¹
妹夫（背称）	妹夫 mɪ⁵⁵fʋ²¹
堂（兄弟姊妹）	
姑表	姑舅 kʋ²¹tɕiɯ³⁵
姨表	姑舅 kʋ²¹tɕiɯ³⁵
子女	尕娃丫头 ka⁵⁵va⁵⁵ʒia²¹tʰɯ³⁵
儿子	儿子 ɛ²¹tsʅ⁵⁵
大儿子	老大 lɔ²¹ta⁵⁵
小儿子	老尕 lɔ²¹ka³⁵
养子	干儿子 kã³⁵ɛ⁵⁵tsʅ²¹
儿媳妇	儿媳妇儿 ɛ²¹sj⁵⁵fə²¹
女儿	丫头 ʒia²¹tʰɯ³⁵
女婿	女婿娃 mj²¹sɥ⁵⁵va⁵⁵
孙子	尕孙娃 ka⁵⁵suə²¹va³⁵；孙子 suə²¹tsʅ³⁵
孙女	尕孙子丫头 ka⁵⁵suə²¹tsʅ³⁵ʒia²¹tʰɯ³⁵
外孙（背称）	外孙娃娃 vɛ⁵⁵suə²¹va³⁵vʋ⁵⁵； 外孙丫头 vɛ⁵⁵suə²¹ʒia²¹tʰɯ³⁵
外甥（背称）	外甥娃娃 vɛ⁵⁵sə²¹va³⁵vʋ⁵⁵； 外甥丫头 vɛ⁵⁵sə²¹ʒia²¹tʰɯ³⁵
侄子（背称）	侄儿子 tʂʅ²¹ɛ⁵⁵tsʅ²¹
侄女（背称）	侄女儿 tʂʅ²¹nyɛ⁵⁵
带犊儿改嫁带的儿女（背称）	前夫的娃娃 tɕʰiã²¹fʋ⁵⁵tsʅ²¹va³⁵vʋ⁵⁵
妯娌	先后 ɕiã⁵⁵xɯ²¹

词目	方言
连襟	挑担 tʰiɔ⁵⁵tã²¹
亲家	两亲家 liõ²¹tɕʰĩ⁵⁵tɕia²¹
舅爷 父亲的舅舅（背称）	舅爷 tɕiɯ⁵⁵ʒie²¹
老姑姑 父亲的姑（背称）	姑奶奶 kʋ⁵⁵nɛ⁵⁵nɛ²¹
亲戚	亲戚 tɕʰĩ²¹tsʰj³⁵
婆家	婆婆家 pʰɤ²¹pʰɤ⁵⁵tɕia²¹
娘家	娘家儿 niõ²¹tɕie⁵⁵

代词（55条）

词目	方言
我	我 uɤ¹³
你	你 nɪ⁵⁵
他	他 tʰɑ¹³
我们（注意变调）	□们 ɑ²¹m̩³⁵ ①
咱们	□们 ɑ²¹m̩³⁵
你们（注意变调）	你们 nɪ²¹m̩³⁵
他们（注意变调）	□□们 ã²¹tsj⁵⁵m̩²¹
咱们俩	□们两个 ɑ²¹m̩³⁵liõ²¹kɤ⁵⁵
您	
我的	我的 uɤ²¹tʂɤ³⁵
你的	你的 nɪ²¹tʂɤ³⁵
他的	他的 tʰɑ²¹tʂɤ³⁵
我们的	□们的 ɑ²¹m̩⁵⁵tʂɤ⁵⁵
咱们的	□们的 ɑ²¹m̩⁵⁵tʂɤ⁵⁵
自己	各家儿 kuɤ²¹tɕie⁵⁵

词目	方言
人家	人家 zɿ̃²¹tɕia⁵⁵
谁	阿个是啊 a²¹kɤ⁵⁵ʂɿ⁵⁵lia²¹
什么	什么 ʂɿ⁵⁵ma⁵⁵
这个	个一个 kɤ⁵⁵ʒj²¹kɤ⁵⁵
那个	兀个一个 u⁵⁵kɤ⁵⁵ʒj²¹kɤ⁵⁵ ②
哪个	阿个一个 a²¹kɤ⁵⁵ʒj²¹kɤ⁵⁵
这些	个点儿 kɤ⁵⁵tie²¹
那些	兀个 ŋ⁵⁵kɤ⁵⁵
哪些	阿个一点儿 a²¹kɤ⁵⁵ʒj²¹tie⁵⁵
这里	个点儿 kɤ⁵⁵tie²¹
那里	兀个点儿 u⁵⁵kɤ²¹tie³⁵
哪里	阿个点儿 a²¹kɤ⁵⁵tie³⁵
这会儿	个时候 kɤ⁵⁵ʂɿ²¹xɯ⁵⁵
那会儿	兀个时候 u⁵⁵kɤ⁵⁵ʂɿ²¹xɯ⁵⁵
多会儿	什么时候 ʂɿ⁵⁵m̩²¹ʂɿ³⁵xɯ⁵⁵
这么（高）	之〝懑〞高 tʂɿ⁵⁵mɤ²¹ko³⁵
那么（高）	乃〝懑〞高 nɤ⁵⁵mɤ²¹ko³⁵
这么（做）	□□做 tʂɿ⁵⁵ma²¹tsʮ⁵⁵
那么（做）	□□做 nɤ⁵⁵mɤ²¹tsʮ⁵⁵
怎么（做）	□□做 tʂɿ²¹ma³⁵tsʮ⁵⁵
怎么办	□□办啊 tʂɿ²¹ma³⁵pã⁵⁵lia²¹
怎样	□□办啊 tʂɿ²¹ma³⁵pã⁵⁵lia²¹
为什么	为啥 vɿ³⁵sa⁵⁵
多少	多少 tuɤ²¹ʂo⁵⁵
多（久、高、长、大、厚）	□□ tʂɿ²¹ma⁵⁵
我们俩	□们两个 a²¹m̩⁵⁵liõ³⁵kɤ²¹

词目	方言
咱们俩	□们两个 a²¹m̩⁵⁵liõ³⁵kɤ²¹
父子俩	大大儿子 ta²¹ta³⁵ɛ²¹tsʅ³⁵
母女俩	娘俩 niõ³⁵lia⁴⁵
妯娌俩	先后两个 ɕiã³⁵xɯ⁵⁵liõ²¹kɤ⁵⁵
哥儿俩	哥哥兄弟两个 kɔ²¹kɔ³⁵ɕyã̃²¹tsʅ⁵⁵liõ²¹kɤ⁵⁵
姐儿俩	姐姐妹子们 tɕie⁵⁵tɕie²¹mɿ⁵⁵tsʅ²¹mã̃²¹
父子们	大大儿子们 ta²¹ta³⁵ɛ²¹tsʅ⁵⁵mã̃²¹
母女们	阿妈丫头们 a⁵⁵ma⁵⁵ʒia²¹tʰɯ³⁵mã̃⁵⁵
谁们	阿个们 a²¹kɤ³⁵mã̃⁵⁵
妯娌们	先后们 ɕiã²¹xɯ⁵⁵mã̃⁵⁵
这些个理儿们	个点儿道理们 kɤ⁵⁵tie²¹tɔ⁵⁵ʨj²¹mã̃⁵⁵
那些个事儿们	兀个点儿事情们 u⁵⁵kɤ⁵⁵tie⁵⁵sʅ³⁵tɕʰɿ⁵⁵mã̃⁵⁵
师徒们	师傅徒弟们 sj²¹fʋ³⁵tʰʋ²¹tsʅ⁵⁵mã̃⁵⁵
桌子们	桌子们 tʂuɤ²¹tsʅ⁵⁵mã̃⁵⁵

注：①[m] 在部分音节中出现，重读时为 [mã̃]。
　　②[u] 仅出现在代词中，因此未被单列为一个音位出现在音系中。

副词　介词（64 条）

（调查时，笔者请发音人用当地话把例句的意思说出来）

词目	方言
刚我~来，没赶上	刚 tɕiõ¹³
刚不大不小，~合适	刚 tɕiõ¹³
净~吃面，不吃米	光 kuõ⁵⁵
总共~才十个	总共 tsuã̃⁵⁵kuã̃²¹
仅~十来个人	刚 tɕiõ¹³
大概~有二十里地	差不多 tsʰa²¹pʋ³⁵tuɤ⁴⁵

青海河湟地区语言生态研究

词目	方言
有点儿_{天~冷}	有点 ʒiɯ⁵⁵tiɑ̃²¹
怕_{也许~要下雨}	大概 ta⁵⁵kɛ⁵⁵
也许_{明天~要下雨}	可能 kʰɔ⁵⁵nɑ̃²¹
差点儿_{~摔了}	差一挂 ⁼tsʰɑ³⁵ʒj²¹kuɑ³⁵
偶尔_{我们~见一面}	有的时候 ʒiɯ⁵⁵tʂɤ²¹sj²¹xɯ³⁵
突然_{路边~跑出个人来}	猛地 mɑ̃⁵⁵tʂɤ⁵⁵
马上_{~就来}	就就 tɕiɯ⁵⁵tɕiɯ⁵⁵
趁早儿_{~走吧}	早一挂 ⁼tsɔ⁵⁵ʒj²¹kuɑ⁵⁵
一贯_{他~就这脾气}	一直 ʒj³⁵tʂʅ⁵⁵
一直_{我~不认识他}	一直 ʒj³⁵tʂʅ⁵⁵
早晚；随时_{~来都行}	随时 suɪ³⁵ʂʅ⁴⁵
眼看_{~就到期了}	眼看 niɑ̃⁵⁵kʰɑ̃²¹
尽管_{~吃，不要客气}	你把你吃 nɪ⁵⁵pa⁵⁵nɪ⁵⁵tʂʰʅ⁴⁵
幸亏_{~你来了，要不然我们就走错了}	幸亏 ɕĩ³⁵kʰuɪ⁵⁵
一块儿_{咱们~去}	一搭里 ʒj²¹ta⁵⁵ȵj²¹
顺便_{请他~给我买本书}	一手儿 ʒj³⁵ʂɯ⁵⁵ɛ⁴⁵
故意_{~捣乱}	故意 kʊ⁵⁵ʒj⁵⁵
一定_{他~知道这事儿}	肯定 kʰɔ̃⁵⁵tĩ⁵⁵
到了儿_{他~走了没有，你要问清楚}	到底 tɔ⁵⁵tsʅ²¹
压根儿_{他~不知道}	肯定 kʰɔ̃⁵⁵tĩ⁵⁵
实在_{这人~好}	实话 ʂʅ²¹xuɑ⁵⁵
太_{~好了}	太 tʰɛ⁵⁵
特别_{他~喜欢养花}	胡 ⁼度 ⁼xʊ²¹tʊ⁵⁵
不_{~去了}	不 pʊ¹³
没_{~去过}	没 mɪ¹³

词目	方言
不要慢慢儿走，~跑	嫑 pɔ¹³
不用你就~来了	嫑 pɔ¹³
不敢；别~跳	嫑 pɔ¹³
万一~他知道了怎么办	一旦 ʑj²¹tã⁵⁵
偏你不让我去，我~要去	偏偏 pʰiã⁵⁵pʰiã⁵⁵
白不要钱：~吃	白 pɛ¹³
白；空~跑一趟	白 pɛ¹³
胡~搞，~说	胡 xʋ¹³
另外~还有一个人	另外里 lĩ⁵⁵vɛ⁵⁵ʐj²¹
被书~他弄丢了	□□把书哈撂掉给了 ã²¹tsj⁵⁵pɑ³⁵fʋ²¹xɑ³⁵liɔ⁵⁵tiɔ²¹kɪ⁵⁵lɔ²¹
把~门关上	门啊关上 mã²¹ɑ³⁵kuã²¹xã̃³⁵
对你~他好，他就~你好	你对□□好，□□就对你好 nɪ⁵⁵tuɪ⁵⁵ã²¹tsj³⁵xɔ⁴⁵，ã²¹tsj⁵⁵tɕiɯ⁵⁵tuɪ⁵⁵nɪ³⁵xɔ⁴⁵
到~哪儿去	阿里去啊 ɑ²¹ʐj⁵⁵tsʰj³⁵liɑ⁵⁵
到~扔~水里	水里扔给 fɪ²¹ʐj⁵⁵zã̃³⁵kɪ⁴⁵
在~哪儿住家	家"阿个有啊 tɕiɑ³⁵ɑ³⁵kɤ⁵⁵ʐiɯ⁵⁵liɑ⁵⁵
从~哪儿走	阿个走？ɑ²¹kɤ⁵⁵tsɯ⁴⁵
自从~他走后我一直不放心	□□走掉了之后我一直不放心 ã²¹tsj³⁵tsɯ²¹tiɔ⁵⁵lɔ²¹tsʅ²¹xɯ⁵⁵uɤ⁵⁵ʑj²¹tsʅ⁵⁵pʋ²¹fã̃³⁵ɕĩ⁴⁵
照~这样做就好	之"濩"做啊就好了 tsʅ²¹mɤ³⁵tsuɤ⁵⁵ɑ²¹tɕiɯ³⁵xɔ²¹lɔ³⁵
照~我看不算错	照我看时不算错 tsɔ⁵⁵uɤ⁵⁵kʰã̃³⁵ʂʅ²¹pʋ²¹suã³⁵tsʰuɤ⁴⁵
使你~毛笔写	你毛笔俩写 nɪ⁵⁵mɔ²¹pj⁵⁵liɑ²¹tɕie⁵⁵
顺着~这条大路一直走	沿着"个大路一直走 ʑiã²¹tsʅ³⁵kɤ⁵⁵tɑ³⁵lʋ⁴⁵ʑj²¹tsʅ⁵⁵tsɯ⁴⁵
顺着；沿着~河边走	引 ʑĩ⁵⁵
朝~后头看看	往后面看一挂 "vã̃⁵⁵xɯ³⁵miã⁵⁵kʰã̃³⁵ʑj⁵⁵kuɑ⁵⁵

续表

词目	方言
替你～我写封信	你我哈写给一封信 nɪ⁵⁵uɤ²¹xɑ⁵⁵ɕie³⁵kɪ⁵⁵ʒj²¹fɔ̃⁵⁵ɕĩ⁴⁵
给～大家办事儿	给大家办事情 kɪ²¹tɑ⁵⁵tɕiɑ²¹pɑ̃⁵⁵sʅ⁵⁵tɕʰĩ²¹
给我虚用：你～吃干净这碗饭	你给我把之ᵊ碗饭吃干净 nɪ⁵⁵kɪ²¹uɤ⁵⁵pɑ³⁵tʂʅ³⁵vɑ̃⁵⁵fɑ̃³⁵tʂʅ̩³⁵kɑ̃²¹tɕĩ³⁵
给咱虚用：你～照应孩子	你看一挂ᵊ娃娃 nɪ⁵⁵kʰɑ̃⁵⁵ʒj²¹kuɑ⁵⁵vɑ²¹vɑ³⁵
和介：～他谈话	跟□□说话 kɔ̃⁵⁵ɑ̃²¹tsj⁵⁵ʂuɤ²¹xuɑ³⁵
向～他打听一件事	跟□□打问一件事情 kɔ̃⁵⁵ɑ̃²¹tsj⁵⁵tɑ²¹vɔ̃⁵⁵ʒj²¹tɕiɑ̃⁵⁵sʅ²¹tɕĩ⁵⁵
问～他借一本书	跟□□借一本书 kɔ̃⁵⁵ɑ̃²¹tsj⁵⁵tɕie³⁵ʒj²¹pɔ̃⁵⁵fʋ⁴⁵
比这个～那个高	个一个比兀一个高 kɤ⁵⁵ʒj²¹kɤ⁵⁵pj²¹u⁵⁵kɤ⁵⁵ʒj²¹kɤ⁵⁵kɔ⁴⁵
管……叫有些地方管白薯叫山药	一些地方把白薯叫山药 ʒj⁵⁵ɕie²¹tsj⁵⁵fɔ̃⁵⁵pɑ³⁵pɪ²¹fʋ³⁵tɕiɔ³⁵ʂɑ̃²¹ʒɤ³⁵
拿……当有些地方拿麦秸当柴烧	有些地方拿麦秆当柴烧 ʒɯ⁵⁵ɕie²¹tsʅ⁵⁵fɔ̃²¹nɑ³⁵mɛ²¹kɑ̃⁵⁵tɔ̃³⁵tʂɛ⁴⁵ʂɔ³⁵

量词（52条）

词目	方言
一匹（马）	一匹马 ʒj²¹pj⁵⁵mɑ⁵⁵
一头（牛）	一头牛 ʒj²¹tʰɯ⁵⁵niɯ⁴⁵
一只（鸡）	一个鸡儿 ʒj²¹kɤ⁵⁵tɕie⁴⁵
一条（河）	一条河 ʒj²¹tʰiɔ⁵⁵xuɤ⁴⁵
一辆（车）	一辆车 ʒj²¹liɔ̃⁵⁵tʂʰɤ⁴⁵
一只（手）	一个手 ʒj²¹kɤ⁵⁵ʂɯ⁴⁵
一床（被子）	一床被儿 ʒj²¹tʂʰuɔ̃³⁵pɪ⁵⁵ɛ²¹
一支（笔）	一个笔 ʒj²¹kɤ⁵⁵pj⁴⁵
一棵（树）	一棵树 ʒj²¹kʰuɤ⁵⁵fʋ⁵⁵

词目	方言
一丛（草）	一堆草 ʒj²¹tuɪ⁵⁵tsʰɔ⁴⁵
一朵（花儿）	一朵花 ʒj²¹tuɤ⁵⁵xuɑ⁴⁵
一块（石头）	一块石头 ʒj²¹kʰuɛ⁵⁵ʂʅ²¹tʰɯ³⁵
一所（房子）	一间房子 ʒj²¹tɕiɑ̃⁵⁵fɒ̃²¹tsʅ³⁵
一桩（事情）	一桩事情 ʒj²¹tʂuɒ̃⁵⁵sj²¹tɕʰĩ⁵⁵
一卷儿（纸）	一卷纸 ʒj²¹tɕyɑ̃⁵⁵tsʅ⁴⁵
一挑（水）	一担水 ʒj²¹tɑ̃⁵⁵fɪ⁴⁵
一截（棍子）	一根棍子 ʒj²¹kə̃⁵⁵kuə̃²¹tsʅ⁵⁵
一部（书）	一本书 ʒj²¹pə̃⁵⁵fʋ⁴⁵
一个（人）	一个人 ʒj²¹kɤ³⁵zə̃⁵⁵
一嘟噜（葡萄）	一串葡萄 ʒj²¹tʂʰuɑ̃⁵⁵pʰʋ²¹tʰɔ³⁵
一幅（画）	一幅画 ʒj²¹fʋ⁵⁵xuɑ⁴⁵
一团（泥）	一团泥 ʒj²¹tʰuɑ̃⁵⁵mj⁴⁵
一撮（毛）	一撮毛 ʒj²¹tsuɤ⁵⁵mɔ⁴⁵
一绺（头发）	一股儿头发 ʒj²¹kuɤ⁵⁵tʰɯ²¹fɑ³⁵
一处（地方）	一个地方 ʒj²¹kɤ³⁵tsʅ⁵⁵fɒ̃²¹
一点儿	一点点儿 ʒj³⁵tiɑ̃²¹tie⁵⁵
一双（鞋）	一双鞋 ʒj²¹fɒ̃⁵⁵xɛ⁴⁵
一对（花瓶）	一对儿花瓶 ʒj²¹tuɪ³⁵ɛ⁵⁵xuɑ²¹pʰĩ³⁵
一副（眼镜）	一副眼镜儿 ʒj²¹fʋ⁵⁵niɑ̃²¹tɕie⁵⁵
一套（书）	一套书 ʒj²¹tʰɔ⁵⁵fʋ⁴⁵
一种（虫子）	一种虫子 ʒj²¹tʂuə̃⁵⁵tʂʰuə̃²¹tsʅ³⁵
一些	点儿 tie¹³
一伙儿（人）	一帮人 ʒj²¹pɒ̃⁵⁵zə̃⁴⁵
一帮（人）	一帮人 ʒj²¹pɒ̃⁵⁵zə̃⁴⁵

青海河湟地区语言生态研究

词目	方言
（洗）一遍	洗一遍 ɕj³⁵ʒj²¹piɑ̃⁵⁵
（吃）一顿	吃一顿 tʂʰʅ³⁵ʒj²¹tuɑ̃⁵⁵
（打）一下	打一挂 ⁼ta³⁵ʒj²¹kuɑ⁵⁵
（走）一趟	走一趟 tsɯ⁵⁵ʒj²¹tʰɒ̃³⁵
（谈）一会儿	谈一挂 ⁼tʰɑ̃³⁵ʒj²¹kuɑ⁵⁵
（闹）一场	闹一场 nɔ⁵⁵ʒj²¹tʂʰɒ̃⁵⁵
（下）一阵（雨）	一阵雨 ʒj²¹tʂɑ̃⁵⁵ʯ⁴⁵
（见）一面	见一面 tɕiɑ̃⁵⁵ʒj²¹miɑ̃⁵⁵
一个	一个 ʒj²¹kɤ³⁵
两个	两个 liɒ̃²¹kɤ³⁵
三个	三个 sɑ̃²¹kɤ³⁵
四个	四个 ɕj⁵⁵kɤ⁵⁵
五个	五个 vu²¹kɤ³⁵
六个	六个 liɯ²¹kɤ⁵⁵
七个	七个 tsʰj²¹kɤ⁵⁵
八个	八个 pɑ²¹kɤ⁵⁵
九个	九个 tɕiɯ²¹kɤ⁵⁵
十个	十个 ʂʅ²¹kɤ⁵⁵

2. 语法部分

第一部分

1. 谁呀？我是老王。

阿个是吗？我老王是吗。

2. 老四呢？他正跟一个朋友说着话呢。

老四唻？ɑ̃²¹tsj⁵⁵跟一个朋友话说着个。

3. 他还没有说完吗？

ɑ̃²¹tsj⁵⁵还没有说完吗？

4. 还没有。大约再有一会儿就说
完了。

还没，大概再一阵儿时就说完呐。

5. 他说马上就走，怎么这么半天
了还在家里呢？

ã²¹tsj⁵⁵ 说着马上就走呐，之⁼
懑⁼半天了还家里有呐？

6. 你到哪儿去？我到城里去。

你阿里去呐？我街上去呐。

7. 在那儿，不在这儿。

个没有，兀个有呐。

8. 不是那么做，是要这么做的。

之⁼懑⁼做着呐，乃⁼之⁼做着
没。

9. 太多了，用不着那么多，只要
这么多就够了。

太多了，用不着乃⁼懑⁼多，就
个点儿搭⁼够呐。

10. 这个大，那个小，这两个哪一
个好一点儿呢？

个一个大一点，兀个一个小
一点，个两个阿个一个好一
点呐？

11. 这个比那个好。

个一个比兀个一个好。

12. 这些房子不如那些房子好。

个些房子还兀个些房子哈不到。

13. 这句话用王屯话怎么说？

个话哈王屯话俩 tʂʅ²¹ma³⁵ 说着
呐？

14. 他今年多大岁数？

ã²¹tsj⁵⁵ 今年多少岁了？

15. 有三十来岁罢。

三十多岁吧。

16. 这个东西有多重呢？

你猜个东西有多重？

17. 有五十斤重呢！

有五十斤重！

18. 拿得动吗？

你拿动哩嘛？

19. 我拿得动，他拿不动。

我拿动呐，ã²¹tsj⁵⁵ 拿不动。

20. 真不轻，重得连我都拿不动了。

一点也不轻，重得我啊拿不动
了。

21. 你说得很好，你还会说点儿什
么呢？

你说得很好，你还能说点其他
的吗？

22. 我嘴笨，我说不过他。

我嘴笨，我 ã²¹tsj⁵⁵ 啊说不过。

23. 说了一遍，又说了一遍。

说了一遍，可说了一遍了。

24. 请你再说一遍！

那你再说一遍！

25. 不早了，快去罢！

不早了，快点去！

26. 现在还很早呢。等一会儿再去罢。

现在还早着哪，等一挂″我再去罢。

27. 吃了饭再去好罢？

饭吃上再去成哪？

28. 慢慢儿地吃啊！不要急煞！

慢慢儿吃！要急吵！

29. 坐着吃比站着吃好些。

坐啊了吃比站啊了吃好一点。

30. 这个吃得，那个吃不得。

这个吃得哪，兀个吃不得。

31. 他吃了饭了，你吃了饭没有呢？

ã²¹tsj⁵⁵饭吃上了，你饭吃了冇没？

32. 他去过上海，我没有去过。

ã²¹tsj⁵⁵上海去过，我没去过。

33. 来闻闻这朵花香不香？

个一朵花闻一挂香着哩没（香着没）？

34. 香得很，是不是？

胡″度″香，是哩没不是？

35. 给我一本书！

我哈书一本给！

36. 我实在没有书嘛。

我哈书实在是没。

37. 你告诉他。

你 ã²¹tsj⁵⁵ 啊说给。

38. 好好儿地走！不要跑！

好好走！要跑！

39. 小心跌下去爬也爬不上来！

小心跌着下去时爬时也爬不上来！

40. 医生叫你多睡一睡。

医生你哈说着多里睡一阵。

41. 吸烟或者喝茶都不行。

吸烟或者喝茶都不成。

42. 烟也好，茶也好，我都不喜欢。

烟也好，茶也好，我两个哈都不喜欢。

43. 不管你去不去，反正我是要去的。

你去哩没不去时，反正我就去哪。

44. 我非去不可。

我一定去哪。

45. 你是哪一年来的？

你阿个一年来啊的？

46. 我是前年到的北京。

我前年北京来啊的。

47. 今天开会谁的主持？

今儿个会开了阿个主持着个？

48. 你得请我的客。

你我哈请客着吃饭着要吗。

49. 这是他的书，那一本是他哥哥的。

个是 $\tilde{a}^{21}$tsj^{55} 的书，兀个一本是 $\tilde{a}^{21}$tsj^{55} 的阿哥的。

50. 一边走，一边说。

一面走着吶，一面说着吶。

51. 看书的看书，看报的看报，写字的写字。

看书的看书，看报的看报，写字的写字。

52. 越走越远，越说越多。

越走着越远，越说着越多。

53. 把那个东西拿给我。

兀个东西啊我啊一个取给。

54. 有些地方把太阳叫日头。

有的地方把太阳叫热头。

55. 你贵姓？我姓王。

你姓啥？我姓王。

56. 你姓王，我也姓王，咱们两个都姓王。

你姓王，我也姓王，我们两个一样姓王。

57. 你先去吧，我们等一会儿就来。

你先去啊，我们两个等一挂＂

了就来。

第二部分

58. 西安夏天热得很。

西安的夏天胡＂度＂热。

59. 北京城很大。

北京城胡＂度＂大。

60. 他爸爸在哪儿工作？

$\tilde{a}^{21}$tsj^{55} 的阿大在阿个工作着吗？

61. 他爸爸在中学教书呢。

$\tilde{a}^{21}$tsj^{55} 的阿大中学里老师当着吗。

62. 我昨天见老张了。

我昨个老张啊见了。

63. 他明天要去上海。

$\tilde{a}^{21}$tsj^{55}tsɔ^{21}şã^{55} 上海去哩说吗。

64. 他不会去上海的。

$\tilde{a}^{21}$tsj^{55} 一定上海不去。

65. 他去北京还是去上海？

$\tilde{a}^{21}$tsj^{55} 上海去哩没北京去吗？

66. 你去问问，他今天走不走。

你问一挂＂去，$\tilde{a}^{21}$tsj^{55} 今儿个走哩没不走。

67. 你抽烟吗？你抽烟不抽？你抽烟不抽烟？你抽不抽烟？

你烟抽哩没？你抽哩没不抽？你烟抽着哩没？你抽烟不抽烟？

68. 你喜欢抽烟还是喜欢喝茶？　　　　乙：歇一会儿着。/ 歇一会儿
　　你抽烟哩没喝茶呐？　　　　　　　　　再说。

69. 请买一下车票！　　　　　　　　　甲：我们个点活啊干完吧。
　　买一挂=车票！　　　　　　　　　乙：缓一挂了再说。

70. 甲：咱把这点儿活干完吧。

（四）乐都碾伯镇方言部分词汇、语法调查内容

1. 词汇部分

词汇调查表

亲属（71条）

词目	方言
祖父	爷爷 ʒie⁵¹ʒie²¹；阿爷 ɑ²¹ʒie³⁵
祖母	奶奶 ne²¹ne³⁵；阿奶 ɑ²¹ne³⁵
外祖父	外爷 ve³⁵ ʒie⁵⁵
外祖母	外奶奶 ve²¹ ne⁵⁵ne²¹
曾祖父	太爷 tʰɛ³⁵ʒie⁵⁵
曾祖母	太奶奶 tʰɛ³⁵ne⁵⁵ne²¹
父亲	阿大 ɑ²¹ta³⁵
母亲	阿妈 ɑ²¹ma³⁵
岳父（背称）	老丈人 lɔ²¹tʂɒ³⁵zɚ⁵⁵
岳母（背称）	丈母娘 tʂɒ³⁵mʊ⁵⁵niɒ²¹
公公（背称）	公公 kuɤ²¹kuɤ³⁵
婆婆（背称）	婆婆 pʰɤ⁵¹pʰɤ³⁵
继父（背称）	后爸 xɯɯ³⁵pa⁵⁵
继母（背称）	后妈 xɯɯ³⁵ma⁵⁵
伯父（背称）	大大 ta³⁵ta⁵⁵
伯母（背称）	妈妈 ma³⁵ma⁵⁵

词目	方言
叔父（背称）	叔叔 fʊ⁵⁵fʊ²¹；爸爸 pɑ²¹pɑ³⁵
叔母（背称）	婶婶 ʂɤ̃⁵⁵ʂɤ̃²¹
舅父（背称）	舅舅 tɕiɯɯ³⁵tɕiɯɯ⁵⁵；阿舅 a⁵¹tɕiɯɯ²¹
舅母（背称）	舅母 tɕiɯɯ³⁵mʊ⁵⁵
姑妈（背称）	娘娘 niɒ⁵⁵niɒ²¹
姨妈（背称）	姨娘 zɿ⁵¹niɒ³⁵
姑父（背称）	姑父 kʊ²¹fʊ³⁵
姨父（背称）	姨父 zɿ²¹fʊ³⁵
夫妻	两口子 liɒ²¹kʰɯu³⁵tsɿ⁵⁵
丈夫（背称）	掌柜子 tʂɒ⁵⁵kuɪ³⁵tsɿ⁵⁵；男子 nan⁵¹tsɿ²¹；女婿 mɿ⁵⁵sʮ²¹
妻子（背称）	女子 mɿ⁵⁵tsɿ²¹；媳妇儿 sɿ⁵¹fɛ²¹；爱人 ɛ³⁵zɤ̃⁵⁵
大伯子（背称）	大伯子 ta³⁵pie⁵⁵tsɿ²¹；阿伯子 a²¹pie⁵⁵tsɿ²¹
小叔子（背称）	小叔子 ɕiɔ⁵⁵fʊ²¹tsɿ²¹
大姑子（背称）	大姑子 ta³⁵kʊ⁵⁵tsɿ²¹
小姑子（背称）	小姑子 ɕiɔ⁵⁵kʊ²¹tsɿ²¹
内兄（背称）	大舅子 ta³⁵tɕiɯɯ⁴⁵tsɿ⁵⁵
内弟（背称）	小舅子 ɕiɔ⁵⁵tɕiɯɯ⁴⁵tsɿ⁵⁵
大姨子（背称）	大姨子 ta³⁵zɿ²¹tsɿ³⁵
小姨子（背称）	小姨子 ɕiɔ⁵⁵zɿ²¹tsɿ³⁵
弟兄	弟兄 tsɿ³⁵ɕyɤ̃⁵⁵
姊妹	姊妹 tsɿ⁵⁵mɪ²¹
哥哥（背称）	阿哥 a²¹kɤ³⁵
嫂子（背称）	嫂子 sɔ⁵⁵tsɿ²¹；新姐 ɕī²¹tɕie³⁵
弟弟（背称）	兄弟 ɕyɤ̃²¹tsɿ³⁵
弟媳（背称）	兄弟媳妇儿 ɕyɤ̃²¹tsɿ³⁵sɿ⁵¹fɛ²¹

续表

词目	方言
姐姐（背称）	阿姐 a²¹tɕie³⁵
姐夫（背称）	姐夫 tɕie⁵⁵fʋ²¹
妹妹（背称）	妹子 mɪ³⁵tsɿ⁵⁵
妹夫（背称）	妹夫 mɪ³⁵fʋ⁵⁵
堂（兄弟姊妹）	堂 tʰɒ²¹³
姑表	姑舅 kʋ²¹tɕiɯu³⁵
姨表	姑舅 kʋ²¹tɕiɯu³⁵
子女	娃娃丫头 va²¹va⁵⁵ʑia²¹tʰɯ³⁵
儿子	娃娃 va²¹va³⁵
大儿子	老大 lɔ⁵⁵ta⁴⁵
小儿子	老尕 lɔ⁵⁵ka⁴⁵；老幺 lɔ⁵⁵ʑiɔ⁴⁵
养子	抱下的 pɔ³⁵xa⁵⁵tʂɤ²¹
儿媳妇	儿媳妇儿 ɛ²¹sɿ⁵⁵fɛ²¹
女儿	丫头 ʑia²¹tʰɯ³⁵
女婿	女婿 mɿ⁵⁵sʮ²¹
孙子	孙娃子 suɜ²¹va³⁵tsɿ⁵⁵
孙女	孙丫头 suɜ²¹ʑia³⁵tʰɯ⁵⁵
外孙（背称）	外孙子 vɛ³⁵suɜ⁵⁵tsɿ²¹
外甥（背称）	外甥 vɛ³⁵ʂɜ⁵⁵
侄子（背称）	侄儿子 tʂʅ²¹ɛ³⁵tsɿ⁵⁵；侄子 tʂʅ²¹tsɿ³⁵
侄女（背称）	侄女儿 tʂʅ⁵¹mɿ²¹ɛ³⁵
带犊儿改嫁带的儿女（背称）	带上来的 tɛ³⁵ɒ⁵⁵lɛ²¹tʂɤ²¹
妯娌	妯娌 tʂʋ²¹ʨj³⁵
连襟	挑担 tʰiɔ⁵⁵tan²¹
亲家	亲家 tɕʰʅ³⁵tɕia⁵⁵

词目	方言
舅爷父亲的舅舅（背称）	舅爷 tɕiɯɯ³⁵ʑie⁵⁵
老姑姑父亲的姑（背称）	姑奶奶 kʊ²¹nɛ³⁵nɛ⁵⁵
亲戚	亲戚 tɕʰʅ²¹tsʰʅ³⁵
婆家	婆家 pʰɤ⁵¹tɕiɑ³⁵
娘家	娘家 niɒ⁵¹tɕiɑ³⁵

代词（55条）

词目	方言
我	我 vɤ⁵⁵
你	你 nʅ⁵⁵
他	家 ⁼tɕiɑ²¹³
我们（注意变调）	我们 vɤ⁵⁵mə̃²¹
咱们	我们 vɤ⁵⁵mə̃²¹
你们（注意变调）	你们 nʅ⁵⁵mə̃²¹
他们（注意变调）	家 ⁼们 tɕiɑ²¹mə̃³⁵
咱们俩	我们俩 vɤ⁵⁵m̩²¹liɑ³⁵
您	
我的	我的 vɤ⁵⁵tʂɤ²¹
你的	你的 nʅ⁵⁵tʂɤ²¹
他的	家 ⁼的 tɕiɑ²¹tʂɤ³⁵
我们的	我们的 vɤ⁵⁵mə̃²¹ tʂɤ²¹
咱们的	我们的 vɤ⁵⁵mə̃²¹ tʂɤ²¹
自己	各家 kuɤ²¹tɕiɑ⁵⁵
人家	人家 zə̃⁵¹tɕiɑ³⁵
谁	谁 fʅ²¹³

青海河湟地区语言生态研究

词目	方言
什么	啥 ʂa²¹³
这个	之 ﹒个 tʂʅ³⁵kɤ⁵⁵
那个	乃 ﹒个 nɛ³⁵kɤ⁵⁵
哪个	阿个 a⁵⁵kɤ²¹
这些	之 ﹒些 tʂʅ³⁵ɕie²¹
那些	乃 ﹒些 nɛ³⁵ɕie²¹
哪些	阿些 a⁵⁵ɕie²¹
这里	之 ﹒里 tʂʅ³⁵ki̯²¹；个扎 ﹒kɤ⁵⁵tʂa²¹；之 ﹒扎 ﹒tʂʅ³⁵tʂa⁵⁵
那里	乃 ﹒里 nɛ³⁵ki̯²¹；乃 ﹒扎 ﹒nɛ³⁵tʂa⁵⁵
哪里	阿里 a⁵⁵ki̯²¹
这会儿	之 ﹒会儿 tʂʅ³⁵xuɤ⁵⁵ɛ²¹
那会儿	乃 ﹒会儿 nɛ³⁵xuɤ⁵⁵ɛ²¹
多会儿	多会儿 tuɤ²¹xuɤ³⁵ɛ⁵⁵
这么（高）	之 ﹒懑 ﹒tʂʅ³⁵mã⁴⁵；之 ﹒懑 ﹒价 ﹒tʂʅ³⁵mã⁵⁵tɕia²¹
那么（高）	乃 ﹒懑 ﹒nɛ³⁵mã⁴⁵；乃 ﹒懑 ﹒价 ﹒nɤ³⁵mã⁵⁵tɕia²¹
这么（做）	之 ﹒懑 ﹒tʂʅ³⁵mã⁴⁵；之 ﹒懑 ﹒价 ﹒tʂʅ³⁵mã⁵⁵tɕia²¹
那么（做）	乃 ﹒懑 ﹒nɛ³⁵mã⁴⁵；乃 ﹒懑 ﹒价 ﹒nɤ³⁵mã⁵⁵tɕia²¹
怎么（做）	阿懑 ﹒价 ﹒a⁵⁵mã²¹tɕia³⁵
怎么办	阿懑 ﹒办 a⁵⁵mã²¹pan³⁵；咋地了 tsa²¹tsʅ⁵⁵lia²¹
怎样	阿懑 ﹒个 a⁵⁵mã²¹kɤ³⁵
为什么	为啥 vi³⁵ʂa²¹
多少	多少 tuɤ²¹ʂɔ⁵⁵
多（久、高、长、大、厚）	多 tuɤ²¹³
我们俩	我们俩 vɤ⁵⁵m̩²¹lia³⁵
咱们俩	我们俩 vɤ⁵⁵m̩²¹lia³⁵

词目	方言
父子俩	父子俩 fv³⁵tsʅ⁵⁵lia²¹
母女俩	母女俩 mv⁵⁵mʅ⁵⁵lia²¹
妯娌俩	妯娌俩 tʂv²¹ʥj³⁵lia²¹
哥儿俩	弟兄俩 tsʅ³⁵ɕyə̃⁵⁵lia²¹
姐儿俩	姊妹俩 tsʅ⁵⁵mɪ²¹lia²¹
父子们	父子们 fv³⁵tsʅ⁵⁵mə̃²¹
母女们	母女们 mv⁵⁵mʅ⁵⁵mə̃²¹
谁们	谁们 fi⁵¹mə̃³⁵
妯娌们	妯娌们 tʂv²¹ʥj³⁵mə̃⁵⁵
这些个理儿们	之ᵉ些个理儿们 tsʅ³⁵ɕie⁵⁵kɤ²¹ʥj⁵⁵ɛ²¹mə̃²¹
那些个事儿们	乃ᵉ些个事儿们 nɛ³⁵ɕie⁵⁵kɤ²¹sʅ³⁵ɛ⁵⁵mə̃²¹
师徒们	师傅徒弟两个 sʅ²¹fv³⁵tʰv²¹tsʅ³⁵liə̃⁵⁵kɤ²¹
桌子们	桌子们 tʂuɤ²¹tsʅ⁵⁵mə̃²¹

副词 介词（64 条）

（调查时，笔者请发音人用当地话把例句的意思说出来）

词目	方言
刚 我~来，没赶上	刚 tɕiɒ²¹³
刚 不大不小，~合适	刚 tɕiɒ²¹³
净 ~吃面，不吃米	净 tɕʅ³²⁵
总共 ~才十个	一挂 ᵉzʅ²¹kua³⁵
仅 ~十来个人	刚 tɕiɒ²¹³
大概 ~有二十来里地	约莫 ʒye⁵¹mɤ²¹；大体上 ta³⁵tsʰʅ⁵⁵sɒ²¹
有点儿天~冷	有些冷 ʒiɯɯ⁵⁵ɕie²¹lə̃⁵⁵；有点冷 ʒiɯɯ⁵⁵tian²¹lə̃⁵⁵
怕也许：~要下雨	恐怕 kʰuə̃⁵⁵pʰa²¹

词目	方言
也许明天~要下雨	明天下雨时创"啊 mĩ²¹tʰian⁵⁵ɕia³⁵zʮ⁵⁵ʂʅ²¹tʂʰuɒ²¹lia²¹
差点儿~摔了	差些儿 tʂʰa³⁵ɕie⁵⁵ɛ²¹
偶尔我们~见一面	有时节 ʒiɯɯ⁵⁵ʂʅ²¹tɕie⁵⁵
突然路边~跑出个人来	猛然 mɤ̃⁵⁵ʐan²¹；猛乍乍 mɤ̃⁵⁵tʂa²¹tʂa⁵⁵
马上~就来	一挂"zʅ²¹kua³⁵；就 tɕiɯɯ³²⁵
趁早儿~走吧	早些 tsɔ⁵⁵ɕie²¹；赶紧 kan²¹tɕĩ⁵⁵
一贯他~就这脾气	但"时里 tan³⁵ʂʅ²¹ʨj³⁵
一直我~不认识他	一直 zʅ³⁵tʂʅ⁴⁵；从来 tsʰuɤ³⁵lɛ⁴⁵
早晚；随时~来都行	阿时节 a⁵⁵ʂʅ⁵¹tɕie³⁵
眼看~就到期了	眼看 ʒian⁵⁵kʰan⁴⁵
尽管~吃，不要客气	能"底 "nɤ̃³⁵tsʅ⁴⁵
幸亏~你来了，要不然我们就走错了	幸亏 ɕĩ³⁵kʰuɪ⁵⁵；亏得 kʰuɪ²¹tɛ³⁵
一块儿咱们~去	一搭儿 zʅ²¹ta³⁵ɛ⁵⁵
顺便请他~给我买本书	顺便 fɤ̃³⁵pian⁴⁵；顺手儿 fɤ̃³⁵ʂɯ⁵⁵ɛ²¹
故意~捣乱	故意 kʊ³⁵zʅ⁴⁵
一定他~知道这事儿	肯定 kʰɤ̃⁵⁵tĩ⁴⁵；绝对 tɕye²¹tuɪ³⁵
到了儿他~走了没有，你要问清楚	到底 tɔ³⁵tsʅ⁵⁵
压根儿他~不知道	根本 kɤ̃²¹pɤ̃⁵⁵
实在这人~好	实话 ʂʅ²¹xua³⁵
太~好了	太 tʰɛ³²⁵
特别他~喜欢养花	胡"度 "xʊ²¹tʊ³⁵
不~去了	不 pʊ³²⁵
没~去过	没 mɤ²¹³
不要慢慢儿走，~跑	甭 pɔ²¹³
不用你就~来了	不用 pʊ²¹ʒyɤ³⁵

词目	方言
不敢；别~跳	覅 pɔ²¹³；不敢 pʋ²¹kan⁵⁵
万一~他知道了怎么办	但说是 tan³⁵fɤ²¹ʂʅ³⁵
偏你不让我去，我~要去	偏 pʰian²¹³；就 tɕiɯɯ³²⁵
白不要钱：~吃	白 pie²¹³
白；空~跑一趟	白 pie²¹³
胡~搞，~说	胡 xʋ²¹³
另外~还有一个人	另外 lĩ³⁵vɛ⁴⁵
被书~他弄丢了	家 ¨ 把书丢掉了 tɕia³⁵pa³⁵fʋ⁴⁵tiɯɯ²¹tɔ³⁵liɔ⁵⁵
把~门关上	把门关上 pa³⁵mɤ̃⁴⁵kuan²¹ʂɒ³⁵
对你~他好，他就~你好	你把家 ¨ 好，家 ¨ 就把你好 nɪ⁵⁵pa²¹tɕia³⁵xɔ⁵⁵，tɕia³⁵tɕiɯɯ⁴⁵pa²¹nɪ⁵⁵xɔ⁵⁵
到~哪儿去	阿扎 ¨ 去啊 a²¹tʂa⁵⁵tsʰŋ³⁵lia⁵⁵
到扔~水里	撂到水里 liɔ³⁵tɔ⁵⁵fɪ⁵⁵ʨj²¹；水里撂给 fɪ⁵⁵ʨjliɔ³⁵kɪ⁵⁵
在~哪儿住家	家在阿扎 ¨ 啊 tɕia²¹tsɛ³⁵a⁵⁵tʂa²¹lia²¹； 你阿扎 ¨ 坐嗲 nɪ⁵⁵a³⁵tʂa²¹tsuɤ³⁵tie⁵⁵； 家阿扎 ¨ 坐嗲 tɕia²¹a⁵⁵tʂa²¹tsuɤ³⁵tie⁵⁵
从~哪儿走	从阿扎 ¨ 走 tsʰuɤ̃²¹a⁵⁵tʂa²¹tsɯɯ⁵⁵； 阿扎 ¨ 价走 a⁵⁵tʂa²¹tɕia²¹tsɯɯ⁵⁵
自从~他走后我一直不放心	家 ¨ 走掉着我一直不放心 tɕia²¹tsɯɯ⁵⁵tɔ²¹tʂɤ²¹vɤ⁵⁵zŋ³⁵tʂŋ⁴⁵pʋ²¹fɒ³⁵ɕĩ⁵⁵
照~这样做就好	之 ¨ 懑 ¨ 价 ¨ 做就好 tʂŋ²¹mɤ̃⁵⁵tɕia²¹tsŋ³⁵tɕiɯɯ³⁵xɔ⁵⁵
照~我看不算错	我看哈没错着 vɤ⁵⁵kʰan⁴⁵xan³⁵mɤ²¹tsʰuɤ³⁵tʂɤ⁵⁵
使你~毛笔写	你毛笔俩写 nɪ⁵⁵mɔ³⁵pj²¹lia³⁵ɕie⁵⁵
顺着~这条大路一直走	从之 ¨ 扎 ¨ 些 ¨ 一直往前走 tsʰuɤ̃³⁵tʂŋ³⁵tʂa³⁵ɕie³¹zj³⁵tʂŋ³⁵vɒ⁵⁵tɕʰian²¹tsɯɯ⁵⁵
顺着；沿着~河边走	照着 tʂɔ³⁵tʂɤ⁵⁵；顺着 fɤ̃³⁵tʂɤ⁵⁵
朝~后头看看	往后头看个 vɒ²¹xɯɯ³⁵tʰɯɯ⁵⁵kʰan³⁵kɤ⁵⁵

青海河湟地区语言生态研究

词目	方言
替你~我写封信	你替我写封信 nɪ⁵⁵tsʰɿ³⁵vɤ⁵⁵ɕie⁵⁵fɜ²¹ɕĩ³⁵
给~大家办事儿	给大家办事儿 kɤ²¹ta³⁵tɕia⁵⁵pan³⁵ʂʅ³⁵ɛ⁵⁵
给我虚用：你~吃干净这碗饭	你给我把之"一碗吃干净 nɪ⁵⁵kɤ²¹vɤ⁵⁵pa³⁵tʂʅ²¹zɿ²¹van⁵⁵tʂʰʅ³⁵kan²¹tɕĩ³⁵
给咱虚用：你~照应孩子	你给我们看一挂"娃娃 nɪ⁵⁵kɤ²¹vɤ⁵⁵mɜ²¹kʰan²¹zɿ²¹kua⁵⁵va²¹va³⁵
和介：~他谈话	和他喧干"蛋"xɤ²¹tʰa⁵⁵ɕyan³⁵kan²¹tan³⁵
向~他打听一件事	和他打听一件事 xɤ²¹tʰa⁵⁵ta⁵⁵tʰĩ²¹zɿ²¹tɕian⁵⁵ʂʅ⁴⁵
问~他借一本书	和他借一本书 xɤ²¹tʰa⁵⁵tɕie³⁵zɿ²¹pɜ⁵⁵fu⁴⁵
比这个~那个高	之"个比乃"个高 tʂʅ³⁵kɤ⁵⁵pɿ⁵⁵nɛ³⁵kɤ⁵⁵kɔ³⁵
管…叫有些地方管白薯叫山药	有的地方把红薯叫山药嗲 ʒiɯu⁵⁵tʂɤ²¹tɿ³⁵fɔ⁵⁵pa³⁵xuɜ²¹fu⁵⁵tɕiɔ³⁵ʂan²¹ʒye³⁵tie²¹
拿…当有些地方拿麦秸当柴烧	有的地方把麦秸子烧柴嗲 ʒiɯu⁵⁵tʂɤ²¹tɿ³⁵fɔ⁵⁵pa³⁵mie²¹kan⁵⁵zɿ²¹ʂɔ³⁵tʂʰɛ²¹tie³⁵

量词（52条）

词目	方言
一匹（马）	一匹马 zɿ²¹pʰʅ⁵⁵ma⁵⁵
一头（牛）	一头牛 zɿ²¹tʰɯu³⁵niɯu⁴⁵
一只（鸡）	一个鸡儿 zɿ²¹kɤ⁵⁵tsɿ²¹ɛ³⁵
一条（河）	一条河 zɿ²¹tʰiɔ⁵⁵xuɤ⁴⁵
一辆（车）	一辆车 zɿ²¹liɒ⁵⁵tʂʰɤ⁴⁵
一只（手）	一个手 zɿ²¹kɤ³⁵ʂɯu⁵⁵
一床（被子）	一床被儿 zɿ³⁵tʂʰɒ²¹pʅ³⁵ɛ⁵⁵
一支（笔）	一个笔 zɿ²¹kɤ³⁵pʅ⁴⁵
一棵（树）	一棵树 zɿ²¹kʰuɤ⁵⁵fu⁴⁵

词目	方言
一丛（草）	一攒攒草 ʐɿ^{21}tsʰuan^{51}tsʰuan^{21}tsʰɔ^{55}
一朵（花儿）	一朵花儿 ʐɿ^{21}tuɤ^{55}xua^{21}ɛ^{35}
一块（石头）	一块石头 ʐɿ^{21}kʰuɛ^{55}ʂɿ^{21}tʰɯu^{35}
一所（房子）	一所房子 ʐɿ^{21}fɤ^{55}fɒ^{21}tsɿ^{35}
一桩（事情）	一件事情 ʐɿ^{21}tɕian^{35}ʂʅ^{35}tɕʰĩ^{55}
一卷儿（纸）	一卷儿纸 ʐɿ^{21}tɕyan^{51}ɛ^{35}tʂɿ^{55}
一挑（水）	一担子水 ʐɿ^{21}tan^{35}tsɿ^{55}fɿ^{55}
一截（棍子）	一截棒棒 ʐɿ^{35}tɕie^{21}pɒ^{35}pɒ^{55}
一部（书）	一本儿书 ʐɿ^{21}pəɛ^{51}fʊ^{35}
一个（人）	一个人 ʐɿ^{21}kɤ^{35}zə̃^{45}
一嘟噜（葡萄）	一串葡萄 ʐɿ^{21}tʂʰuan^{35}pʰʊ^{51}tʰɔ^{35}
一幅（画）	一幅画儿 ʐɿ^{35}fʊ^{21}xua^{35}ɛ^{55}
一团（泥）	一疙瘩泥 ʐɿ^{35}kɤ^{21}ta^{55}mɿ^{45}
一撮（毛）	一撮儿毛 ʐɿ^{21}tsʰuɛ^{51}mɔ^{35}
一绺（头发）	一绺头发 ʐɿ^{21}liɯu^{35}tʰɯu^{51}fa^{21}
一处（地方）	一个地方 ʐɿ^{21}kɤ^{35}tsɿ^{35}fɒ^{55}
一点儿	一点儿 ʐɿ^{21}tie^{51}；一蓁"蓁"儿 ʐɿ^{21}tsə̃^{55}tsə̃^{21}ɛ^{35}
一双（鞋）	一双鞋 ʐɿ^{21}fɒ^{55}xɛ^{45}
一对（花瓶）	一对儿花瓶 ʐɿ^{21}tuɿ^{35}ɛ^{55}xua^{21}pʰĩ^{35}
一副（眼镜）	一副眼镜儿 ʐɿ^{21}fʊ^{55}ʒian^{55}tɕie^{45}
一套（书）	一套书 ʐɿ^{21}tʰɔ^{35}fʊ^{45}
一种（虫子）	一种虫子 ʐɿ^{21}tʂuə̃^{55}tʂʰuə̃^{51}tsɿ^{21}
一些	一些 ʒiɯu^{55}ɕie^{21}；些 ɕie^{213}
一伙儿（人）	一伙儿人 ʐɿ^{21}xuɤ^{51}ɛ^{21}zə̃^{35}
一帮（人）	一帮人 ʐɿ^{21}pɒ^{55}zə̃^{45}

青海河湟地区语言生态研究

词目	方言
（洗）一遍	洗一遍 ʂʅ⁵⁵zʅ²¹pian³⁵
（吃）一顿	吃一顿 tʂʰʅ²¹zʅ⁵⁵tuə⁵²¹
（打）一下	打一挂 ꞏta⁵⁵zʅ²¹kua³⁵
（走）一趟	走一趟 tsɯɯ⁵⁵zʅ²¹tʰɒ³⁵
（谈）一会儿	喧一会儿 ɕyan²¹zʅ³⁵xuɛ⁵⁵
（闹）一场	闹一场 nɔ³⁵zʅ²¹tʂʰɒ⁵⁵
（下）一阵（雨）	下一阵 ɕia³⁵zʅ²¹tʂə³⁵
（见）一面	见一面 tɕian³⁵zʅ²¹mian⁵⁵
一个	一个 zʅ²¹kɤ³⁵
两个	两个 liɒ⁵⁵kɤ²¹
三个	三个 san²¹kɤ³⁵
四个	四个 sʅ³⁵kɤ⁵⁵
五个	五个 vʊ⁵⁵kɤ²¹
六个	六个 liɯɯ²¹kɤ³⁵
七个	七个 tsʰʅ²¹kɤ³⁵
八个	八个 pa²¹kɤ³⁵
九个	九个 tɕiɯɯ⁵⁵kɤ²¹
十个	十个 ʂʅ²¹kɤ³⁵；十个 ʂʅ⁵¹kɤ²¹

2. 语法部分

第一部分

1. 谁呀? 我是老王。

   谁呀? 我是老王。

2. 老四呢? 他正跟一个朋友说着话呢。

   老四嚜? 家⌐正和一个朋友说话着吶。

3. 他还没有说完吗?

   他还没说完吗?

4. 还没有。大约再有一会儿就说完了。

还没有。再一会儿就说完了。

5. 他说马上就走，怎么这么半天了还在家里呢？

他说就走啊，阿懑‖这么半天了还在家里啊？

6. 你到哪儿去？我到城里去。

你阿扎‖去啊？我城里去个。

7. 在那儿，不在这儿。

在乃‖扎‖啊，不在扎‖。

8. 不是那么做，是要这么做的。

乃‖懑‖价‖要做，之‖懑‖价‖做。

9. 太多了，用不着那么多，只要这么多就够了。

太多了，乃‖懑‖多价‖不要，之‖些儿就够了。

10. 这个大，那个小，这两个哪一个好一点儿呢？

之‖个大，乃‖个小，之‖两个阿个好一点？

11. 这个比那个好。

个（之‖个）比乃‖个好。

12. 这些房子不如那些房子好。

之‖些房子把乃‖些房子不到。

13. 这句话用——话怎么说？（填本地地名）

之‖句话用乐都话阿懑‖说嗲？

14. 他今年多大岁数？

他今年多大岁数啊？

15. 大概有三十来岁罢。

三十几岁有哩吧。

16. 这个东西有多重呢？

之‖个东西有多重啊？

17. 有五十斤重呢！

五十斤有啊！

18. 拿得动吗？

拿动下啊？

19. 我拿得动，他拿不动。

我拿动下啊，他拿不动。

20. 真不轻，重得连我都拿不动了。

实话不轻啊，重得我啊拿不动了。

21. 你说得很好，你还会说点儿什么呢？

你说得好啊，你还会说啥啊？

22. 我嘴笨，我说不过他。

我嘴上笨啊，把家‖说不过。

23. 说了一遍，又说了一遍。

说了一遍，可说了一遍。

24. 请你再说一遍！

你再说一遍！

25. 不早了，快去罢!

　　晚下呐，赶紧走!

26. 现在还很早呢。等一会儿再去罢。

　　现在还早哆，等一会儿了再去。

27. 吃了饭再去好罢?

　　饭吃罢了再走，行呐?

28. 慢慢儿的吃啊! 不要急煞!

　　慢慢儿吃! 嫑急吵!

29. 坐着吃比站着吃好些。

　　坐着吃比站着吃好点。

30. 这个吃得，那个吃不得。

　　之゠个吃得呐，乃゠个吃不得。

33. 来闻闻这朵花香不香?

　　你闻一挂゠，之゠一朵花儿香哆没?

34. 香得很，是不是?

　　香得很啊! 就是啊?

35. 给我一本书!

　　给我给一本书!

36. 我实在没有书嘛。

　　我实话没书啊!

37. 你告诉他。

　　你给他说。

38. 好好儿地走! 不要跑!

　　好好儿走! 嫑跑!

39. 小心跌下去爬也爬不上来!

　　小心跌下去再爬不上来啊!

40. 医生叫你多睡一睡。

　　医生说着叫你多睡一会儿。

41. 吸烟或者喝茶都不行。

　　抽烟嘛喝茶都不肯啊。

42. 烟也好，茶也好，我都不喜欢。

　　烟也好，茶也好，我都不喜欢/我都心头不到。

43. 不管你去不去，反正我是要去的。

　　不管你去不去，我反正要去。

44. 我非去不可。

　　我一定要去呐。

45. 你是哪一年来的?

　　你是阿一年来的?

46. 我是前年到的北京。

　　我是前年到下的啊。

47. 今天开会谁的主持?

　　今儿开会谁当主席哆?

48. 你得请我的客。

　　你得请客啊。

49. 这是他的书，那一本是他哥哥的。

　　之゠个是他的书，乃゠一本是他哥哥的。

50. 一边走，一边说。

　　边走边说。

51. 看书的看书，看报的看报，写
字的写字。

看书的看书，看报的看报，写
字儿的写字儿。

52. 越走越远，越说越多。

越走越远，越说越多。

53. 把那个东西拿给我。

把乃＝个东西给我拿出来。

54. 有些地方把太阳叫日头。

有些地方把太阳叫日头嗲。

55. 你贵姓？我姓王。

你贵姓？我姓王。

56. 你姓王，我也姓王，咱们两个
都姓王。

你姓王，我也姓王，我们两个
都姓王。

57. 你先去吧，我们等一会儿就来。

你先去，我们等一会儿就过来。

第二部分

58. 西安夏天热得很。

西安的夏天胡＝度＝热啊／西
安的夏天热得很啊。

59. 北京城很大。

北京城胡＝度＝大。

60. 他爸爸在哪儿工作？

他爸爸阿扎＝工作嗲？

61. 他爸爸在中学教书呢。

他爸爸在中学里当老师嗲。

62. 我昨天见老张了。

我昨天见老张了。

63. 他明天要去上海。

他明天上海去啊。

64. 他不会去上海的。

他肯定上海不去啊。

65. 他去北京还是去上海？

他去的是北京嘛上海啊？

66. 你去问问，他今天走不走。

你问个去，他今儿走嗲没。

67. 你抽烟吗？你抽烟不抽？你抽
烟不抽烟？你抽不抽烟？

你烟抽嗲没？你烟抽嗲？你烟
抽嘛不抽？

你烟抽着吗没抽着啊？

68. 你喜欢抽烟还是喜欢喝茶？

你喜欢抽烟嘛还是喜欢喝茶？

69. 请买一下车票！

麻烦买一挂＝车票！

70. 甲：咱把这点儿活干完吧。

乙：歇一会儿着。／歇一会儿
再说。

我们俩把之＝点儿活干完吧。

缓一会儿／缓一会儿再说。

（五）民和巴州镇方言部分词汇、语法调查内容

1. 词汇部分

词汇调查表

亲属（71条）

词目	方言
祖父	爷爷 ʒiɛ²¹ʒiɛ³⁵；阿爷 a²¹ʒiɛ³⁵
祖母	奶奶 nɛ⁵⁵nɛ²¹；阿奶 a²¹nɛ³⁵
外祖父	外爷 vɪ²¹ʒiɛ⁵⁵
外祖母	外奶奶 vɪ²¹nɛ⁵⁵nɛ²¹
曾祖父	太爷 tʰɛ²¹ʒiɛ⁵⁵
曾祖母	太太 tʰɛ²¹tʰɛ⁵⁵
父亲	爸爸 pa⁵⁵pa²¹；阿大 a²¹ta³⁵
母亲	妈妈 ma⁵⁵ma²¹；阿妈 a²¹ma³⁵
岳父（背称）	丈人 tʂõ²¹zə̃⁵⁵
岳母（背称）	丈母娘 tʂõ²¹m̩⁵⁵ȵiõ⁴⁵
公公（背称）	公公 kũ²¹kũ³⁵
婆婆（背称）	婆婆 pʰə²¹pʰə³⁵
继父（背称）	后爸 xɯ³⁵pa⁵⁵；后阿大 xɯ³⁵a⁵⁵ta²¹
继母（背称）	后妈 xɯ³⁵ma⁵⁵；后阿妈 xɯ³⁵a²¹ma³⁵；后娘 xɯ³⁵ȵiõ⁵⁵
伯父（背称）	大大 ta³⁵ta⁵⁵
伯母（背称）	妈妈 ma³⁵ma⁵⁵
叔父（背称）	尕爸 ka⁵⁵pa²¹；阿爸 a²¹pa³⁵
叔母（背称）	婶婶 ʂə̃⁵⁵ʂə̃²¹；婶娘 ʂə̃⁵⁵niõ⁴⁵
舅父（背称）	阿舅 a²¹tɕiɯ³⁵；舅舅 tɕiɯ³⁵tɕiɯ⁵⁵
舅母（背称）	舅母 tɕiɯ³⁵mʊ⁵⁵；舅妈 tɕiɯ³⁵ma⁵⁵
姑妈（背称）	娘娘 ȵiõ⁵⁵ȵiõ²¹
姨妈（背称）	姨娘 zɿ²¹niõ³⁵

词目	方言
姑父（背称）	姑父 kʋ²¹fʋ³⁵
姨父（背称）	姨父 zๅ²¹fʋ³⁵
夫妻	两口子 liõ²¹kʰɯ⁵⁵tsๅ²¹
丈夫（背称）	男人 nã²¹zə̃³⁵
妻子（背称）	媳妇儿 sๅ²¹fər³⁵
大伯子（背称）	阿伯子 ɑ²¹pɪ³⁵tsๅ⁵⁵
小叔子（背称）	小叔子 ɕiɔ⁵⁵fʋ²¹tsๅ³⁵
大姑子（背称）	大娘娘 tɑ²¹n̢iõ⁵⁵n̢iõ²¹
小姑子（背称）	孨娘娘 kɑ²¹n̢iõ⁵⁵n̢iõ²¹
内兄（背称）	大舅子 tɑ³⁵tɕiɯ⁴⁵tsๅ⁵⁵
内弟（背称）	孨舅子 kɑ²¹tɕiɯ³⁵tsๅ⁵⁵
大姨子（背称）	大姨子 tɑ³⁵zๅ²¹tsๅ³⁵
小姨子（背称）	小姨子 ɕiɔ⁵⁵zๅ²¹tsๅ²¹
弟兄	弟兄 tsๅ²¹ɕy͂⁵⁵
姊妹	姊妹 tsๅ⁵⁵mɪ²¹
哥哥（背称）	哥哥 kə⁵⁵kə²¹；阿哥 ɑ²¹kə³⁵
嫂子（背称）	新姐 ɕĩ²¹tɕie³⁵
弟弟（背称）	兄弟 ɕy͂²¹tsๅ³⁵
弟媳（背称）	弟媳妇儿 tsๅ³⁵sๅ²¹fər³⁵
姐姐（背称）	姐姐 tɕiɛ⁵⁵tɕiɛ²¹
姐夫（背称）	姐夫 tɕiɛ⁵⁵fʋ²¹
妹妹（背称）	妹妹 mɪ³⁵mɪ⁵⁵
妹夫（背称）	妹夫 mɪ³⁵fʋ⁵⁵
堂（兄弟姊妹）	
姑表	姑舅 kʋ²¹tɕiɯ³⁵

青海河湟地区语言生态研究

词目	方言
姨表	姑舅 $kʋ^{21}tɕiɯ^{35}$
子女	儿女 $ər^{21}nʮ^{55}$
儿子	娃娃 $va^{21}va^{35}$
大儿子	大娃娃 $ta^{35}va^{55}va^{21}$
小儿子	孨娃娃 $ka^{35}va^{35}va^{45}$
养子	抱下的娃娃 $pɔ^{35}a^{55}tʂə^{21}va^{21}va^{35}$
儿媳妇	儿媳妇儿 $ər^{35}ʂʅ^{21}fər^{35}$
女儿	丫头 $ʒia^{21}tʰɯ^{33}$
女婿	女婿 $nʮ^{55}sʮ^{21}$
孙子	孙子 $sũ^{21}tsʅ^{35}$
孙女	孙子丫头 $sũ^{21}tsʅ^{35}ʒia^{21}tʰɯ^{35}$
外孙（背称）	外孙 $ve^{35}sũ^{55}$
外甥（背称）	外甥 $vɛ^{35}ʂɑ̃^{55}$
侄子（背称）	侄儿子 $tʂʅ^{21}ər^{55}tsʅ^{21}$
侄女（背称）	侄女儿 $tʂʅ^{21}nʮ^{55}ər^{21}$
带犊儿改嫁带的儿女（背称）	领娃娃 $lĩ^{55}va^{21}va^{35}$
妯娌	先后 $ɕiɑ̃^{35}xɯ^{55}$
连襟	挑担 $tʰiɔ^{55}tɑ̃^{21}$
亲家	亲家 $tɕʰĩ^{21}tɕia^{55}$
舅爷父亲的舅舅（背称）	舅爷 $tɕiɯ^{35}ʒie^{55}$
老姑姑父亲的姑（背称）	姑奶奶 $kʋ^{21}ne^{55}ne^{21}$
亲戚	亲戚 $tɕʰĩ^{21}tsʰʅ^{35}$
婆家	婆家 $pʰə^{21}tɕia^{55}$
娘家	娘家 $ɲiɔ̃^{21}tɕia^{55}$

代词（55条）

词目	方言
我	我 və⁵⁵
你	你 nɿ⁵⁵
他	他 tʰa⁵⁵；家 ˵tɕia⁵⁵
我们（注意变调）	我们 və⁵⁵mə̃²¹
咱们	我们两个 və⁵⁵mə̃²¹liõ⁵⁵kə²¹
你们（注意变调）	你们 nɿ⁵⁵mə̃²¹
他们（注意变调）	他们 tʰa⁵⁵mə̃²¹；家˵们 tɕia⁵⁵mə̃²¹
咱们俩	我们两个 və⁵⁵mə̃²¹liõ⁵⁵kə²¹
您	
我的	我的 və⁵⁵tʂə²¹
你的	你的 nɿ⁵⁵tʂə²¹
他的	他的 tʰa⁵⁵tʂə²¹；家˵的 tɕia⁵⁵tʂə²¹
我们的	我们的 və⁵⁵mə̃²¹tʂə⁵⁵
咱们的	我们两个的 və⁵⁵mə̃²¹liõ⁵⁵kə²¹tʂə²¹
自己	各人 kuə²¹zə̃⁵⁵
人家	人家 zə̃²¹tɕia⁵⁵
谁	谁 fi²¹³
什么	啥 ʂa²¹³；啥呀 ʂa²¹ʒia⁵⁵
这个	之˵个 tʂʅ²¹kə⁵⁵
那个	乃˵个 nɛ²¹kə⁵⁵
哪个	阿一个 a³⁵zɿ²¹kə⁵⁵
这些	之˵些儿 tʂʅ³⁵ɕir⁵⁵
那些	乃˵些儿 nɛ³⁵ɕir⁵⁵
哪些	阿些儿 a⁵⁵ɕir⁵⁵
这里	之˵里 tʂʅ²¹lɿ⁵⁵

青海河湟地区语言生态研究

词目	方言
那里	乃″里 nε²¹tʂʅ⁵⁵
哪里	阿扎 ″a⁵⁵tʂʅ⁴⁵
这会儿	之″会儿 tʂʅ³⁵xur⁵⁵
那会儿	乃″会儿 nε³⁵xur⁵⁵
多会儿	阿会儿 a⁵⁵xur⁴⁵
这么（高）	真″潵 tʂə̃³⁵mə̃⁵⁵
那么（高）	那潵″na³⁵mə̃⁵⁵
这么（做）	之″潵儿 tʂʅ²¹mər³⁵
那么（做）	乃″潵″nε³⁵mə̃⁵⁵
怎么（做）	阿潵″价″a²¹mə̃³⁵tɕia⁵⁵
怎么办	阿潵″办 a²¹mə̃³⁵pã⁴⁵
怎样	阿潵″价″a²¹mə̃³⁵tɕia⁵⁵
为什么	为啥 vɿ³⁵ʂa⁴⁵
多少	多少 tuə²¹ʂɔ⁵⁵
多（久、高、长、大、厚）	多 tuə²¹³
我们俩	我们俩 və⁵⁵mə̃²¹lia⁵⁵
咱们俩	我们俩 və⁵⁵mə̃²¹lia⁵⁵
父子俩	爷叔俩 ʒiɛ²¹fʋ⁵⁵lia⁵⁵
母女俩	娘儿俩 ȵiɒr³⁵lia⁴⁵
妯娌俩	先后两个 ɕiã³⁵xɯ⁵⁵liõ⁵⁵kə²¹
哥儿俩	弟兄两个 tʂʅ³⁵ɕỹ⁵⁵liõ⁵⁵kə²¹；兄弟两个 ɕỹ²¹tʂʅ³⁵liõ⁵⁵kə²¹
姐儿俩	姊妹两个 tʂʅ⁵⁵mɿ²¹liõ⁵⁵kə²¹
父子们	爷叔们 ʒiɛ²¹fʋ³⁵mə̃⁵⁵
母女们	娘儿们 ȵiõ²¹ər³⁵mə̃⁵⁵
谁们	谁们 fɿ²¹mə̃³⁵

词目	方言
妯娌们	先后们 ɕiã³⁵xɯ⁵⁵mã²¹
这些个理儿们	之 ̋些儿道理 tʂʅ³⁵ɕir⁵⁵tɔ³⁵ʮj⁵⁵
那些个事儿们	乃 ̋些儿事情 nɛ³⁵ɕir⁵⁵ʂʅ³⁵tɕʰĩ⁵⁵
师徒们	师徒两个 ʂʅ³⁵tʰʋ²¹liõ⁵⁵kə²¹
桌子们	桌子们 tʂuɔ²¹tsʅ³⁵mã⁵⁵

副词 介词（64 条）

（调查时，笔者请发音人用当地话把例句的意思说出来）

词目	方言
刚我~来，没赶上	刚 tɕiõ²¹³
刚不大不小，~合适	刚 tɕiõ²¹³
净~吃面，不吃米	光 kuõ²¹³
总共~才十个	一挂 ̋zʅ²¹kuɑ³⁵
仅~十来个人	刚 tɕiõ²¹³
大概~有二十来里地	总共 tsũ⁵⁵kũ⁴⁵
有点儿天~冷	有些儿 ʒiɯ⁵⁵ɕir²¹
怕也许：~要下雨	早 ̋tsɔ²¹³
也许明天~要下雨	早 ̋tsɔ²¹³
差点儿~摔了	差一点儿 tʂʰa³⁵zʅ²¹tɕiɑr⁵⁵
偶尔我们~见一面	闲下了 ɕiã²¹xɑ³⁵liɔ⁵⁵
突然路边~跑出个人来	猛乍乍 mã⁵⁵tʂa⁵⁵tʂɑ⁴⁵
马上~就来	早 ̋tsɔ⁵⁵；就就就 tɕiɯ³⁵tɕiɯ⁵⁵tɕiɯ⁴⁵
趁早儿~走吧	趁早儿 tʂʰã³⁵tsɔ⁵⁵ər²¹
一贯他~就这脾气	一直 zʅ³⁵tʂʅ⁴⁵
一直我~不认识他	带 ̋里 ̋该 ̋tɛ³⁵ʮj⁵⁵kɛ⁴⁵

青海河湟地区语言生态研究

词目	方言
早晚；随时 ~来都行	阿会儿 ɑ⁵⁵xur⁵¹
眼看 ~就到期了	眼看眼 ȵiã⁵⁵kʰã³⁵ȵiã⁵⁵
尽管 ~吃，不要客气	放心 fõ³⁵ɕĩ⁵⁵
幸亏 ~你来了，要不然我们就走错了	亏搭 "kʰuɪ²¹tɑ⁵⁵
一块儿 咱们~去	一道儿 zɿ²¹tɔ³⁵ər⁴⁵
顺便 请他~给我买本书	顺便儿 fɔ̃³⁵piɑr⁴⁵
故意 ~捣乱	故意 kʊ³⁵zɿ⁴⁵
一定 他~知道这事儿	肯定 kʰɔ̃⁵⁵tĩ⁴⁵
到了儿 他~走了没有，你要问清楚	到底 tɔ³⁵tsɿ⁵⁵
压根儿 他~不知道	一直 zɿ³⁵tʂɿ⁴⁵；根本 kɔ̃²¹pɔ̃⁵⁵
实在 这人~好	胡 "度 "xʊ²¹tʊ³⁵；实话 ʂɿ²¹xuɑ⁵⁵
太 ~好了	太 tʰɛ²¹³
特别 他~喜欢养花	胡 "度 "xʊ²¹tʊ³⁵
不 ~去了	嫑 pɔ²¹³
没 ~去过	没 mə²¹³
不要 慢慢儿走，~跑	嫑 pɔ²¹³
不用 你就~来了	嫑 pɔ²¹³
不敢；别 ~跳	嫑 pɔ²¹³
万一 ~他知道了怎么办	万一 vã³⁵zɿ⁴⁵
偏 你不让我去，我~要去	就 tɕiɯ²¹³
白 不要钱：~吃	白 pɪ²¹³
白；空 ~跑一趟	白 pɪ²¹³
胡 ~搞，~说	胡 xʊ²¹³
另外 ~还有一个人	另外 lĩ³⁵vɛ⁴⁵
被 书~他弄丢了	家 "我的书啊尔 "掉给了 tɕiɑ⁵⁵və⁵⁵tʂə²¹fʊ³⁵ɑ³⁵ər⁵⁵tɔ²¹kɪ⁵⁵liɔ²¹

词目	方言
把~门关上	门哈关上 mã²¹xɑ⁵⁵kuã²¹ʂã³⁵
对你~他好，他就~你好	你家 ˝ 哈好些儿，家 ˝ 也你啊好 nɪ⁵⁵tɕia⁵⁵xɑ²¹xɔ⁵⁵ɕir⁵⁵，tɕia⁵⁵ʒiɛ²¹nɪ⁵⁵a²¹xɔ⁵⁵
到~哪儿去	阿去啊 a⁵⁵tsʰɿ³⁵lia⁵⁵
到扔~水里	水里尔 ˝ 给 fɪ⁵⁵ʐj²¹ər⁵⁵kɪ²¹；水里撂给 fɪ⁵⁵ʐj²¹liɔ³⁵kɪ⁵⁵
在~哪儿住家	你家阿扎 ˝ 啊 nɪ⁵⁵tɕia³⁵a²¹tʂɔ³⁵lia⁵⁵
从~哪儿走	阿扎 ˝ 些 ˝ 儿走啊 a²¹tʂɔ³⁵ɕir⁵⁵tsɯ⁵⁵lia²¹
自从~他走后我一直不放心	家 ˝ 走掉了我一直不放心 tɕia⁵⁵tsɯ²¹tɔ²¹liɔ³⁵vɔ³⁵zɿ³⁵tʂɿ²¹pʋ²¹fɔ³⁵ɕĩ⁵⁵
照~这样做就好	之 ˝ 懑 ˝ 价 ˝ 做唉就成啊 tʂɿ⁵⁵mã²¹tɕia⁵⁵tsɿ⁵⁵mɛ²¹tɕiɯ⁵⁵tʂʰɔ²¹lia⁵⁵
照~我看不算错	我看着错不下 vɔ⁵⁵kʰã⁵⁵tʂɔ⁵⁵tsʰuɔ⁵⁵pʋ²¹xa⁵⁵
使你~毛笔写	你毛笔俩写 nɪ⁵⁵mɔ³⁵pj²¹lia³⁵ɕiɛ⁵⁵
顺着~这条大路一直走	顺着 fɔ̃²¹tʂɔ⁵⁵
顺着；沿着~河边走	顺着 fɔ̃²¹tʂɔ⁵⁵
朝~后头看看	往 vɔ̃²¹³
替你~我写封信	你我啊写给一封信 nɪ⁵⁵vɔ⁵⁵a⁵⁵ɕiɛ⁵⁵kɪ²¹zj²¹fɔ̃⁵⁵ɕɪ⁴⁵
给~大家办事儿	大家哈办给个事情 ta³⁵tɕia⁵⁵xa²¹pã³⁵kɪ⁵⁵kə²¹ʂɿ³⁵tɕʰĩ⁵⁵； 给大家办个事情 kɪ²¹ta³⁵tɕia⁵⁵pã³⁵kə⁵⁵ʂɿ³⁵tɕʰĩ⁵⁵
给我虚用：你~吃干净这碗饭	你之 ˝ 一碗饭哈我啊吃干净给 nɪ⁵⁵tʂɿ³⁵zj²¹vã⁵⁵fã³⁵xa⁵⁵vɔ⁵⁵a²¹tʂʰɿ³⁵kã²¹tɕĩ³⁵kɪ⁵⁵
给咱虚用：你~照应孩子	你我哈娃娃个看给 nɪ⁵⁵vɔ⁵⁵xa²¹va²¹va³⁵kə⁵⁵kʰã³⁵kɪ⁵⁵
和介：~他谈话	家 ˝ 俩儿说话 tɕia⁵⁵liar²¹fɔ²¹xua³⁵
向~他打听一件事	家 ˝ 俩儿打听个事情 tɕia⁵⁵liar³⁵ta⁵⁵tʰĩ²¹kə²¹ʂɿ³⁵tɕʰĩ⁵⁵
问~他借一本书	家 ˝ 俩儿借上一本书 tɕia⁵⁵liar³⁵tɕiɛ⁵⁵ɔ̃²¹zj²¹pã³⁵fʋ⁵⁵
比这个~那个高	之 ˝ 一个比乃 ˝ 一个高些儿 tʂɿ⁵⁵zj²¹kə⁵⁵pj⁵⁵nɛ⁵⁵zj²¹kə⁵⁵kɔ²¹ɕir³⁵

青海河湟地区语言生态研究

词目	方言
管…叫有些地方管白薯叫山药	有些地方把白薯叫山药 ʒiɯ⁵⁵ɕiɛ²¹tsɿ⁵⁵fõ²¹pa³⁵pie⁵⁵fʋ⁵⁵tɕiɔ³⁵ʂã²¹ʒyɛ³⁵
拿…当有些地方拿麦秸当柴烧	有些地方把麦秆儿当成柴火烧着啊 ʒiɯ⁵⁵ɕiɛ²¹tsɿ⁵⁵fõ²¹pa³⁵mɿ²¹kar⁵⁵tõ²¹tʂʰõ⁵⁵tʂʰɛ²¹xuə⁵⁵ʂɔ²¹tʂə³⁵lia⁵⁵

量词（52条）

词目	方言
一匹（马）	一个马 zɿ²¹kə³⁵mɑ⁵⁵
一头（牛）	一个牛 zɿ²¹kə³⁵niɯ⁴⁵
一只（鸡）	一个鸡儿 zɿ²¹kə³⁵tsir⁴⁵
一条（河）	一条河 zɿ²¹tʰiɔ⁵⁵xə⁴⁵
一辆（车）	一辆车 zɿ²¹liõ³⁵tʂʰə⁴⁵
一只（手）	一个手 zɿ²¹kə³⁵ʂɯ⁵⁵
一床（被子）	一个被儿 zɿ²¹kə³⁵pɿ³⁵ər⁵⁵
一支（笔）	一个笔 zɿ²¹kə³⁵pɿ⁴⁵
一棵（树）	一棵树 zjɿ²¹kʰuə⁵⁵fʋ³⁵
一丛（草）	一堆堆儿草 zɿ³⁵tur²¹tur³⁵tsʰɔ⁵⁵
一朵（花儿）	一个花儿 zɿ²¹kə³⁵xuɑ²¹ər³⁵
一块（石头）	一个石头 zɿ²¹kə³⁵ʂɿ⁵⁵tʰɯ³⁵
一所（房子）	一栋房子 zɿ²¹tũ³⁵fã²¹tsɿ³⁵
一桩（事情）	一个事情 zɿ²¹kə³⁵ʂɿ³⁵tɕĩ⁵⁵
一卷儿（纸）	一卷卷儿纸 zɿ²¹tɕyõ⁵⁵tɕyr²¹tsɿ⁵⁵
一挑（水）	一担水 zɿ²¹tã³⁵fɿ⁵⁵
一截（棍子）	一截儿棍棍儿 zɿ²¹tɕiər⁵⁵kũ³⁵kur⁵⁵
一部（书）	一本儿书 zɿ²¹pər⁵⁵fʋ⁴⁵
一个（人）	一个人 zɿ²¹kə³⁵zɤ̃⁴⁵

词目	方言
一嘟噜（葡萄）	一欻拉儿葡萄 $z\eta^{21}ts^hua^{55}lar^{21}p^h\upsilon^{21}t^hɔ^{35}$
一幅（画）	一幅画 $z\eta^{21}fʋ^{55}xua^{45}$
一团（泥）	一把泥 $z\eta^{21}pa^{55}m\eta^{45}$
一撮（毛）	一撮儿毛 $z\eta^{21}tsur^{51}mɔ^{35}$
一绺（头发）	一撮儿头发 $z\eta^{21}tsur^{51}t^hɯ^{21}fa^{35}$
一处（地方）	一个地方 $z\eta^{21}kə^{35}ts\eta^{35}fõ^{55}$
一点儿	一点儿 $z\eta^{21}tiar^{55}$
一双（鞋）	一双鞋 $z\eta^{21}fõ^{55}xɛ^{45}$
一对（花瓶）	一对儿花瓶 $z\eta^{21}tuəɹ^{35}xua^{21}p^hĩ^{35}$
一副（眼镜）	一个眼镜儿 $z\eta^{21}kə^{35}ņiã^{55}tɕir^{45}$
一套（书）	一套书 $z\eta^{21}t^hɔ^{35}fʋ^{45}$
一种（虫子）	一种虫子 $z\eta^{21}tʂũ^{55}tʂ^hũ^{21}ts\eta^{35}$
一些	一点儿 $z\eta^{21}tiar^{55}$
一伙儿（人）	一帮人 $z\eta^{21}põ^{55}zə̃^{45}$
一帮（人）	一帮人 $z\eta^{21}põ^{55}zə̃^{45}$
（洗）一遍	洗一遍 $s\eta^{55}z\eta^{21}piã^{21}$
（吃）一顿	吃一顿 $tʂ^hʅ^{35}z\eta^{21}tũ^{55}$
（打）一下	打一挂 $=ta^{55}z\eta^{21}kua^{35}$
（走）一趟	走一趟 $tsɯ^{55}z\eta^{21}t^hõ^{35}$
（谈）一会儿	说一会儿 $fə^{21}z\eta^{55}xuar^{55}$
（闹）一场	闹一会儿 $nɔ^{21}z\eta^{55}xuar^{21}$
（下）一阵（雨）	一会儿 $z\eta^{21}xuar^{51}$
（见）一面	见上一面 $tɕiã^{35}ʂõ^{55}z\eta^{55}miã^{21}$
一个	一个 $z\eta^{21}kə^{35}$
两个	两个 $liõ^{55}kə^{21}$

续表

词目	方言
三个	三个 sã²¹kə³⁵
四个	四个 sɿ³⁵kə⁵⁵
五个	五个 vʊ⁵⁵kə²¹
六个	六个 liɯ²¹kə³⁵
七个	七个 tsʰɿ²¹kə³⁵
八个	八个 pɑ²¹kə³⁵
九个	九个 tɕiɯ⁵⁵kə²¹
十个	十个 ʂʅ²¹kə³³

2. 语法部分

第一部分

1. 谁呀？我是老王。

谁啊，我是乃⁼个老王。

2. 老四呢？他正跟一个朋友说着话呢。

老四唻？家⁼一个朋友俩说话着呐。

3. 他还没有说完吗？

家⁼说完了没有啊？

4. 还没有。大约再有一会儿就说完了。

还没有。再等一会儿嘛就完呐。

5. 他说马上就走，怎么这么半天了还在家里呢？

家⁼说着哺就走呐，阿滋⁼还家里呐？

6. 你到哪儿去？我到城里去。

你阿去呐？我城里去呐。

7. 在那儿，不在这儿。

乃⁼滋⁼有呐，个之⁼儿没有。

8. 不是那么做，是要这么做的。

乃⁼滋⁼价⁼没做着，之⁼滋⁼价⁼做着呐。

9. 太多了，用不着那么多，只要这么多就够了。

太多了，乃⁼滋⁼些价⁼用不上，就之⁼些嘛成呐。

10. 这个大，那个小，这两个哪一个好一点儿呢？

之ˉ个大些儿，乃ˉ个尕些，
之ˉ个两个阿一个好些儿？

11. 这个比那个好。

   之ˉ一个比乃ˉ一个好些儿。

12. 这些房子不如那些房子好。

   之ˉ些房子乃ˉ些房子哈不到／
   乃ˉ些房子比之ˉ些房子好些。

13. 这句话用——话怎么说？（填本地地名）

   之ˉ一句话用民和话阿㩐ˉ价ˉ说着唦？／之ˉ一句话哈民和话俩阿㩐ˉ说（着）唦？

14. 他今年多大岁数？

   家ˉ今年多大了啊？

15. 大概有三十来岁罢。

   就有个三十多岁吧。

16. 这个东西有多重呢？

   之ˉ个东西阿㩐ˉ重啊？

17. 有五十斤重呢！

   五十斤有唦！

18. 拿得动吗？

   拿动下唦？

19. 我拿得动，他拿不动。

   我拿动下唦，家ˉ拿不动。

20. 真不轻，重得连我都拿不动了。

   之ˉ个重啊，我也拿不动。

21. 你说得很好，你还会说点儿什么呢？

   你说着好呗，你再会说些啥呀？

22. 我嘴笨，我说不过他。

   我的嘴笨啊，家ˉ哈说不过。

23. 说了一遍，又说了一遍。

   说了一遍，可说了一遍。

24. 请你再说一遍！

   你再说一遍哈成唦？

25. 不早了，快去罢！

   迟了啊，赶紧去！

26. 现在还很早呢。等一会儿再去罢。

   之ˉ一会儿早啊，等一会儿再去。

27. 吃了饭再去好罢？

   饭吃上了再去哈成唦？

28. 慢慢儿的吃啊！不要急煞！

   慢慢儿吃！嫑急！

29. 坐着吃比站着吃好些。

   坐下了吃比站下了吃好些儿。

30. 这个吃得，那个吃不得。

   之ˉ个吃成唦，乃ˉ个吃不成。

31. 他吃了饭了，你吃了饭没有呢？

   家ˉ饭吃罢了，你饭吃了没有？

32. 他去过上海，我没有去过。

家⁼上海去过啊，我没去过。

33. 来闻闻这朵花香不香？

闻一挂⁼之⁼个花儿香着哪没有？

34. 香得很，是不是？

胡⁼度⁼香啊，是哪？

35. 给我一本书！

我哈给一本书！

36. 我实在没有书嘛。

我啊实话书没有。

37. 你告诉他。

你家⁼哈说给。

38. 好好儿地走！不要跑！

好好儿走！要跑！

39. 小心跌下去爬也爬不上来！

小心绊下去爬不上来！

40. 医生叫你多睡一睡。

大夫你哈说着多睡一会儿说。

41. 吸烟或者喝茶都不行。

烟也不成，茶也不成，啥都不成／抽烟啊喝茶啊都不成。

42. 烟也好，茶也好，我都不喜欢。

烟也成哪，茶也成哪，我啥都不喜欢／烟的，茶的，我都不喜欢。

43. 不管你去不去，反正我是要去的。

再你去不去，反正我阿瀳⁼也（都）去哪。

44. 我非去不可。

我一定去哪。

45. 你是哪一年来的？

你阿一年来啊的？

46. 我是前年到的北京。

我前年到啊的北京。

47. 今天开会谁的主持？

今儿谁当主席着哪？

48. 你得请我的客。

你得我哈请一顿／你我啊请一顿的要哪。

49. 这是他的书，那一本是他哥哥的。

之⁼一本是家⁼的书，乃⁼一本是家⁼哥哥的。

50. 一边走，一边说。

一边走，一边说／旋走旋说。

51. 看书的看书，看报的看报，写字的写字。

看书的看书，看报的看报，写字儿的写字儿。

52. 越走越远，越说越多。

越走越远，越说越多。

53. 把那个东西拿给我。

　　那个东西我啊取给挂〓。

54. 有些地方把太阳叫日头。

　　有些地方把太阳叫热头着吗。

55. 你贵姓？我姓王。

　　你姓啥呀？我姓王。

56. 你姓王，我也姓王，咱们两个都姓王。

　　你姓王，我也姓王，我们两个都姓王。

57. 你先去吧，我们等一会儿就来。

　　你先去，我们等一会儿就来吗。

第二部分

58. 西安夏天热得很。

　　西安的夏天胡〓度〓热。

59. 北京城很大。

　　北京城大呀就。

60. 他爸爸在哪儿工作？

　　他爸爸阿扎〓儿上班着吗？

61. 他爸爸在中学教书呢。

　　家〓爸爸中学里教书着吗。

62. 我昨天见老张了。

　　我夜来把老张啊见了。

63. 他明天要去上海。

　　家〓明天上海去吗。

64. 他不会去上海的。

　　家〓上海不去。

65. 他去北京还是去上海？

　　家〓北京去哩嘛还是上海去吗？

66. 你去问问，他今天走不走。

　　你问一挂〓，家〓今儿个走吗不走。

67. 你抽烟吗？你抽烟不抽？你抽烟不抽烟？你抽不抽烟？

　　你烟吃着吗／你烟吃着吗没有？

　　以上两种表达"会不会抽烟"。（不知对方是否会抽烟）

　　你烟吃吗不吃？（可表达已知，亦可表达未知。）

　　你烟吃吗？（表达已知对方会抽烟。）

68. 你喜欢抽烟还是喜欢喝茶？

　　你喜欢抽烟嘛还是喜欢喝茶？

69. 请买一下车票！

　　你车票啊买一挂〓咚！

70. 甲：咱把这点儿活干完吧。

　　乙：歇一会儿着。／歇一会儿再说。

　　我两个人把这些儿活哈做完吧。

　　等一会咚／等一会再说。

（六）大通桥头镇方言部分词汇、语法调查内容

1. 词汇部分

词汇调查表

亲属（71条）

词目	方言
祖父	阿爷 $a^{35}ʒi^{55}$
祖母	阿奶 $a^{35}nɛe^{55}$
外祖父	外爷 $vɪi^{35}ʒi^{55}$
外祖母	外奶奶 $vɪi^{35}nɛe^{21}nɛe^{35}$
曾祖父	太爷 $t^hɛe^{35}ʒi^{55}$
曾祖母	太太 $t^hɛe^{35}t^hɛe^{55}$
父亲	阿大 $a^{55}ta^{55}$；阿大 $a^{35}ta^{55}$；大大 $ta^{21}ta^{35}$；爸爸 $pa^{55}pa^{21}$
母亲	阿妈 $a^{35}ma^{55}$；妈妈 $ma^{21}ma^{35}$；妈妈 $ma^{55}ma^{21}$
岳父（背称）	丈人 $tʂɒ^{35}zə̃^{55}$
岳母（背称）	丈母 $tʂɒ^{35}mʊ^{55}$
公公（背称）	公公 $kũ^{21}kũ^{35}$
婆婆（背称）	婆婆 $p^hɔ^{21}p^hɔ^{55}$
继父（背称）	后阿大 $xɯ^{35}a^{55}ta^{51}$
继母（背称）	后阿妈 $xɯ^{35}a^{55}ma^{51}$
伯父（背称）	大大 $ta^{35}ta^{55}$
伯母（背称）	妈妈 $ma^{35}ma^{55}$
叔父（背称）	爸爸 $pa^{21}pa^{55}$
叔母（背称）	婶婶 $ʂə̃^{55}ʂə̃^{21}$
舅父（背称）	阿舅 $a^{21}tɕiɯ^{35}$
舅母（背称）	舅母 $tɕiɯ^{35}mʊ^{55}$
姑妈（背称）	娘娘 $niɒ^{55}niɒ^{51}$
姨妈（背称）	姨娘 $ʒj^{21}niɒ^{55}$

词目	方言
姑父（背称）	姑父 kʋ²¹fʋ³⁵
姨父（背称）	姨父 ʒj²¹fʋ³⁵
夫妻	两口儿 liɒ²¹kɯ⁵⁵ɛe²¹
丈夫（背称）	男人 nã²¹zə̃⁵⁵
妻子（背称）	媳妇儿 sj²¹fɛe⁵¹
大伯子（背称）	阿伯子 ɑ²¹pɹi³⁵tsʅ⁵⁵
小叔子（背称）	小叔儿 ɕiɔ⁵⁵fʋ²¹ɛɛ²¹
大姑子（背称）	大姑儿 tɑ³⁵kʋ⁵⁵ɛe²¹
小姑子（背称）	小姑儿 ɕiɔ⁵⁵kʋ²¹ɛe²¹
内兄（背称）	大舅子 tɑ³⁵tɕiɯ³⁵tsʅ⁵⁵
内弟（背称）	小舅子 ɕiɔ⁵⁵tɕiɯ³⁵tsʅ⁵⁵
大姨子（背称）	大姨儿 tɑ³⁵ʒj⁵⁵ɛe²¹
小姨子（背称）	小姨儿 ɕiɔ⁵⁵ʒj²¹ɛe²¹
弟兄	弟兄 tsʅ³⁵ɕy⁵⁵
姊妹	姊妹 tsʅ⁵⁵mɹi²¹
哥哥（背称）	哥哥 kɔ²¹kɔ³⁵
嫂子（背称）	嫂子 sɔ⁵⁵tsʅ²¹
弟弟（背称）	兄弟 ɕy²¹tsʅ³⁵
弟媳（背称）	兄弟媳妇儿 ɕy̌⁵⁵tsʅ⁵⁵sj²¹fɛe³⁵
姐姐（背称）	姐姐 tɕi⁵⁵tɕi²¹
姐夫（背称）	姐夫 tɕi⁵⁵fʋ²¹
妹妹（背称）	妹子 mɹi³⁵tsj⁵⁵
妹夫（背称）	妹夫儿 mɹi³⁵fʋ⁵⁵ɛe²¹
堂（兄弟姊妹）	
姑表	姑舅 kʋ²¹tɕiɯ³⁵

词目	方言
姨表	姑舅 kʊ²¹tɕiɯ³⁵
子女	儿女 ɛe²¹mj⁵⁵
儿子	儿子 ɛe²¹tsʅ³⁵；朶娃 kɑ²¹vɑ⁵⁵
大儿子	大儿子 tɑ³⁵ɛe²¹tsʅ³⁵
小儿子	小儿子 ɕiɔ⁵⁵ɛe²¹tsʅ³⁵
养子	抱上来的 pɔ²¹ʋ⁵⁵lɛe²¹tsʅ³⁵
儿媳妇	儿媳妇儿 ɛe²¹sj⁵⁵fɛe⁴⁵
女儿	丫头 ʒiɑ²¹tʰɯ³⁵
女婿	女婿 mj⁵⁵sʮ²¹
孙子	孙子 sũ²¹tsj³⁵
孙女	孙子 sũ²¹tsj³⁵；孙子丫头 sũ²¹tsj³⁵ʒiɑ³⁵tʰɯ⁴⁵
外孙（背称）	外甥 vee³⁵sɑ̃⁵⁵
外甥（背称）	外甥 vee³⁵sɑ̃⁵⁵
侄子（背称）	侄儿子 tʂʅ²¹ɛe³⁵tsʅ⁵⁵
侄女（背称）	侄女儿 tʂʅ²¹mj⁵⁵ɛe²¹
带犊儿改嫁带的儿女（背称）	带上来的娃娃 tee²¹ʋ⁵⁵lɛe²¹tsʅ³⁵vɑ²¹vɑ³⁵
妯娌	先后 ɕiɑ̃³⁵xɯ⁵⁵
连襟	挑担 tʰiɔ⁵⁵tɑ̃²¹
亲家	亲家 tɕʰĩ³⁵tɕiɑ⁵⁵
舅爷父亲的舅舅（背称）	舅爷 tɕiɯ³⁵ʒɨ⁴⁵
老姑姑父亲的姑（背称）	姑奶奶 kʊ²¹nɛe⁵⁵nɛe²¹
亲戚	亲戚 tɕʰĩ²¹tsʰj⁵⁵
婆家	婆婆家 pʰɔ²¹pʰɔ⁵⁵tɕiɑ²¹
娘家	娘家 niʋ²¹tɕiɑ⁵⁵

代词（55条）

词目	方言
我	脑 ⁼nɔ⁵⁵
你	你 nɹi⁵⁵
他	家 ⁼tɕia¹³
我们（注意变调）	脑 ⁼们 nɔ⁵⁵mɚ²¹
咱们	脑 ⁼们 nɔ⁵⁵mɚ²¹
你们（注意变调）	你们 nɹi⁵⁵mɚ²¹
他们（注意变调）	家 ⁼们 tɕia³⁵mɚ⁵⁵
咱们俩	脑 ⁼们俩儿 nɔ⁵⁵mɚ²¹liɛ³⁵
您	
我的	脑 ⁼的 nɔ⁵⁵tsʅ²¹
你的	你的 nɹi⁵⁵tsʅ²¹
他的	家 ⁼的 tɕia³⁵tsʅ⁵⁵
我们的	脑 ⁼们的 nɔ⁵⁵mɚ²¹tsʅ²¹
咱们的	脑 ⁼们的 nɔ⁵⁵mɚ²¹tsʅ²¹
自己	各家 kʉ²¹tɕia³⁵
人家	家 ⁼们 tɕia³⁵mɚ⁵⁵
谁	谁 fɹi¹³
什么	阿潵 ⁼啊 a²¹mɚ³⁵lia⁵⁵；啥 sa¹³
这个	之 ⁼个 tʂʅ²¹kɔ⁵⁵
那个	乃 ⁼个 nɛe³⁵kɔ⁵⁵
哪个	阿一个 a³⁵ʒj²¹kɔ³⁵
这些	之 ⁼些 tʂʅ³⁵ɕi⁵⁵
那些	乃 ⁼些 nɛe³⁵ɕi⁵⁵
哪些	阿些 a³⁵ɕi⁵⁵
这里	扎 ⁼扎 ⁼tʂa⁵⁵tʂa⁴⁵

青海河湟地区语言生态研究

词目	方言
那里	乃＂扎 ⁼nɛe³⁵tʂɑ²¹
哪里	阿里 ɑ²¹ʑj³⁵
这会儿	之＂一会儿 tʂʅ³⁵ʒj²¹xuɛ²¹
那会儿	乃＂会儿 nɛe³⁵xuɛ⁵¹
多会儿	啥时候 sɑ³⁵sj²¹xɯ³⁵
这么（高）	之＂㦻⁼tʂʅ²¹mã³⁵
那么（高）	恁＂㦻 nã²¹mã³⁵
这么（做）	之＂㦻⁼价＂tʂʅ²¹mã³³tɕiɑ³³
那么（做）	恁＂㦻＂价＂nã²¹mã³⁵tɕiɑ⁵⁵
怎么（做）	阿㦻＂ɑ²¹mã³⁵
怎么办	阿㦻＂办 ɑ²¹mã³⁵pã⁴⁵
怎样	阿㦻＂个 ɑ²¹mã³⁵kɔ⁵⁵
为什么	为啥 vɿi³⁵sɑ⁴⁵
多少	多少 tɥ²¹ʂɔ⁵⁵
多（久、高、长、大、厚）	阿㦻＂ɑ²¹mã³⁵
我们俩	脑＂们俩儿 nɔ⁵⁵mã²¹liɛ³⁵
咱们俩	脑＂们俩儿 nɔ⁵⁵mã²¹liɛ³⁵
父子俩	爷儿俩儿 ʒj²¹ɛ³⁵liɛ³⁵
母女俩	娘儿俩儿 niɒ²¹ɛ³⁵liɛ³⁵
妯娌俩	先后俩儿 ɕiã³⁵xɯ⁵⁵liɛ⁴⁵
哥儿俩	弟兄俩儿 tsʅ²¹ɕỹ⁵⁵liɛ⁴⁵
姐儿俩	姊妹俩儿 tsʅ⁵⁵mɿi²¹liɛ³⁵
父子们	爷儿们 ʒj²¹ɛe³⁵mã⁵⁵
母女们	娘儿们 niɒ²¹ɛe³⁵mã⁵⁵
谁们	谁们啊 fɿi²¹mã⁵⁵ɑ²¹

词目	方言
妯娌们	先后们 ɕiɑ³⁵xɯ⁵⁵mə̃²¹
这些个理儿们	之"些个道理 tʂʅ²¹ɕi⁵⁵kɔ²¹tɔ²¹ɭj⁵⁵
那些个事儿们	乃"些个事儿 nɛɛ³⁵ɕi⁵⁵kɔ²¹sʅ³⁵ɛe⁵⁵
师徒们	师傅逮"徒弟们 sj⁵⁵fʋ⁵⁵tɛɛ²¹tʰʋ²¹tʂʅ³⁵mə̃⁵⁵
桌子们	桌子们 tʂɵ²¹tsʅ³⁵mə̃⁵⁵

副词 介词（64条）

（调查时，笔者请发音人用当地话把例句的意思说出来）

词目	方言
刚我~来，没赶上	刚 tɕiɒ¹³
刚不大不小，~合适	刚 tɕiɒ¹³
净~吃面，不吃米	光 kuɒ⁵⁵
总共~才十个	总共 tsũ⁵⁵kũ²¹
仅~十来个人	刚 tɕiɒ¹³
大概~有二十来里地	大概 tɑ³⁵kɛe⁴⁵；大框模 tɑ³⁵kʰuɒ⁴⁵mɔ⁵⁵
有点儿天~冷	有点儿 ʒiɯ⁵⁵tiɛ²¹
怕也许：~要下雨	怕 pʰɑ¹³
也许明天~要下雨	可能 kʰɔ⁵⁵nə̃²¹
差点儿~摔了	差一点儿 tʂʰɑ³⁵ʒj²¹tiɛ²¹
偶尔我们~见一面	有时候 ʒiɯ⁵⁵sj²¹xɯ²¹
突然路边~跑出个人来	猛地 mə̃⁵⁵tsʅ²¹
马上~就来	马上 mɑ⁵⁵sɒ²¹
趁早儿~走吧	趁早儿 tʂʰə̃³⁵tsɔ⁵⁵ɛe²¹
一贯他~就这脾气	一般 ʒj³⁵pã⁵⁵
一直我~不认识他	一直 ʒj³⁵tʂʅ⁴⁵

青海河湟地区语言生态研究

词目	方言
早晚；随时 ~来都行	阿快 ˮ 儿 a³⁵kʰuɛ⁵¹
眼看 ~就到期了	眼看眼儿 niã⁵⁵kʰã³⁵nie⁵¹
尽管 ~吃，不要客气	你把你吃 nɪi⁵⁵pa²¹nɪi⁵⁵tʂʰʅ⁵⁵
幸亏 ~你来了，要不然我们就走错了	幸亏 ɕĩ³⁵kʰuɪi⁵⁵
一块儿咱们 ~去	一块儿 ʒi³⁵kʰuɛ⁵¹
顺便请他 ~给我买本书	顺便儿 fə̃³⁵pie⁴⁵；一手儿 ʒi²¹ʂɯ⁵⁵ɛ²¹
故意 ~捣乱	故意儿 kʋ³⁵ʒi²¹ɛɛ⁵⁵
一定他 ~知道这事儿	肯定 kʰə̃⁵⁵tĩ⁴⁵
到了儿他 ~走了没有，你要问清楚	最后 tsuɪi³⁵xɯ⁴⁵
压根儿他 ~不知道	一点儿 ʒi²¹tie⁵¹
实在这人 ~好	胡 ˮ 度 ˮ 啊 ˮ xʋ²¹tʋ³⁵liɑ⁵⁵；实话拉 ˮ 加 ˮ ʂʅ²¹xuɑ⁵⁵lɑ²¹tɕiɑ³⁵
太 ~好了	胡 ˮ 度 ˮ 啊 ˮ xʋ²¹tʋ³⁵liɑ⁵⁵；实话拉 ˮ 加 ˮ ʂʅ²¹xuɑ⁵⁵lɑ²¹tɕiɑ³⁵
特别他 ~喜欢养花	胡 ˮ 度 ˮ 啊 ˮ xʋ²¹tʋ³⁵liɑ⁵⁵；实话拉 ˮ 加 ˮ ʂʅ²¹xuɑ⁵⁵lɑ²¹tɕiɑ³⁵
不 ~去了	不 pʋ¹³
没 ~去过	冇 mɔ¹³
不要慢慢儿走，~跑	甭 pɔ¹³
不用你就 ~来了	甭 pɔ¹³
不敢，别 ~跳	甭 pɔ¹³
万一 ~他知道了怎么办	要是 ʒiɔ³⁵sʅ⁵⁵
偏你不让我去，我 ~要去	偏偏 pʰiã⁵⁵pʰiã⁵⁵
白不要钱：~吃	白白儿 pɪi³⁵pɪi²¹ɛɛ⁵⁵
白；空 ~跑一趟	白 pɪi¹³
胡 ~搞，~说	乱 luã¹³
另外 ~还有一个人	另外 lĩ³⁵vee⁴⁵
被书 ~他弄丢了	家 ˮ 书啊撂掉给了 tɕiɑ³⁵fʋ⁵⁵a⁵⁵liɔ²¹tiɔ³⁵kɪi²¹liɔ⁵⁵；书让他弄丢了 fʋ⁵⁵zɒ²¹tʰa⁵⁵nũ³⁵tiɯ⁵⁵liɔ⁵⁵

词目	方言
把~门关上	门啊关上 mɤ²¹a⁵⁵kuɑ̃⁵⁵ʂɒ⁵⁵； 你把门关上去 nɹi⁵⁵pa³⁵mɤ³⁵kuɑ̃⁵⁵ʂɒ⁵⁵tsʰj⁵⁵
对你~他好，他就~你好	你他哈好，他就对你好 nɹi⁵⁵tʰa⁵⁵xa²¹xɔ⁵⁵，tʰa⁵⁵tɕɯ³⁵tuɹi²¹nɹi⁵⁵xɔ²¹
到~哪儿去	阿扎ˮ去啊 a²¹tʂa⁵⁵tsʰj²¹lia⁵⁵
到扔~水里	尔ˮ到水里 ɛe⁵⁵tʂʰɛe²¹fɹi²¹ʐj²¹
在~哪儿住家	阿扎ˮ住着 a²¹tʂa⁵⁵tʂʋ²¹tʂɛe⁵⁵
从~哪儿走	阿扎ˮ俩走 a²¹tʂa⁵⁵lia²¹tsɯ⁵⁵
自从~他走后我一直不放心	他走掉着我一直不放心啊 tʰa⁵⁵tsɯ⁵⁵tiɔ²¹tʂɔ³⁵nɔ⁵⁵ʐj³⁵tʂj³⁵pʋ²¹fɒ³⁵ɕĩ⁴⁵a²¹
照~这样做就好	之ˮ懑ˮ价ˮ做哈就中啊 tʂʅ²¹mɤ⁵⁵tɕia⁵⁵tsɥ³⁵xa⁵⁵tɕɯ³⁵tʂũ²¹lia³⁵
照~我看不算错	早ˮ脑ˮ看也不算错 tsɔ⁵⁵nɔ⁵⁵kʰɑ̃³⁵ʐi⁵⁵pʋ²¹suɑ̃³⁵tsʰʉ⁴⁵
使你~毛笔写	你毛笔俩写 nɹi⁵⁵mɔ³⁵pj⁵⁵lia⁵⁵ɕɨ⁵⁵
顺着~这条大路一直走	沿着 ʒiɑ̃²¹tʂɛe³⁵
顺着；沿~河边走	沿着 ʒiɑ̃²¹tʂɛe³⁵
朝~后头看看	往 vɒ⁴⁵
替你~我写封信	你脑ˮ啊帮着写封信 nɹi⁵⁵nɔ⁵⁵a²¹pɒ²¹tʂɤ³⁵ɕi⁵⁵fɤ⁵⁵ɕĩ⁴⁵
给~大家办事儿	给大家办事情 kɹi²¹ta²¹tɕia³⁵pɑ̃³⁵sj²¹ɛe⁵⁵
给我虚用：你~吃干净这碗饭	你给脑ˮ把之ˮ碗饭吃干净 nɹi⁵⁵kɹi²¹nɔ⁵⁵pa³⁵tʂʅ²¹vɑ̃⁵⁵fɑ̃³⁵tʂʅ³⁵kɑ̃²¹tɕĩ⁵⁵
给咱虚用：你~照应孩子	你脑ˮ们哈搭帮儿着看娃娃 nɹi⁵⁵nɔ⁵⁵mɤ³⁵xa²¹ta³⁵pɒ²¹ɛe³⁵tʂɛe⁵⁵kʰɑ̃³⁵va²¹va³⁵
和介：~他谈话	他俩说话 tʰa⁵⁵lia²¹fɔ²¹xua³⁵
向~他打听一件事	他跟前打听一件事儿 tʰa⁵⁵kʰɹi²¹tɕiɑ̃²¹ta⁵⁵tʰj²¹ʐj²¹tɕiɑ̃³⁵sj³⁵ɛe⁵⁵
问~他借一本书	他跟前借一本儿书 tʰa⁵⁵kʰɹi²¹tɕiɑ̃²¹tɕi⁵⁵ʐj²¹pe⁵¹fʋ³⁵
比这个~那个高	之ˮ个比乃ˮ个高 tʂʅ²¹kɔ⁵⁵pj³⁵nɛe²¹kɔ⁵⁵kɔ⁴⁵

词目	方言
管…叫有些地方管白薯叫山药	把……叫……pɑ³⁵…tɕiɔ³⁵… ； 把……哈叫……pɑ³⁵…xɑ⁵⁵tɕiɔ⁴⁵…
拿…当有些地方拿麦秸当柴烧	把……哈当成……pɑ³⁵…xɑ⁵⁵tɒ²¹tʂʰɔ̃⁵⁵

量词（52 条）

词目	方言
一匹（马）	一个马 ʒj²¹kɔ³⁵mɑ⁵⁵
一头（牛）	一个牛 ʒj²¹kɔ³⁵niɯ⁴⁵；一头牛 ʒj²¹tʰɯ⁵⁵niɯ⁴⁵
一只（鸡）	一个鸡儿 ʒj²¹kɔ³⁵tsj²¹ɛe³⁵
一条（河）	一条河 ʒj²¹tʰiɔ⁵⁵xʉ⁴⁵；一个河 ʒj²¹kɔ³⁵xʉ⁴⁵
一辆（车）	一个车 ʒj²¹kɔ³⁵tʂʰɛe⁴⁵；一辆车 ʒj²¹liɒ⁵⁵tʂʰɛe⁴⁵
一只（手）	一个手 ʒj³⁵kɔ⁴⁵ʂɯ⁵⁵
一床（被子）	一床被儿 ʒj²¹tʂʰuɒ⁵⁵pj³⁵ɛe⁵⁵
一支（笔）	一杆儿笔 ʒj²¹kɛe⁵¹pj³⁵；一个笔 ʒj²¹kɔ³⁵pj⁵⁵
一棵（树）	一棵树 ʒj²¹kʰʉ⁵⁵fʊ⁴⁵
一丛（草）	一堆堆草 ʒj³⁵tuɪ²¹tuɪi³⁵tsʰɔ⁵⁵
一朵（花儿）	一朵花儿 ʒj²¹tʉ⁵⁵xuɑ²¹ɛe³⁵
一块（石头）	一个石头 ʒj²¹kɔ³⁵ʂʅ²¹tʰɯ³⁵；一块石头 ʒj²¹kʰuɛ⁵¹ʂʅ²¹tʰɯ³⁵
一所（房子）	一个房子 ʒj²¹kɔ³⁵fɒ²¹tsʅ³⁵
一桩（事情）	一件事儿 ʒj²¹tɕiɑ̃⁵⁵sj²¹ɛe⁵⁵
一卷儿（纸）	一卷儿纸 ʒj²¹tɕye⁵¹tsj⁵⁵
一挑（水）	一担水 ʒj²¹tɑ̃³⁵fɪi⁵⁵
一截（棍子）	一截儿棍子 ʒj³⁵tɕiɛ⁴⁵kũ²¹tsʅ⁵⁵
一部（书）	一本儿书 ʒj²¹pɛ⁵¹fʊ³⁵
一个（人）	一个人 ʒj²¹kɔ³⁵zʅ̃⁴⁵

词目	方言
一嘟噜（葡萄）	一欶儿葡萄 ʒj²¹tʂʰuɑ³⁵ɛe⁵⁵phʊ²¹thɔ³⁵
一幅（画）	一张画儿 ʒj²¹tʂɒ⁵⁵xuɑ⁴⁵ɛe⁵⁵
一团（泥）	一堆泥 ʒj³⁵tuɿi⁴⁵mj³⁵
一撮（毛）	一撮儿毛 ʒj²¹tsʉ⁵⁵ɛe²¹mɔ³⁵
一绺（头发）	
一处（地方）	一个地方 ʒj²¹kɔ³⁵tsʅ⁴⁵fɒ⁵⁵
一点儿	一点儿 ʒj²¹tiɛ⁵¹
一双（鞋）	一双鞋 ʒj²¹fɒ⁵⁵xɛ⁴⁵
一对（花瓶）	一对儿花瓶 ʒj²¹tuɛ³⁵xuɑ⁵⁵pʰĩ⁵⁵
一副（眼镜）	一副眼镜儿 ʒj²¹fʊ⁵⁵niã⁵⁵tɕiɛ⁴⁵
一套（书）	一套儿书 ʒj²¹tʰɔɛ⁴⁵fʊ⁵⁵
一种（虫子）	一种虫子 ʒj²¹tʂũ⁵⁵tʂʰũ²¹tsʅ³⁵
一些	一些儿 ʒj²¹ɕiɛ⁵¹
一伙儿（人）	一伙儿人 ʒj²¹xʉ⁵⁵ɛe²¹zə̃³⁵
一帮（人）	一帮人 ʒj³⁵pɒ⁵⁵zə̃⁴⁵
（洗）一遍	洗给（了）一遍 sj⁵⁵kɿi²¹(liɔ²¹)ʒj²¹piã³⁵
（吃）一顿	吃一顿 tʂʰʅ³⁵ʒj²¹tũ³⁵
（打）一下	打一挂 ˉtɑ⁵⁵ʒj²¹kuɑ³⁵
（走）一趟	走一趟 tsɯ⁵⁵ʒj²¹tʰɒ²¹
（谈）一会儿	谶一会儿 tsã⁵⁵ʒj²¹xuɛ⁵¹
（闹）一场	闹一场 nɔ³⁵ʒj²¹tʂʰɒ⁵⁵
（下）一阵（雨）	下一阵儿雨 ɕiɑ³⁵ʒj²¹tʂɛ³⁵ʐʮ⁵⁵
（见）一面	见一面 tɕiã³⁵ʒj²¹miã³⁵
一个	一个 ʒj²¹kɔ³⁵
两个	两个 liɒ⁵⁵kɔ²¹

续表

词目	方言
三个	三个 sã^{21}kɔ^{35}
四个	四个 sʅ^{21}kɔ^{55}
五个	五个 vʊ^{55}kɔ^{21}
六个	六个 liɯ^{21}kɔ^{35}
七个	七个 tsʰʅ^{21}kɔ^{35}
八个	八个 pa^{21}kɔ^{35}
九个	九个 tɕiɯ^{55}kɔ^{21}
十个	十个 ʂʅ^{21}kɔ^{35}

2. 语法部分

第一部分

1. 谁呀？我是老王。

   你谁啊？脑＝老王。

2. 老四呢？他正跟一个朋友说着
   话呢。

   老四唻？他正跟一个朋友俩喧
   着啊。

3. 他还没有说完吗？

   家＝还没说完吗？

4. 还没有。大约再有一会儿就说
   完了。

   还没啊，大概再有一会儿就说
   完了。

5. 他说马上就走，怎么这么半天
   了还在家里呢？

   家＝说着马上就走，但阿懑＝之＝
   懑＝半天了还在家里吗？

6. 你到哪儿去？我到城里去。

   你阿扎＝去吗？脑＝城里去一挂＝/
   脑＝到城里去一挂＝。

7. 在那儿，不在这儿。

   乃＝扎＝呐，不在扎＝扎＝/扎＝
   有有。

8. 不是那么做，是要这么做的。

   不是乃＝懑＝做，是要之＝懑＝
   价＝做呐。

   乃＝懑＝价＝有做着，之＝懑＝
   价＝做的要呐。

9. 太多了，用不着那么多，只要

这么多就够了。

太多了，乃"瀽"些儿价"用不上，之"瀽"点就够了。

10. 这个大，那个小，这两个哪一个好一点儿呢？

之"一个大，乃"一个尕，之"两个阿一个好一点呐？

11. 这个比那个好。

之"个比乃"个好。

12. 这些房子不如那些房子好。

之"些房子没有乃"些房子好。

13. 这句话用——话怎么说？（填本地地名）

之"一句话用青海话阿瀽"说着 / 之"一句话青海话俩阿瀽"说着？

14. 他今年多大岁数？

他今年多大啊？几岁啊？

15. 大概有三十来岁罢。

大概三十多岁吧。

16. 这个东西有多重呢？

之"个东西多重啊？

17. 有五十斤重呢！

五十斤重呐！

18. 拿得动吗？

能拿动吗？

19. 我拿得动，他拿不动。

脑"拿动下呐，他拿不动。

20. 真不轻，重得连我都拿不动了。

实话拉"加"地不轻啊，重得连脑"都拿不动了。

21. 你说得很好，你还会说点儿什么呢？

你说得很好啊，你还能说点啥？

22. 我嘴笨，我说不过他。

脑"嘴笨，他哈说不过啊。

23. 说了一遍，又说了一遍。

说了一遍，可说了一遍。

24. 请你再说一遍！

麻烦你再说一遍

25. 不早了，快去罢！

不早了，快点去！

26. 现在还很早呢。等一会儿再去罢。

现在还早着啊。等一会儿再去吧。

27. 吃了饭再去好罢？

饭吃上了哈再去哈成呐？

28. 慢慢儿的吃啊！不要急煞！

慢慢地吃啊！不要急撒"！

29. 坐着吃比站着吃好些。

坐着吃哈比站着吃哈好点。

30. 这个吃得，那个吃不得。

之"个吃成呐，乃"个吃不成。

青海河湟地区语言生态研究

31. 他吃了饭了，你吃了饭没有呢？

他饭吃了说，你吃了冇？

32. 他去过上海，我没有去过。

他上海去过啊，脑⁼冇去过。

33. 来闻闻这朵花香不香？

来闻一挂⁼之⁼个花儿香着嘛冇？

34. 香得很，是不是？

香得很／胡⁼度⁼啦香，就是嗫？

35. 给我一本书！

脑⁼哈给一本儿书。

36. 我实在没有书。

脑⁼实话拉⁼加⁼地有冇书啊。

37. 你告诉他。

你他啊说给。

38. 好好儿地走！不要跑！

好好儿地走！嫑跑！

39. 小心跌下去爬也爬不上来！

小心跌上下去再爬不上来！

40. 医生叫你多睡一睡。

医生说着，让你多睡一会儿说。

41. 吸烟或者喝茶都不行。

抽烟喝茶都不成。

42. 烟也好，茶也好，我都不喜欢。

烟哪，茶呀，脑⁼一挂⁼不喜欢。

43. 不管你去不去，反正我是要去的。

不管你去哩嘛不去哈，反正脑⁼是一定要去的。

44. 我非去不可。

脑⁼非去不可啊。

45. 你是哪一年来的？

你阿一年来的？

46. 我是前年到的北京。

脑⁼前年来的北京啊。

47. 今天开会谁的主持？

今儿开会该谁主持了？

48. 你得请我的客。

你要把脑⁼啊乔⁼的要嗫。

49. 这是他的书，那一本是他哥哥的。

之⁼一本儿是他的书，乃⁼一本儿是他的哥哥的。

50. 一边走，一边说。

边走边喧。

51. 看书的看书，看报的看报，写字的写字。

看书的人看书，看报的人看报，写字儿的写字儿着。

52. 越走越远，越说越多。

越走越远了，越说越多了。

53. 把那个东西拿给我。

把乃⁼个东西哈脑⁼啊取给一挂⁼。

54. 有些地方把太阳叫日头。

有些地方把乃ᵓ个太阳哈叫热头儿着。

55. 你贵姓？我姓王。

你姓啥呀？脑ᵓ姓王呀。

56. 你姓王，我也姓王，咱们两个都姓王。

你姓王，脑ᵓ也姓王，脑ᵓ们两个都是姓王。

57. 你先去吧，我们等一会儿就来。

你先去，脑ᵓ们等一会儿了就来。

第二部分

58. 西安夏天热得很。

西安的夏天胡ᵓ度ᵓ啦热。

59. 北京城很大。

北京城大得很/北京城胡ᵓ度ᵓ啦大。

60. 他爸爸在哪儿工作？

家ᵓ爸爸阿扎ᵓ上班儿着？

61. 他爸爸在中学教书呢。

家ᵓ的爸爸（在）中学里当老师着。

62. 我昨天见老张了。

脑ᵓ夜来老张哈见了/脑ᵓ夜来看见老张了。

63. 他明天要去上海。

家ᵓ明早哈上海去哩说。

64. 他不会去上海的。

家ᵓ上海不去说。

65. 他去北京还是去上海？

家ᵓ北京去哩嘛还是上海去哩说？

66. 你去问问，他今天走不走。

你问一挂ᵓ去，家ᵓ今儿去哩嘛不去说？

67. 你抽烟吗？你抽烟不抽？你抽烟不抽烟？你抽不抽烟？

你烟抽着啊？（未知）

你烟抽哩不？（已知）

你烟抽哩嘛不抽？（已知）

你烟抽着冇抽着？（未知）

你烟抽着嘛冇？（未知）

68. 你喜欢抽烟还是喜欢喝茶？

你喜欢抽烟吗还是喜欢喝茶呀？

69. 请买一下车票！

麻烦把票买一挂ᵓ吧！

70. 甲：咱把这点儿活干完吧。
乙：歇一会儿着。/歇一会儿再说。

脑ᵓ们把之ᵓ点活儿干完吧。
早ᵓ（先）缓一会儿再说。

（七）互助威远镇方言部分词汇、语法调查内容

1. 词汇部分

词汇调查表

亲属（71条）

词目	方言
祖父	爷儿 ʒɿ²¹ɛ³⁵
祖母	奶奶 nɛ⁵⁵nɛ²¹
外祖父	外爷 vɪ³⁵ʒɿ⁵⁵
外祖母	外奶奶 vɪ³⁵nɛ²¹nɛ³⁵
曾祖父	太爷 tʰɛ²¹ʒɿ⁵⁵
曾祖母	太奶奶 tʰɛ²¹nɛ⁵⁵nɛ²¹
父亲	阿大 a⁵⁵ta²¹；爸爸 pa⁵⁵pa²¹
母亲	阿妈 a⁵⁵ma²¹；妈妈 ma⁵⁵ma⁵⁵
岳父（背称）	丈人 tʂɒ̃²¹zɒ̃⁵⁵
岳母（背称）	丈母 tʂɒ̃²¹mʊ⁵⁵
公公（背称）	公公 kũ⁵⁵kũ⁵⁵
婆婆（背称）	婆婆 pʰɔ²¹pʰɔ³⁵
继父（背称）	后爹 xɯ²¹ti⁵⁵
继母（背称）	后娘 xɯ²¹niɒ̃⁵⁵
伯父（背称）	大大 ta²¹ta⁵⁵
伯母（背称）	妈妈 ma²¹ma⁵⁵
叔父（背称）	爸爸 pa²¹pa³⁵
叔母（背称）	婶子 ʂɒ̃⁵⁵tsʅ²¹
舅父（背称）	阿舅 a²¹tɕiɯ³⁵
舅母（背称）	舅母 tɕiɯ²¹mʊ⁵⁵
姑妈（背称）	娘娘 niɒ̃⁵⁵niɒ̃⁵⁵
姨妈（背称）	姨娘 ʒj²¹niɒ̃³⁵

词目	方言
姑父（背称）	姑父 kʊ⁵⁵fʊ⁵⁵
姨父（背称）	姨父 ʒj²¹fʊ³⁵
夫妻	两口儿 liõ²¹kʰɯ⁵⁵ɛ²¹
丈夫（背称）	男人 nã²¹zə̃³⁵
妻子（背称）	媳妇儿 sj²¹fɛ³⁵
大伯子（背称）	阿伯子 ɑ⁵⁵pɪ⁵⁵tsʅ²¹
小叔子（背称）	小叔儿 ɕiɔ⁵⁵fʊ²¹ɛ²¹
大姑子（背称）	娘娘 niõ⁵⁵niõ⁵⁵
小姑子（背称）	尕娘娘 kɑ³⁵niõ⁵⁵niõ⁵⁵
内兄（背称）	大舅子 tɑ³⁵tɕiɯ²¹tsʅ⁵⁵
内弟（背称）	小舅子 ɕiɔ⁵⁵tɕiɯ²¹tsʅ⁵⁵
大姨子（背称）	大姨儿 tɑ²¹ʒj⁵⁵ɛ²¹
小姨子（背称）	小姨儿 ɕiɔ⁵⁵ʒj²¹ɛ²¹
弟兄	兄弟 ɕỹ⁵⁵tsʅ⁵¹
姊妹	姊妹 tsʅ⁵⁵mɪ²¹
哥哥（背称）	哥哥 kɔ²¹kɔ³⁵
嫂子（背称）	嫂子 sɔ⁵⁵tsʅ²¹
弟弟（背称）	兄弟 ɕỹ⁵⁵tsʅ⁵¹
弟媳（背称）	弟媳妇儿 tsʅ²¹sj⁵⁵fɛ²¹
姐姐（背称）	姐姐 tɕi⁵⁵tɕi²¹；阿姐 ɑ⁵⁵tɕi⁵⁵
姐夫（背称）	姐夫 tɕi⁵⁵fʊ²¹
妹妹（背称）	妹子 mɪ²¹tsʅ⁵⁵
妹夫（背称）	妹夫 mɪ²¹fʊ⁵⁵
堂（兄弟姊妹）	
姑表	姑舅 kʊ²¹tɕiɯ³⁵

词目	方言
姨表	姑舅 kʊ²¹tɕiɯ³⁵
子女	儿女 ɛ²¹mj³⁵
儿子	儿娃娃 ɛ²¹va⁵⁵va²¹
大儿子	老大 lɔ⁵⁵ta⁴⁵
小儿子	奶干 nɛ⁵⁵kã⁴⁵
养子	抱下的 pɔ²¹xa⁵⁵tsʅ²¹
儿媳妇	儿媳妇儿 ɛ²¹sj⁵⁵fɛ²¹
女儿	丫头 ʒia⁵⁵tʰɯ⁵⁵
女婿	女婿 mj⁵⁵sʮ²¹
孙子	孙子 sū⁵⁵tsʅ⁵⁵
孙女	孙女儿 sū⁵⁵mj⁵⁵ɛ²¹
外孙（背称）	外孙 vɛ²¹sū⁵⁵
外甥（背称）	外甥 vɛ²¹sə̃⁵⁵
侄子（背称）	侄儿子 tsʅ²¹ɛ⁵⁵tsʅ²¹
侄女（背称）	侄女儿 tsʅ²¹mj⁵⁵ɛ²¹
带犊儿改嫁带的儿女（背称）	带过来的 tɛ²¹kʉ⁵⁵lɛ²¹tsʅ³⁵
妯娌	先后 ɕiã²¹xɯ⁵⁵
连襟	挑担 tʰiɔ⁵⁵tã²¹
亲家	亲家 tɕʰĩ²¹tɕia⁵⁵
舅爷父亲的舅舅（背称）	舅爷儿 tɕiɯ²¹ʒɿ⁵⁵ɛ²¹
老姑姑父亲的姑（背称）	姑奶奶 kʊ⁵⁵nɛ⁵⁵nɛ²¹
亲戚	亲戚 tɕʰĩ⁵⁵tsj⁵⁵
婆家	婆婆家 pʰɔ²¹pʰɔ²¹tɕia⁵⁵
娘家	娘家 niõ²¹tɕia³⁵

代词（55条）

词目	方言
我	脑 ˉnɔ⁵⁵
你	你 nɪ⁵⁵
他	家 ˉtɕia²¹³
我们（注意变调）	脑ˉ们 nɔ⁵⁵mə̃²¹
咱们	脑ˉ们 nɔ⁵⁵mə̃²¹
你们（注意变调）	你们 nɪ⁵⁵mə̃²¹
他们（注意变调）	家ˉ们 tɕia²¹mə̃⁵⁵
咱们俩	脑ˉ们俩 nɔ⁵⁵mə̃²¹lia³⁵
您	
我的	脑ˉ的 nɔ⁵⁵tsʅ²¹
你的	你的 nɪ⁵⁵tsʅ²¹
他的	家ˉ的 tɕia²¹tsʅ⁵⁵
我们的	脑ˉ们的 nɔ⁵⁵mə̃²¹tsʅ²¹
咱们的	脑ˉ们的 nɔ⁵⁵mə̃²¹tsʅ²¹
自己	各家 kɤ²¹tɕia³⁵
人家	人家 zə̃²¹tɕia³⁵
谁	谁 fɪ²¹³
什么	啥呀 sa²¹ʒia⁵⁵
这个	之ˉ个 tʂʅ²¹kɔ⁵⁵
那个	乃ˉ个 nɛ²¹kɔ⁵⁵
哪个	阿个 a²¹kɔ³⁵
这些	之ˉ些儿 tʂʅ²¹ɕi⁵⁵ɛ²¹
那些	乃ˉ些儿 nɛ²¹ɕi⁵⁵ɛ²¹
哪些	阿些儿 a²¹ɕi⁵⁵ɛ²¹
这里	之ˉ里 tʂʅ²¹ʮj⁵⁵
那里	乃ˉ里 nɛ²¹ʮj⁵⁵
哪里	阿里 a²¹ʮj³⁵

续表

词目	方言
这会儿	之⸢会儿 tʂʅ²¹xuɛ⁵¹
那会儿	乃⸢会儿 nɛ²¹xuɛ⁵¹
多会儿	多会儿 tʉ⁵⁵xuɛ⁵¹
这么（高）	之⸢懑⸢ʂʅ²¹maᵊ³⁵
那么（高）	乃⸢懑⸢nɛ²¹maᵊ³⁵
这么（做）	之⸢懑⸢tʂʅ²¹maᵊ³⁵
那么（做）	乃⸢懑⸢ne²¹maᵊ³⁵
怎么（做）	阿懑⸢a²¹məᵊ²ᶠ
怎么办	阿懑⸢a²¹maᵊ³⁵
怎样	阿懑⸢办 a²¹maᵊ³⁵kɔ⁴⁵
为什么	为啥呀 vɿ³⁵sa²¹ʒiɑ³⁵
多少	多少 tʉ²¹ʂɔ⁵⁵
多（久、高、长、大、厚）	阿懑⸢a²¹maᵊ³⁵
我们俩	脑⸢们俩 nɔ⁵⁵maᵊ²¹liɑ³⁵；脑⸢俩（儿）nɔ⁵⁵liɑ⁴⁵（ɛ⁵⁵）
咱们俩	脑⸢们俩 nɔ⁵⁵maᵊ²¹liɑ³⁵；脑⸢俩（儿）nɔ⁵⁵liɑ⁴⁵（ɛ⁵⁵）
父子俩	爷儿俩 ʒɿ²¹ɛ³⁵liɑ⁴⁵
母女俩	娘儿俩 niõ²¹ɛ³⁵liɑ⁴⁵
妯娌俩	先后俩儿 ɕiɑ̃²¹xɯ⁵⁵liɑ²¹ɛ⁵⁵
哥儿俩	弟兄俩儿 tsʅ²¹ɕỹ⁵⁵liɑ³⁵ɛ⁵⁵
姐儿俩	姊妹俩 tsʅ⁵⁵mɿ²¹liɑ³⁵
父子们	爷儿们 ʒɿ²¹ɛ³⁵maᵊ⁵⁵
母女们	娘儿们 niõ²¹ɛ³⁵maᵊ⁵⁵
谁们	谁们 fɿ²¹maᵊ³⁵
妯娌们	先后们 ɕiɑ̃²¹xɯ⁵⁵maᵊ²¹
这些个理儿们	之⸢些个理儿们 tsʅ²¹ɕi⁵⁵kɔ²¹ʐj⁵⁵ɛ²¹maᵊ²¹

词目	方言
那些个事儿们	乃 ˵ 些个事儿们 ne²¹ɕi⁵⁵kɔ²¹sɿ²¹ɛ⁵⁵mɑ̃²¹
师徒们	师徒们 sɿ³⁵tʰʋ²¹mɑ̃³⁵
桌子们	桌子们 tʂʉ⁵⁵tsɿ⁵⁵mɑ̃²¹

副词 介词（64条）

（调查时，请发音人用当地话把例句的意思说出来）

词目	方言
刚我~来，没赶上	刚 tɕiɒ̃²¹³
刚不大不小，~合适	刚 tɕiɒ̃²¹³
净~吃面，不吃米	光 kuɒ̃⁵⁵
总共~才十个	一挂 ˵ʒj²¹kua³⁵
仅~十来个人	刚 tɕiɒ̃²¹³
大概~有二十来里地	差不多 tsʰa²¹pʋ³⁵tʉ⁵⁵
有点儿天~冷	有点儿 ʒiɯ⁵⁵tiɑ̃²¹ɛ²¹
怕也许：~要下雨	看呵 kʰɑ̃²¹xɔ⁵⁵
也许明天~要下雨	说不来 fɔ⁵⁵pʋ⁵⁵lɛ⁴⁵
差点儿~摔了	差一点儿点儿 tsʰa³⁵ʒj⁴⁵tiɛ⁵⁵tiɛ⁵⁵
偶尔我们~见一面	碰 pʰɑ̃²¹³；有时候 ʒiɯ⁵⁵sɿ²¹xɯ³⁵
突然路边~跑出个人来	猛乍乍地 mɑ̃⁵⁵tsa⁵⁵tsa²¹sɿ³⁵
马上~就来	就就就 tɕiɯ³⁵tɕiɯ⁵⁵tɕiɯ⁴⁵
趁早儿~走吧	趁早儿 tʂʰɑ̃²¹tsɔ⁵⁵ɛ²¹
一贯他~就这脾气	一直 ʒj³⁵tsɿ⁵⁵
一直我~不认识他	从来 tsʰũ³⁵lɛ⁴⁵
早晚；随时~来都行	阿会儿 a²¹xʉ⁵⁵ɛ⁵¹
眼看~到期了	眼看 niɑ̃⁵⁵kʰɑ̃⁴⁵
尽管~吃，不要客气	褒假 pɔ²¹tɕia³⁵

续表

词目	方言
幸亏~你来了，要不然我们就走错了	幸亏 ɕi³⁵kʰuɪ⁵⁵
一块儿咱们~去	一处儿 ʒj²¹tʂʰʋ³⁵ɛ⁵⁵；一搭儿 ʒj²¹ta³⁵ɛ⁵⁵
顺便请他~给我买本书	顺路儿 fɔ̃³⁵lʋ²¹ɛ⁵⁵
故意~捣乱	立ʺ故意儿的 ʐj²¹kʋ⁵⁵ʒj²¹ɛ³⁵tʂʅ⁵⁵
一定他~知道这事儿	肯定 kʰə̃⁵⁵tĩ⁴⁵
到了儿他~走了没有，你要问清楚	到底儿 tɔ²¹tʂʅ⁵⁵ɛ²¹
压根儿他~不知道	根本 kə̃²¹pə̃³⁵
实在这人~好	确实 tɕʰyʉ⁵⁵ʂʅ²¹
太~好了	确实 tɕʰyʉ⁵⁵ʂʅ²¹
特别他~喜欢养花	胡ʺ度ʺ啦 hʋ²¹tʋ³⁵la⁵⁵
不~去了	不 pʋ²¹³
没~去过	冇 mɔ²¹³
不要慢慢儿走，~跑	甭 pɔ²¹³
不用你就~来了	甭 pɔ²¹³
不敢；别~跳	甭 pɔ²¹³
万一~他知道了怎么办	万一 vã²¹ʒj⁵⁵
偏你不让我去，我~要去	偏 pʰiã⁵⁵
白不要钱；~吃	白 pɪ²¹³
白；空~跑一趟	白 pɪ²¹³
胡~搞，~说	胡 hʋ²¹³
另外~还有一个人	另 lĩ²¹³
被书~他弄丢了	让 zə̃²¹³
把~门关上	把 pa²¹³
对你~他好，他就~你好	你家ʺ跟前好，家ʺ就你跟前好 nɪ⁵⁵tɕia²¹kə̃⁵⁵tɕʰiã²¹xɔ²¹,tɕia³⁵tɕiɯ⁴⁵nɪ⁵⁵kə̃⁵⁵tɕʰiã²¹xɔ²¹
到~哪儿去	你阿里去喃 nɪ⁵⁵a²¹ʐj³⁵tʂʰj²¹lia⁵⁵

词目	方言
到 扔~水里	尔"到"水里 ɛ⁵⁵tʂɔ²¹fɿ⁵⁵ȵ²¹
在 ~哪儿住家	你家逮"阿扎"啊 nɪ⁵⁵tɕiɑ⁵⁵tɛ⁴⁵ɑ²¹tʂɑ²¹liɑ³⁵
从 ~哪儿走	阿扎"价"走着啊 ɑ²¹tʂɑ³⁵tɕiɑ⁴⁵tsɯ⁵⁵tʂɔ²¹liɑ²¹
自从 ~他走后我一直不放心	家"走掉着脑"就一直扯心着 tɕiɑ³⁵tsɯ⁵⁵tʂɔ²¹tʂɔ³⁵nɔ⁵⁵tɕiɯ³⁵ʑɿ³⁵tʂʅ⁵⁵tʂʰɿ⁵⁵ɕĩ²¹tʂɛ²¹
照 ~这样做就好	照住之"憁"价"做就好着啊 tʂɔ²¹tʂʋ⁵⁵tʂʅ²¹mə̃⁵⁵tɕiɑ⁵⁵tsq³⁵tɕiɯ³⁵xɔ⁵⁵tʂɔ⁵⁵liɑ²¹
照 ~我看不算错	脑"看呵冇错着 nɔ⁵⁵kʰã²¹xɔ⁵⁵mɔ²¹tsʰʉ²¹tʂɔ⁵⁵
使 你~毛笔俩写	你毛笔俩写 nɪ⁵⁵mɔ³⁵pj⁵⁵liɑ⁵⁵ɕɨ⁵⁵
顺着 ~这条大路一直走	顺着之"一条路了一直走 fə̃²¹tʂɔ⁵⁵tʂʅ²¹ʑj⁵⁵tʰiɔ²¹lʋ²¹liɔ⁵⁵ʑj³⁵tʂʅ²¹tsɯ⁵⁵
顺着;沿着 ~河边走	顺着 fə̃²¹tʂɔ⁵⁵
朝 ~后头看看	朝 tʂʰɔ²¹³
替 你~我写封信	你脑哈"写给一封信 nɪ⁵⁵nɔ⁵⁵xɑ²¹ɕɨ⁵⁵kɪ²¹ʑj²¹fə̃⁵⁵ɕĩ⁴⁵
给 ~大家办事儿	大家哈办事儿 tɑ²¹tɕiɑ⁵⁵xɑ²¹pã³⁵ʂɿ²¹ɛ⁵⁵
给我 虚用:你~吃干净这碗饭	你给脑"把之"碗饭吃干净 nɪ⁵⁵kɪ²¹nɔ⁵⁵pɑ²¹tʂʅ⁵⁵vã⁵⁵fã³⁵tʂʰʅ⁴⁵kã⁵⁵tɕĩ⁵⁵
给咱 虚用:你~照应孩子	你给脑"看娃娃 nɪ⁵⁵kɪ²¹nɔ⁵⁵kʰã³⁵vɑ²¹vɑ³⁵
和介:~他谈话	你逮"着家"俩谈话 nɪ⁵⁵tɛ²¹³tʂɔ²¹tɕiɑ²¹liɑ⁵⁵tʰã²¹xuɑ³⁵
向 ~他打听一件事	你他俩打问一件事 nɪ⁵⁵tʰɑ⁵⁵liɑ²¹tɑ⁵⁵və̃²¹ʑj²¹tɕiã³⁵ʂɿ⁴⁵
问 ~他借一本书	你他俩借一本书 nɪ⁵⁵tʰɑ⁵⁵liɑ²¹tɕɨ³⁵ʑj²¹pə̃³⁵fʋ⁵⁵
比这个~那个高	之"个比乃"个高 tʂʅ²¹kɔ⁵⁵pj⁵⁵nɛ²¹kɔ⁵⁵kɔ⁵⁵
管…叫有些地方管白薯叫山药	家"们把乃"个东西叫白薯着 tɕiɑ²¹mə̃⁵⁵pɑ³⁵nɛ²¹kɔ⁵⁵tũ⁵⁵sj⁵⁵tɕiɔ³⁵pɪ²¹fʋ⁵⁵tʂɿ²¹; 有些儿地方白薯叫洋芋着 ʑiɯ⁵⁵ɕiɛ²¹tʂʅ²¹fə̃⁵⁵pɪ²¹fʋ⁵⁵tɕiɔ⁴⁵ʑiõ²¹ʑɥ⁵⁵tʂʅ⁵⁵
拿…当有些地方拿麦秸当柴烧	家"们把乃"个杆杆拿上哈当柴烧着 tɕiɑ²¹mə̃⁵⁵pɑ²¹nɛ²¹kɔ⁵⁵kã³⁵kã⁵⁵nɑ²¹ʂõ³⁵xɑ⁵⁵tõ³⁵tsʰɛ⁵⁵ʂɔ⁵⁵tʂʅ²¹

青海河湟地区语言生态研究

量词（52条）

词目	方言
一匹（马）	一匹马 ʒj²¹pʰj⁵⁵ma⁵⁵
一头（牛）	一头牛 ʒj²¹tʰɯ⁵⁵niɯ⁴⁵
一只（鸡）	一个鸡儿 ʒj²¹kɔ³⁵tsj⁵⁵ɛ⁵⁵
一条（河）	一条河 ʒj²¹tʰiɔ⁵⁵xɤ⁴⁵
一辆（车）	一辆车 ʒj²¹liɒ̃³⁵tʂʰɛ⁵⁵
一只（手）	一只儿手 ʒj²¹tʂʅ⁵⁵ɛ²¹ʂɯ⁵⁵
一床（被子）	一床被儿 ʒj²¹tʂʰuɒ̃⁵⁵pj²¹ɛ⁵⁵
一支（笔）	一杆儿笔 ʒj²¹kɛ⁵¹pj⁵⁵
一棵（树）	一棵树 ʒj²¹kʰɤ⁵⁵fʊ⁴⁵
一丛（草）	一堆草 ʒj²¹tuɪ⁵⁵tsʰɔ⁵⁵
一朵（花儿）	一个花儿 ʒj²¹kɔ³⁵xuɑ⁵⁵ɛ⁵⁵
一块（石头）	一个石头 ʒj²¹kɔ³⁵ʂʅ²¹tʰɯ³⁵
一所（房子）	一个房子 ʒj²¹kɔ³⁵fɒ̃²¹tsʅ³⁵
一桩（事情）	一件事情 ʒj²¹tɕiã³⁵sʅ²¹tɕʰĩ⁵⁵
一卷儿（纸）	一卷纸 ʒj²¹tɕyã⁵⁵tsʅ⁵⁵
一挑（水）	一担水 ʒj²¹tã³⁵fi⁵⁵
一截（棍子）	一截棍棍 ʒj³⁵tɕi⁴⁵kũ²¹kũ⁵⁵
一部（书）	一本儿书 ʒj²¹pɤ⁵⁵ɛ²¹（pɛ⁵¹）fʊ⁵⁵
一个（人）	一个人 ʒj²¹kɔ³⁵zə⁴⁵
一嘟噜（葡萄）	一串儿葡萄 ʒj²¹tʂʰuɛ³⁵pʰʊ²¹tʰɔ³⁵
一幅（画）	一幅画 ʒj²¹fʊ⁵⁵xuɑ⁴⁵
一团（泥）	一堆泥 ʒj²¹tuɪ⁵⁵mj⁴⁵
一撮（毛）	一撮儿毛 ʒj²¹tsɤ⁵⁵ɛ²¹mɔ³⁵
一绺（头发）	一缕头发 ʒj²¹lɥ⁵⁵tʰɯ²¹fa³⁵
一处（地方）	一个地方 ʒj²¹kɔ³⁵tsʅ²¹fɒ̃⁵⁵
一点儿	一点儿 ʒj²¹tiɛ⁵¹

词目	方言
一双（鞋）	一双鞋 ʒj²¹fõ⁵⁵xɛ⁴⁵
一对（花瓶）	一对儿花瓶 ʒj²¹tuɛ³⁵xuɑ⁵⁵pʰĩ⁵⁵
一副（眼镜）	一副眼镜儿 ʒj²¹fʊ⁵⁵niɑ̃⁵⁵tɕiɛ⁴⁵
一套（书）	一套儿书 ʒj²¹tʰɔ²¹ɛ⁵⁵fʊ⁵⁵
一种（虫子）	一个虫儿 ʒj²¹kɔ³⁵tʂʰũ²¹ɛ³⁵
一些	一些儿 ʒj²¹ɕiɛ⁵¹
一伙儿（人）	一伙人儿 ʒj²¹xuɛ⁵¹zə̃³⁵
一帮（人）	一帮人 ʒj²¹põ⁵⁵zə̃³⁵
（洗）一遍	洗一遍 sj⁵⁵ʒj²¹piɑ̃³⁵
（吃）一顿	吃一顿 tʂʰʅ⁵⁵ʒj²¹tũ³⁵
（打）一下	打一挂 ⁼tɑ⁵⁵ʒj²¹kuɑ³⁵
（走）一趟	走一趟 tsɯ⁵⁵ʒj²¹tʰõ³⁵
（谈）一会儿	喧一会儿 ɕyɑ̃⁵⁵ʒj²¹xuɛ⁵¹
（闹）一场	闹一场 nɔ²¹ʒj⁵⁵tʂʰõ²¹
（下）一阵（雨）	下一阵儿雨 ɕiɑ³⁵ʒj²¹tʂɛ³⁵ʐʯ⁵⁵
（见）一面	见一面 tɕiɑ̃³⁵ʒj²¹miɑ̃³⁵
一个	一个 ʒj²¹kɔ³⁵
两个	两个 liõ⁵⁵kɔ²¹
三个	三个 sɑ̃⁵⁵kɔ⁵⁵
四个	四个 sj²¹kɔ⁵⁵
五个	五个 vʊ⁵⁵kɔ²¹
六个	六个 liɯ⁵⁵kɔ⁵⁵
七个	七个 tsj⁵⁵kɔ⁵⁵
八个	八个 pɑ⁵⁵kɔ⁵⁵
九个	九个 tɕiɯ⁵⁵kɔ²¹
十个	十个 ʂʅ²¹kɔ³⁵

2. 语法部分

第一部分

1. 谁呀？我是老王。

   谁啊？脑是老王 / 脑老王是啊。

2. 老四呢？他正跟一个朋友说着话呢。

   老四唻？家逮一个朋友正说话着哪。

3. 他还没有说完吗？

   家还有说完吗？

4. 还没有。大约再有一会儿就说完了。

   还有啊，再一会儿哈说完哪。

5. 他说马上就走，怎么这么半天了还在家里呢？

   家说马上哈就走哪，阿懃之懃半天了啊还家里哪？

6. 你到哪儿去？我到城里去。

   你阿去哪？脑城里去哪。

7. 在那儿，不在这儿。

   乃扎哪，扎有有。

8. 不是那么做，是要这么做的。

   乃懃有做着啊，之懃做着哪。

9. 太多了，用不着那么多，只要这么多就够了。

   乃懃多的个不要啊，之点哈就中哪。

10. 这个大，那个小，这两个哪一个好一点儿呢？

    之个大，乃个小，之两个阿个好点撒？

11. 这个比那个好。

    之个比乃个好。/ 乃个把之个不到。

12. 这些房子不如那些房子好。

    乃些房子把之些房子比不上。

13. 这句话用——话怎么说？（填本地地名）

    之些话青海话俩阿懃说着哪？

14. 他今年多大岁数？

    家今年多大岁数了？

15. 大概有三十来岁罢。

    大体上 30 多吧。

16. 这个东西有多重呢？

    之个东西阿懃重的个撒？

17. 有五十斤重呢！

    差不多五十斤吧 / 差不多五十斤哪！

18. 拿得动吗？

拿动哩嘛？

19. 我拿得动，他拿不动。

脑＝拿动哪，他拿不动。

20. 真不轻，重得连我都拿不动了。

之＝个东西重得发＝码＝，脑＝

啊拿不动。

21. 你说得很好，你还会说点儿什

么呢？

你还会说点啥？

22. 我嘴笨，我说不过他。

脑＝嘴笨，脑＝说不过。

23. 说了一遍，又说了一遍。

说了一鞴又一鞴。

24. 请你再说一遍！

那麻烦着你再说一遍呗！

25. 不早了，快去罢！

天气不早了，你赶紧走！

26. 现在还很早呢。等一会儿再去

罢。

现在还早着，等一会脑＝再去

呗。

27. 吃了饭再去好罢？

饭吃上了再去吧？

28. 慢慢儿的吃啊！不要急煞！

慢慢儿吃！覅急撒＝！

29. 坐着吃比站着吃好些。

坐着吃呵比站着吃呵好点。

30. 这个吃得，那个吃不得。

之＝个吃得哪，乃＝个吃不得。

31. 他吃了饭了，你吃了饭没有呢？

家＝饭吃上着，你吃了冇？

32. 他去过上海，我没有去过。

家＝上海去过啊，脑＝冇去过啊。

33. 来闻闻这朵花香不香？

来闻个花儿香着冇 / 香着嘛冇

香着？

34. 香得很，是不是？

香得很呐，你看呵来 / 香得很

呐，就是冇？

35. 给我一本书！

脑＝哈给一本书 / 给脑＝一本书！

36. 我实在没有书嘛。

那脑＝实在书没有呗。

37. 你告诉他。

你给他说给 / 你他哈说给。

38. 好好儿地走！不要跑！

好好儿走撒＝！覅跑撒＝！

39. 小心跌下去爬也爬不上来！

小心着点！你跌下去哈爬也爬

不上来！

40. 医生叫你多睡一睡。

医生说着哪叫你多睡一会儿。

41. 吸烟或者喝茶都不行。

抽烟啊喝茶啊都不成呐。

附录　主要方言点部分词汇、语法调查内容

211

42. 烟也好，茶也好，我都不喜欢。

不管是烟还是茶，脑″都心头不到/不喜欢。

43. 不管你去不去，反正我是要去的。

（不管）你去哩嘛不去呵，反正脑″去嗫。

44. 我非去不可。

脑″还一定要去嗫！

45. 你是哪一年来的？

你是阿一年来下的？

46. 我是前年到的北京。

脑″是前年个儿到下的北京。

47. 今天开会谁的主持？

今天开会呵谁主持着嗫？

48. 你得请我的客。

你把脑″甩上/你必须给脑″请客的要哩呗。

49. 这是他的书，那一本是他哥哥的。

之″本书家″的，乃″本书是家″哥哥的。

50. 一边走，一边说。

逮″走哎，逮″说。

51. 看书的看书，看报的看报，写字的写字。

看书的看书，看报的看报，写字的写字。

52. 越走越远，越说越多。

越走越远，越说越多。

53. 把那个东西拿给我。

把那个东西给脑″拿给。

54. 有些地方把太阳叫日头。

有些地方把太阳叫日头。

55. 你贵姓？我姓王。

你姓啥着嗫？脑″姓王。

56. 你姓王，我也姓王，咱们两个都姓王。

你姓王，脑″姓王，脑″们两个都姓王。

57. 你先去吧，我们等一会儿就来。

你先去嗫″，脑″等一挂″呵就来了。

第二部分

58. 西安夏天热得很。

西安夏天热死人嗫。

59. 北京城很大。

北京城大着没框″当″。

60. 他爸爸在哪儿工作？

家″爸爸阿扎″工作着？

61. 他爸爸在中学教书呢。

家″爸爸中学里教书着嗫。

62. 我昨天见老张了。

昨天脑″见老张了。

63. 他明天要去上海。

明天呵家﹦上海去哩说。

64. 他不会去上海的。

家﹦上海不会去的 / 家﹦上海不去啊。

65. 他去北京还是去上海？

家﹦北京去哩嘛还是上海去吗？

66. 你去问问，他今天走不走。

你问个去，家﹦今天走哩嘛不走。

67. 你抽烟吗？你抽烟不抽？你抽烟不抽烟？你抽不抽烟？

你抽烟着哩嘛？你烟抽着哩嘛有？你烟抽吗？烟你抽着有？

68. 你喜欢抽烟还是喜欢喝茶？

你喜欢抽烟还是喝茶？

69. 请买一下车票！

麻烦着买一下票呗！

70. 甲：咱把这点儿活干完吧。

乙：歇一会儿着。/ 歇一会儿再说。

脑﹦们把之﹦点活儿干完吧。

缓会儿撒﹦/ 缓会儿了再说。

（八）湟中鲁沙尔镇方言部分词汇、语法调查内容

1. 词汇部分

词汇调查表

亲属（71条）

词目	方言
祖父	爷儿 $\text{ʑi}^{55}\text{ɛ}^{21}$
祖母	奶奶 $\text{nɛ}^{55}\text{nɛ}^{21}$
外祖父	外爷 $\text{uɪ}^{21}\text{ʑi}^{55}$
外祖母	外奶奶 $\text{uɪ}^{35}\text{nɛ}^{21}\text{nɛ}^{35}$
曾祖父	太爷 $\text{t}^{h}\text{ɛ}^{21}\text{ʑi}^{55}$
曾祖母	太太 $\text{t}^{h}\text{ɛ}^{21}\text{t}^{h}\text{ɛ}^{55}$
父亲	阿大 $\text{a}^{55}\text{ta}^{55}$；爹爹 $\text{ti}^{55}\text{ti}^{55}$；大大 $\text{ta}^{55}\text{ta}^{21}$；爸爸 $\text{pa}^{55}\text{pa}^{21}$
母亲	阿妈 $\text{a}^{55}\text{ma}^{55}$；妈儿 $\text{ma}^{55}\text{ɛ}^{21}$；妈妈 $\text{ma}^{55}\text{ma}^{55}$
岳父（背称）	丈人 $\text{tʂɔ̃}^{21}\text{zɔ̃}^{55}$
岳母（背称）	丈母 $\text{tʂɔ̃}^{21}\text{mʊ}^{55}$

青海河湟地区语言生态研究

词目	方言
公公（背称）	公公 kuə̃⁵⁵kuə̃⁵⁵
婆婆（背称）	婆婆 pʰɔ²¹pʰɔ³⁵
继父（背称）	后父儿 xɯ²¹fʋ⁵⁵ɛ²¹
继母（背称）	后妈 xɯ²¹ma⁵⁵
伯父（背称）	大大 ta²¹ta⁵⁵
伯母（背称）	妈妈 ma²¹ma⁵⁵
叔父（背称）	爸爸 pa²¹pa³⁵；尕爸儿 ka²¹pa³⁵ɛ⁵⁵；尕爸爸 ka²¹pa²¹pa⁵⁵；叔叔 fʋ⁵⁵fʋ⁵⁵
叔母（背称）	婶婶 ʂə̃⁵⁵ʂə̃²¹
舅父（背称）	阿舅 a⁵⁵tɕiɯ²¹
舅母（背称）	舅母 tɕiɯ²¹mʋ⁵⁵
姑妈（背称）	娘儿 niə̃⁵⁵ɛ²¹；娘娘 niə̃⁵⁵niə̃⁵⁵
姨妈（背称）	姨娘 ʒj²¹niə̃³⁵
姑父（背称）	姑父 kʋ⁵⁵fʋ⁵⁵
姨父（背称）	姨父 ʒj²¹fʋ³⁵
夫妻	两口儿 liə̃²¹kʰɯ⁵⁵ɛ²¹
丈夫（背称）	掌柜的 tʂə̃⁵⁵kuɪ²¹tsʅ⁵⁵；脑″们家里的 nɔ⁵⁵mə̃²¹tɕia⁵⁵ʈ̢j⁵⁵tsʅ²¹
妻子（背称）	媳妇儿 ɕj²¹fɛ³⁵
大伯子（背称）	家″（他）大哥 tɕia³⁵(tʰa⁵⁵)ta²¹kɔ⁵⁵
小叔子（背称）	家″（他）的兄弟 tɕia²¹（tʰa⁵⁵）tsʅ²¹ɕỹ⁵⁵tsʅ⁵⁵
大姑子（背称）	大姑儿 ta²¹kʋ⁵⁵ɛ²¹
小姑子（背称）	小姑儿 ɕiɔ⁵⁵kʋ²¹ɛ³⁵
内兄（背称）	舅子 tɕiɯ²¹tsʅ⁵⁵
内弟（背称）	舅子 tɕiɯ²¹tsʅ⁵⁵
大姨子（背称）	她的姐姐 tʰa⁵⁵tsʅ²¹tɕi⁵⁵tɕi²¹
小姨子（背称）	尕姨娘 ka²¹ʒj⁵⁵niə̃⁴⁵；她的妹子 tʰa⁵⁵tsʅ²¹mɪ²¹tsʅ⁵⁵

词目	方言
弟兄	弟兄 tsɿ²¹ɕɣ̃⁵⁵
姊妹	姊妹 tsɿ⁵⁵mɿ²¹
哥哥（背称）	阿哥 a⁵⁵kɔ⁵⁵；哥哥 kɔ²¹kɔ³⁵
嫂子（背称）	嫂子 sɔ⁵⁵tsɿ²¹
弟弟（背称）	兄弟 ɕɣ̃⁵⁵tsɿ⁵⁵
弟媳（背称）	兄弟媳妇儿 ɕɣ̃⁵⁵tsɿ⁵⁵ɕj²¹fɛ³⁵；弟妹 tsɿ³⁵mɿ⁴⁵
姐姐（背称）	阿姐 a⁵⁵tɕi⁵⁵；姐姐 tɕi⁵⁵tɕi²¹
姐夫（背称）	姐夫 tɕi⁵⁵fʊ²¹
妹妹（背称）	妹子 mɿ²¹tsɿ⁵⁵
妹夫（背称）	妹夫 mɿ²¹fʊ⁵⁵
堂（兄弟姊妹）	
姑表	姑舅 kʊ²¹tɕiɯ³⁵
姨表	姑舅 kʊ²¹tɕiɯ³⁵
子女	儿女 ɛ²¹mj³⁵；子女 tsɿ²¹mj³⁵
儿子	儿子 ɛ²¹tsɿ³⁵；尕娃 ka²¹ua³⁵
大儿子	大尕娃 ta²¹ka⁵⁵ua²¹；大儿子 ta²¹ɛ⁵⁵tsɿ²¹
小儿子	小的 ɕiɔ⁵⁵tsɿ²¹；尕尕娃 ka²¹ka⁵⁵ua²¹
养子	抱下的 pɔ²¹xa⁵⁵tsɿ²¹
儿媳妇	儿媳妇儿 ɛ²¹sj⁵⁵fʊ²¹ɛ³⁵
女儿	丫头 ʒia⁵⁵tʰɯ⁵⁵；姑娘 kʊ⁵⁵niɵ̃⁵⁵
女婿	女婿 mj⁵⁵ɕʯ²¹；女婿娃 mj⁵⁵ɕʯ²¹ua³⁵
孙子	孙子 suɵ̃⁵⁵tsɿ⁵⁵
孙女	孙丫头 suɵ̃²¹ʒia³⁵tʰɯ⁵⁵
外孙（背称）	外甥 uɛ²¹sɵ̃⁵⁵；外甥娃 uɛ²¹sɵ̃⁵⁵ua⁴⁵
外甥（背称）	外甥 uɛ²¹sɵ̃⁵⁵；外甥娃 uɛ²¹sɵ̃⁵⁵ua⁴⁵

青海河湟地区语言生态研究

词目	方言
侄子（背称）	侄儿子 tʂʅ²¹ɛ³⁵tsʅ⁵⁵
侄女（背称）	侄女儿 tʂʅ²¹mj⁵⁵ɛ²¹
带犊儿改嫁带的儿女（背称）	领上来的 li⁵⁵ə̃²¹le²¹tsʅ³⁵
妯娌	先后 ɕiɑ̃²¹xɯ⁵⁵
连襟	挑担 tʰiɔ⁵⁵tɑ̃²¹
亲家	亲家 tɕʰĩ²¹tɕiɑ⁵⁵
舅爷父亲的舅舅（背称）	舅爷儿 tɕiɯ³⁵ʒ̩²¹ɛ³⁵
老姑姑父亲的姑（背称）	姑奶奶 kʋ⁵⁵ȵɛ⁵⁵ȵɛ²¹
亲戚	亲戚 tɕʰĩ⁵⁵tɕʰj⁵⁵
婆家	婆婆家 pʰɔ²¹pʰɔ³⁵tɕiɑ⁵⁵
娘家	娘家里 niɔ̃²¹tɕiɑ³⁵ʅj⁵⁵

代词（55条）

词目	方言
我	脑 ⁼nɔ⁵⁵
你	你 ni⁵⁵
他	家 ⁼tɕiɑ²¹³；他 tʰɑ⁵⁵
我们（注意变调）	脑 ⁼们 nɔ⁵⁵mə̃²¹
咱们	脑 ⁼们 nɔ⁵⁵mə̃²¹
你们（注意变调）	你们 ni⁵⁵mə̃⁵¹
他们（注意变调）	家 ⁼们 tɕiɑ²¹mə̃⁵⁵；他们 tʰɑ⁵⁵mə̃²¹
咱们俩	脑 ⁼俩儿 nɔ⁵⁵liɑ²¹ɛ³⁵
您	
我的	脑 ⁼的 nɔ⁵⁵tsʅ²¹
你的	你的 ni⁵⁵tsʅ²¹

续表

词目	方言
他的	家$^{=}$的 tɕiɑ^{21}tsɿ^{55}；他的 tʰɑ^{55}tsɿ^{21}
我们的	脑$^{=}$们的 nɔ^{55}mə̃^{21}tsɿ^{35}
咱们的	脑$^{=}$们的 nɔ^{55}mə̃^{21}tsɿ^{35}
自己	各家 kʉ^{21}tɕiɑ^{35}
人家	人家 ʐə̃^{21}tɕiɑ^{35}
谁	谁 fɪ^{213}
什么	啥 sɑ^{213}
这个	之$^{=}$个 tʂʅ^{21}kɔ^{55}
那个	乃$^{=}$个 nɛ^{21}kɔ^{55}
哪个	阿个 ɑ^{21}kɔ^{35}
这些	之$^{=}$些儿 tʂʅ^{21}ɕɨ^{55}ɛ^{21}
那些	乃$^{=}$些儿 nɛ^{21}ɕɨ^{55}ɛ^{21}
哪些	阿些儿 ɑ^{21}ɕɨ^{55}ɛ^{21}
这里	之$^{=}$扎$^{=}$儿 tʂʅ^{21}tʂɑ^{55}ɛ^{45}
那里	乃$^{=}$扎$^{=}$儿 nɛ^{21}tʂɑ^{35}ɛ^{55}
哪里	阿里 ɑ^{21}ɮj^{35}
这会儿	之$^{=}$会儿 tʂʅ^{21}xuɛ^{55}
那会儿	乃$^{=}$会儿 nɛ^{21}xuɛ^{55}
多会儿	多会儿 tʉ^{55}xuɛ^{51}
这么(高)	之$^{=}$懑$^{=}$tʂʅ^{21}mə̃^{35}
那么(高)	乃$^{=}$懑$^{=}$nɛ^{21}mə̃^{35}
这么(做)	之$^{=}$懑$^{=}$tʂʅ^{21}mə̃^{35}
那么(做)	乃$^{=}$懑$^{=}$nɛ^{21}mə̃^{35}
怎么(做)	阿懑$^{=}$ɑ^{21}mə̃^{35}
怎么办	阿懑$^{=}$办 ɑ^{21}mə̃^{55}pɑ̃^{45}

青海河湟地区语言生态研究

词目	方言
怎样	阿溅ᵇ个 a²¹mã³⁵kɔ⁴⁵
为什么	为啥 uɪ²¹sa⁵⁵；阿溅ᵇ了着 a²¹mã³⁵liɔ⁵⁵tʂɔ²¹
多少	多少 tɯ²¹ʂɔ³⁵
多（久、高、长、大、厚）	多 tɯ⁵⁵
我们俩	脑ᵇ们俩儿 nɔ⁵⁵mã²¹lia³⁵ɛ⁵⁵
咱们俩	脑ᵇ们俩儿 nɔ⁵⁵mã²¹lia³⁵ɛ⁵⁵
父子俩	爷叔俩 ʒɿ²¹fʊ³⁵lia⁴⁵
母女俩	娘俩 niõ³³lia⁴⁵
妯娌俩	先后俩儿 ɕiã²¹xɯ⁵⁵lia³⁵ɛ⁴⁵
哥儿俩	弟兄俩儿 tsɿ²¹ɕỹ⁵⁵lia³⁵ɛ³⁵
姐儿俩	姊妹俩儿 tsɿ⁵⁵mɿ²¹lia³⁵ɛ⁴⁵
父子们	爷叔们 ʒɿ²¹fʊ³⁵mã⁵⁵
母女们	娘儿们 niõ²¹ɛ³⁵mã⁵⁵
谁们	谁们 fɿ²¹mã³⁵
妯娌们	先后们 ɕiã²¹xɯ⁵⁵mã²¹
这些个理儿们	之ᵇ些个道理 tʂɿ²¹ɕi⁵⁵kɔ²¹tɔ³⁵ʤj⁵⁵
那些个事儿们	乃ᵇ些事儿 nɛ²¹ɕi⁵⁵sɿ²¹ɛ⁵⁵
师徒们	师傅徒弟们 sɿ⁵⁵fʊ⁵⁵tʰʊ²¹tsɿ³⁵mã⁵⁵
桌子们	桌子们 tʂɯ⁵⁵tsɿ⁵⁵mã²¹

副词 介词（64条）

（调查时，笔者请发音人用当地话把例句的意思说出来）

词目	方言
刚我~来，没赶上	刚 tɕiõ²¹³
刚不大不小，~合适	刚 tɕiõ²¹³

词目	方言
净~吃面，不吃米	光 kuõ⁵⁵；净 tɕĩ²¹³
总共~才十个	一挂 ⁿʒĩ²¹kuɑ³⁵
仅~十来个人	刚 tɕiõ²¹³
大概~有二十来里地	大概里 tɑ³⁵kɛ²¹ʐj⁵⁵；大体上 tɑ²¹tsʰɿ⁵⁵ʂõ²¹
有点儿天~冷	有点儿 ʒɯ⁵⁵tiɛ⁵¹
怕也许：~要下雨	恐怕 kʰuõ⁵⁵pʰɑ²¹；可能 kʰɔ⁵⁵nõ²¹
也许明天~要下雨	可能 kʰɔ⁵⁵nõ²¹
差点儿~摔了	差一点儿 tsʰɑ³⁵ʒj²¹tiɛ⁵⁵；差一点点儿 tsʰɑ³⁵ʒj²¹tiã⁵⁵tiɛ⁵⁵
偶尔我们~见一面	有的时刻 ʒɯ⁵⁵tsɿ²¹sɿ²¹kʰɿ³⁵
突然路边~跑出个人来	猛乍乍 mõ⁵⁵tsɑ²¹tsɑ⁵⁵；突然 tʰʋ⁵⁵zã²¹
马上~就来	就就就儿 tɕiɯ³⁵tɕiɯ⁴⁵tɕiɯ⁴⁵ɛ⁵⁵；马上 mɑ⁵⁵ʂõ²¹
趁早儿~走吧	趁早儿 tʂʰõ²¹tsɔ³⁵ɛ²¹
一贯他~就这脾气	一直 ʒj³⁵tʂʅ⁴⁵
一直我~不认识他	一直 ʒj³⁵tʂʅ⁴⁵；从来 tsʰuõ³⁵lɛ⁴⁵
早晚；随时~来都行	啥时刻 sɑ²¹sɿ⁵⁵kɿ²¹；阿时刻 ɑ²¹sɿ³⁵kɿ⁵⁵；阿会儿 ɑ²¹xuɛ³⁵
眼看~就到期了	眼看眼 niã⁵⁵kʰã²¹niã⁵⁵；眼看着 niã⁵⁵kʰã²¹tʂɔ⁵⁵
尽管~吃，不要客气	耍管 pɔ²¹kuã³⁵
幸亏~你来了，要不然我们就走错了	亏啥儿 kʰuɪ²¹sɑ³⁵ɛ⁵⁵；幸亏 ɕĩ²¹kʰuɪ⁵⁵；亏着 kʰuɪ⁵⁵tʂɔ⁵⁵
一块儿咱们~去	一处儿 ʒj²¹tʂʰʋ³⁵ɛ⁵⁵；一搭儿 ʒj²¹tɑ³⁵ɛ⁵⁵
顺便请他~给我买本书	顺便儿 fõ³⁵piã²¹ɛ⁵⁵；顺道儿 fõ³⁵tɔ²¹ɛ⁵⁵
故意~捣乱	立ⁿ故儿 ʐj³⁵kʋ²¹ɛ⁵⁵；故意儿 kʋ³⁵ʒj²¹ɛ⁵⁵
一定他~知道这事儿	肯定 kʰõ⁵⁵tĩ⁴⁵
到了儿他~走了没有，你要问清楚	到底 tɔ²¹tsɿ⁵⁵
压根儿他~不知道	压根儿 niɑ²¹kɛ⁵⁵
实在这人~好	实话 ʂʅ²¹xuɑ³⁵；确实 tɕʰyʉ⁵⁵ʂʅ⁴⁵

词目	方言
太~好了	太 tʰɛ⁵⁵
特别他~喜欢养花	胡"度"xʋ²¹tʋ³⁵；特别 tɨ⁵⁵pɪ⁵⁵
不~去了	不 pʋ²¹³
没~去过	冇 mɔ²¹³
不要慢慢儿走，~跑	甮 pɔ²¹³
不用你就~来了	甮 pɔ²¹³
不敢；别~跳	甮 pɔ²¹³
万一~他知道了怎么办	乃一 uɑ̃²¹ʒj⁵⁵
偏你不让我去，我~要去	偏 pʰiɑ̃⁵⁵
白不要钱：~吃	白 pɪ²¹³
白；空~跑一趟	白 pɪ²¹³
胡~搞，~说	胡 xʋ²¹³；乱 luɑ̃²¹³
另外~还有一个人	另外里 lĩ³⁵ue⁴⁵ʨj⁵⁵
被书~他弄丢了	让 zɒ̃²¹³；家"把书撂掉了 ʨia³⁵pa⁴⁵fʋ⁵⁵liɔ²¹tɔ⁵⁵liɔ²¹
把~门关上	把门关上 pa³⁵mɑ̃⁴⁵kuɑ̃⁵⁵ʂɒ̃⁵⁵
对你~他好，他就~你好	你家"哈好下，家"你哈也就好 ni⁵⁵ʨia¹xa⁵⁵xɔ⁵⁵xa²¹，ʨia³⁵ni⁵⁵xa²¹ʒi⁵⁵ʨiɯ²¹xɔ⁵⁵；你对家"好儿点呵，家"就对你好儿点 ni⁵⁵tuɪ³⁵ʨia⁴⁵xɔ⁵⁵ɛ²¹tiɑ̃²¹xa²¹，ʨia³⁵ʨiɯ⁴⁵tuɪ²¹ni⁵⁵xɔ⁵⁵ɛ²¹tiɑ̃²¹
到~哪儿去	阿扎"啊 a²¹ʨa³⁵tsʰj²¹lia⁵⁵；阿里去啊 a²¹ʨj³⁵tɕʰj²¹lia⁵⁵
到扔~水里	水里撂给 fɪ⁵⁵ʨj²¹liɔ²¹kɪ⁵⁵；撂到水里 liɔ²¹tʂɔ⁵⁵fɪ⁵⁵ʨj²¹
在~哪儿住家	阿扎"住着 a²¹tʂa³⁵tʂʋ²¹ʨie⁵⁵；阿扎"坐着啊 a²¹tʂa³⁵tsʉ⁴⁵tʂɔ⁵⁵lia²¹
从~哪儿走	阿扎"价"去啊 a²¹tʂa³⁵ʨia⁵⁵tɕʰj³⁵lia⁵⁵
自从~他走后我一直不放心	他走掉着脑"一直冇放心着 tʰa⁵⁵tsɯ⁵⁵tɔ²¹tʂɔ²¹nɔ³⁵ʒj³⁵tʂʅ⁵⁵mɔ²¹fɒ̃²¹ɕj⁵⁵tʂɔ⁵⁵
照~这样做就好	之"懘"价"做呵最好 tʂʅ²¹mɒ̃³⁵ʨia⁴⁵tɕʋ²¹xɔ⁵⁵tsuɪ²¹xɔ⁵⁵

词目	方言
照~我看不算错	脑"看呵也好着 nɔ⁵⁵kʰã²¹xɔ⁵⁵ʒi⁵⁵xɔ⁵⁵tɕia⁴⁵
使你~毛笔写	你毛笔俩写 ni⁵⁵mɔ³⁵pj⁵⁵lia⁵⁵ɕi⁵⁵； 你用毛笔俩写 ni⁵⁵ʒỹ³⁵mɔ³⁵pj⁵⁵lia⁵⁵ɕi⁵⁵
顺着~这条大路一直走	顺着 fə̃²¹tʂɔ⁵⁵
顺着；沿着~河边走	顺着 fə̃²¹tʂɔ⁵⁵
朝~后头看看	后头看着点 xɯ²¹tʰɯ⁵⁵kʰã²¹tʂɔ⁵⁵tiã²¹；往 uɒ̃²¹³
替你~我写封信	你给脑"写一封信 ni⁵⁵kɿ²¹nɔ⁵⁵ɕi⁵⁵ʒj²¹fə̃⁵⁵ɕɿ⁴⁵； 你脑"哈写给个信 ni⁵⁵nɔ⁵⁵xa²¹ɕi⁵⁵kɿ²¹kɔ³⁵ɕɿ⁴⁵
给~大家办事儿	给大家哈办事儿着 kɿ²¹ta³⁵tɕia⁵⁵xa²¹pã³⁵sɿ²¹ɛ⁵⁵tɕia²¹； 大家哈办事儿着啊 ta²¹tɕia⁵⁵xa²¹pã³⁵sɿ²¹ɛ⁵⁵tʂɔ²¹lia²¹； 给大家办事儿着 kɿ²¹ta³⁵tɕia⁵⁵pã³⁵sɿ²¹ɛ⁵⁵tɕia²¹
给我虚用：你~吃干净这碗饭	你给脑"把之"一碗饭吃完 ni⁵⁵kɿ²¹nɔ⁵⁵pa³⁵tʂɿ⁴⁵ʒj²¹uã²¹fã⁴⁵tʂʰɿ³⁵uã⁴⁵
给咱虚用：你~照应孩子	你给脑"看一挂"娃娃 ni⁵⁵kɿ²¹nɔ⁵⁵kʰã⁴⁵ʒj²¹kua³⁵ua²¹ua³⁵
和介：~他谈话	逮"家"俩说话 tɛ³⁵tɕia⁴⁵lia⁵⁵fɔ²¹xuɑ³⁵； 跟家"说话 kə̃³⁵tɕia⁴⁵fɔ²¹xuɑ³⁵
向~他打听一件事	他哈打问一件事 tʰa⁵⁵xa²¹ta⁵⁵uə̃²¹ʒj²¹tɕiã³⁵sɿ⁴⁵
问~他借一本书	家"哈借一本书 tɕia²¹xa⁵⁵tɕi³⁵ʒj²¹pə̃³⁵fʋ⁵⁵； 家"哈借个书 tɕia²¹xa⁵⁵tɕi⁵⁵kɔ⁵⁵fʋ⁵⁵
比这个~那个高	比 pj⁵⁵
管…叫有些地方管白薯叫山药	有些地方把白薯叫山药着啊 ʒiɯ⁵⁵ɕi²¹tɿ²¹fə̃⁵⁵pa³⁵pɿ²¹fʋ⁵⁵tɕiɔ³⁵sã³⁵ʒɥ⁵⁵tʂɔ²¹lia²¹
拿…当有些地方拿麦秸当柴烧	有些地方把麦秆哈当柴烧着啊 ʒiɯ⁵⁵ɕi²¹tɿ²¹fə̃⁵⁵pa³⁵mɿ⁵⁵kã⁵⁵xa²¹tɒ̃³⁵tsʰɛ⁵⁵ʂɔ⁵⁵tʂɔ²¹lia²¹

量词（52条）

词目	方言
一匹（马）	一个马 ʒj²¹kɔ³⁵ma⁵⁵；一匹马 ʒj²¹pʰj⁵⁵ma⁵⁵
一头（牛）	一个牛 ʒj²¹kɔ³⁵niɯ⁴⁵

青海河湟地区语言生态研究

续表

词目	方言
一只（鸡）	一个鸡儿 ʒj²¹kɔ³⁵tɕj⁵⁵ɛ⁵⁵
一条（河）	一条河 ʒj²¹tʰiɔ⁵⁵xɐ⁴⁵
一辆（车）	一辆车 ʒj²¹liõ⁵⁵tʂʰɿ⁵⁵
一只（手）	一个手 ʒj²¹kɔ³⁵ʂɯ⁵⁵
一床（被子）	一床被儿 ʒj³⁵tʂʰuõ⁴⁵pj²¹ɛ⁵⁵
一支（笔）	一个笔 ʒj²¹kɔ³⁵pj⁵⁵
一棵（树）	一棵树 ʒj²¹kʰɐ⁵⁵fʋ⁴⁵
一丛（草）	一攒草 ʒj²¹tsʰuã³⁵tsʰɔ⁵⁵
一朵（花儿）	一个花儿 ʒj²¹kɔ³⁵xuɑ⁵⁵ɛ⁵⁵
一块（石头）	一个石头 ʒj²¹kɔ³⁵ʂʅ²¹tʰɯ³⁵
一所（房子）	一个房子 ʒj²¹kɔ³⁵fõ²¹tsʅ³⁵
一桩（事情）	一件儿事情 ʒj²¹tɕiã³⁵ɛ⁵⁵sʅ²¹tɕʰĩ⁵⁵
一卷儿（纸）	一卷纸 ʒj²¹tɕyã⁵¹tsʅ⁵⁵
一挑（水）	一担水 ʒj²¹tã³⁵fɿ⁵⁵
一截（棍子）	一截儿棍棍 ʒj³⁵tɕiɛ⁴⁵kuə̃²¹kuə̃⁵⁵
一部（书）	一部书 ʒj²¹pʋ³⁵fʋ⁵⁵
一个（人）	一个人 ʒj²¹kɔ³⁵zə̃⁴⁵
一嘟噜（葡萄）	一欻拉葡萄 ʒj²¹tʂʰuɑ⁵⁵lɑ⁵⁵pʰʋ²¹tʰɔ³⁵； 一串儿葡萄 ʒj²¹tʂʰuɛ³⁵pʰʋ²¹tʰɔ³⁵
一幅（画）	一幅画 ʒj²¹fʋ³⁵xuã⁴⁵
一团（泥）	一堆泥 ʒj²¹tuɿ⁵⁵mj⁴⁵
一撮（毛）	一撮儿毛 ʒj²¹tsɐ³⁵ɛ⁵⁵mɔ⁴⁵
一绺（头发）	一绺儿头发 ʒj²¹liɯ³⁵ɛ⁵⁵tʰɯ²¹fɑ³⁵
一处（地方）	一个地方 ʒj²¹kɔ³⁵tsʅ²¹fõ⁵⁵
一点儿	一点点儿 ʒj²¹tiã⁵⁵tiɛ⁵¹
一双（鞋）	一双鞋 ʒj²¹fõ³⁵xɛ⁴⁵

词目	方言
一对（花瓶）	一对儿花瓶 ʒj²¹tuɪ³⁵ɛ⁵⁵xuɑ⁵⁵pʰĩ⁵⁵
一副（眼镜）	一个眼镜儿 ʒj²¹kɔ³⁵niɑ̃⁵⁵tɕiɛ⁴⁵
一套（书）	一套儿书 ʒj²¹tʰɔ³⁵ɛ⁵⁵fʋ⁵⁵
一种（虫子）	一种虫儿 ʒj²¹tʂuɑ̃³⁵tʂʰuɑ̃²¹ɛ³⁵
一些	一些 ʒj²¹ɕi⁵⁵
一伙儿（人）	一帮人 ʒj³⁵põ⁵⁵zɔ̃⁴⁵；一伙儿人 ʒj²¹xuɛ³⁵zɔ̃⁴⁵
一帮（人）	一帮人 ʒj³⁵põ⁵⁵zɔ̃⁴⁵；一伙儿人 ʒj²¹xuɛ³⁵zɔ̃⁴⁵
（洗）一遍	洗一遍 ɕj⁵⁵ʒj²¹piɑ̃³⁵
（吃）一顿	吃一顿 tʂʰɿ⁵⁵ʒj²¹tuɑ̃³⁵
（打）一下	打一挂 tɑ⁵⁵ʒj²¹kuɑ³⁵
（走）一趟	走一趟 tsɯ⁵⁵ʒj²¹tʰõ³⁵
（谈）一会儿	喧一会儿会儿 ɕyɑ̃⁵⁵ʒj²¹xuɛ³⁵xuɛ⁴⁵
（闹）一场	闹一场 nɔ³⁵ʒj²¹tʂʰõ³⁵
（下）一阵（雨）	下一阵儿雨 ɕiɑ³⁵ʒj²¹tsɛ³⁵ʒʮ⁵⁵
（见）一面	见一面 tɕiɑ̃³⁵ʒj²¹miɑ̃³⁵
一个	一个 ʒj²¹kɔ³⁵
两个	两个 liɒ̃⁵⁵kɔ²¹
三个	三个 sɑ̃⁵⁵kɔ⁵⁵
四个	四个 sɿ²¹kɔ⁵⁵
五个	五个 vu⁵⁵kɔ²¹
六个	六个 liɯ⁵⁵kɔ⁵⁵
七个	七个 tɕj⁵⁵kɔ⁵⁵
八个	八个 pɑ⁵⁵kɔ⁵⁵
九个	九个 tɕiɯ⁵⁵kɔ²¹
十个	十个 ʂʮ²¹kɔ³⁵

青海河湟地区语言生态研究

2. 语法部分

第一部分

1. 谁呀？我是老王。

   谁呀？脑＝老王啊。

2. 老四呢？他正跟一个朋友说着话呢。

   老四唻？家＝逮＝一个朋友俩正说话着呐。

3. 他还没有说完吗？

   家＝还没说完吗？

4. 还没有。大约再有一会儿就说完了。

   还没啊，再一挂＝呵就说完了。

5. 他说马上就走，怎么这么半天了还在家里呢？

   他说就走呐，阿瀡＝这么半天了着还在家里呐？

6. 你到哪儿去？我到城里去。

   阿去呐？脑＝城里去呐。

7. 在那儿，不在这儿。

   乃＝扎＝呐，扎＝冇有。

8. 不是那么做，是要这么做的。

   乃＝瀡＝价＝嫑做，之＝瀡＝价＝做着。

9. 太多了，用不着那么多，只要这么多就够了。

   太多了，乃＝瀡＝些价＝用不着，之＝些呵就够呐。

10. 这个大，那个小，这两个哪一个好一点儿呢？

    之＝个大，乃＝个小，之＝两个里阿一个好点？

11. 这个比那个好。

    之＝个比乃＝个好。

12. 这些房子不如那些房子好。

    之＝些房子冇有乃＝些好。

13. 这句话用——话怎么说？（填本地地名）

    之＝个话湟中话呐阿瀡＝说着/之＝个话用湟中话阿瀡＝说着？

14. 他今年多大岁数？

    家＝今年多大了？/多少岁了？

15. 大概有三十来岁罢。

    大体上三十岁。

16. 这个东西有多重呢？

    之＝个东西多少斤冇啊？

17. 有五十斤重呢！

    五十斤。

18. 拿得动吗？

    拿动哩不？

19. 我拿得动，他拿不动。

    脑＝拿动呐，家＝拿不动。

20. 真不轻，重得连我都拿不动了。

　　冇轻着啊，脑＝啊拿不动。

21. 你说得很好，你还会说点儿什么呢？

　　你说着好呗，你再／还会点啥？

22. 我嘴笨，我说不过他。

　　脑＝嘴笨呀，家＝哈说不过。

23. 说了一遍，又说了一遍。

　　说给了一鞋，可一鞋。

24. 请你再说一遍！

　　麻烦你再说一遍（鞋)!

25. 不早了，快去罢！

　　不早哈着，你赶紧走!

26. 现在还很早呢。等一会儿再去罢。

　　还早啊，等一挂＝了再去吧。

27. 吃了饭再去好罢？

　　饭吃上了再去吧？

28. 慢慢儿的吃啊！不要急煞！

　　慢慢儿吃！嫑急!

29. 坐着吃比站着吃好些。

　　坐下着吃呵可比站下着吃着的好。

30. 这个吃得，那个吃不得。

　　之＝个吃成（得）唢，乃＝个吃不成（得)。

31. 他吃了饭了，你吃了饭没有呢？

　　家＝饭吃上着说，你吃了冇？

32. 他去过上海，我没有去过。

　　家＝上海去过说，脑＝冇去过。

33. 来闻闻这朵花香不香？

　　闻个之＝个花儿香着冇？

34. 香得很，是不是？

　　香着很呐，就是不？

35. 给我一本书！

　　脑＝啊给一本书。

36. 我实在没有书嘛。

　　脑＝书实话有冇啊。

37. 你告诉他。

　　你他哈说给。

38. 好好儿地走！不要跑！

　　好好儿地走！嫑跑!

39. 小心跌下去爬也爬不上来！

　　小心跌上下去呵爬不上上来!

40. 医生叫你多睡一睡。

　　医生说着你多睡会儿说。

41. 吸烟或者喝茶都不行。

　　抽烟呐喝茶呵一挂＝不成。

42. 烟也好，茶也好，我都不喜欢。

　　烟的啊好，茶的啊好，闹一挂＝不喜欢。

43. 不管你去不去，反正我是要去的。

你去哩嘛不去呵，反正脑￣去嗯。

44. 我非去不可。

脑￣一定去嗯。

45. 你是哪一年来的？

你阿一年来的啊？

46. 我是前年到的北京。

脑￣前年来的北京。

47. 今天开会谁的主持？

今儿开会着呵谁是主席？

48. 你得请我的客。

你脑￣哈请的要嗯。

49. 这是他的书，那一本是他哥哥的。

之￣个是家￣的书，乃￣一本是家￣哥哥的。

50. 一边走，一边说。

旋走旋说。

51. 看书的看书，看报的看报，写字的写字。

看书的看书着，看报纸的看报纸着嗯，写字儿的写字儿着。

52. 越走越远，越说越多。

越走越远，越说越多。

53. 把那个东西拿给我。

脑￣啊乃￣个东西取给个。

54. 有些地方把太阳叫日头。

有些地方把太阳哈叫日头着。

55. 你贵姓？我姓王。

你贵姓/你姓啥着嗯？脑￣姓王。

56. 你姓王，我也姓王，咱们两个都姓王。

你姓王，脑￣姓王，脑￣们两个一挂￣姓王。

57. 你先去吧，我们等一会儿就来。

你先去，脑￣们等一挂￣呵就来嗯。

第二部分

58. 西安夏天热得很。

西安夏天胡￣度￣热/热死嗯。

西安的夏天热死哩说。

59. 北京城很大。

北京城大呀。

60. 他爸爸在哪儿工作？

他爸爸阿扎￣上班着？

61. 他爸爸在中学教书呢。

家￣爸爸中学里当老师着。

62. 我昨天见老张了。

我夜来把老张哈见了。

63. 他明天要去上海。

家￣明天上海去哩说。

64. 他不会去上海的。

家￣上海不去啊！

65. 他去北京还是去上海？

家ᵘ北京去哩嘛还是上海去哩说？

66. 你去问问，他今天走不走。

你问个去，他今儿走哩不？

67. 你抽烟吗？你抽烟不抽？你抽烟不抽烟？你抽不抽烟？

你烟抽哩不？你抽烟着有？你烟抽哩嘛不抽？

68. 你喜欢抽烟还是喜欢喝茶？

你喜欢抽烟吗还是喝茶呀？

69. 请买一下车票！

麻烦买一挂ᵘ票！

70. 甲：咱把这点儿活干完吧。

乙：歇一会儿着。/ 歇一会儿再说。

脑ᵘ们把这点活哈做完吧。

早ᵘ缓一挂 / 缓会儿再说吧。

（九）湟源大华乡方言部分词汇、语法调查内容

1. 词汇部分

词汇调查表

亲属（71条）

词目	方言
祖父	阿爷 a²¹ʒɨ⁵⁵
祖母	奶奶 nɛ²¹nɛ³⁵
外祖父	外爷 uɪ²¹ʒɨ⁵⁵
外祖母	外奶奶 uɪ²¹nɛ⁵⁵nɛ⁴⁵
曾祖父	太爷 tʰɛ²¹ʒɨ⁵⁵
曾祖母	太奶奶 tʰɛ³⁵nɛ²¹nɛ³⁵
父亲	大大 ta²¹ta³⁵；爸爸 pa⁵⁵pa²¹
母亲	阿妈 a²¹ma³⁵；妈妈 ma⁵⁵ma⁵⁵
岳父（背称）	丈人 tʂɒ²¹zə̃⁵⁵
岳母（背称）	丈母 tʂɒ²¹mʊ⁵⁵
公公（背称）	公公 kũ⁵⁵kũ⁵⁵
婆婆（背称）	婆婆 pʰɔ²¹pʰɔ³⁵

青海河湟地区语言生态研究

词目	方言
继父（背称）	后父 xɯ²¹fʋ⁵⁵
继母（背称）	后妈 xɯ²¹mɑ⁵⁵
伯父（背称）	大大 tɑ²¹tɑ⁵⁵
伯母（背称）	妈妈 mɑ²¹mɑ⁵⁵
叔父（背称）	爸爸 pɑ²¹pɑ³⁵
叔母（背称）	婶婶 ʂə̃⁵⁵ʂə̃²¹
舅父（背称）	阿舅 ɑ²¹tɕiɯ³⁵；舅舅 tɕiɯ²¹tɕiɯ⁵⁵
舅母（背称）	舅母 tɕiɯ²¹mʋ⁵⁵
姑妈（背称）	娘娘 niɒ⁵⁵niɒ⁵⁵；娘儿 niɒ⁵³
姨妈（背称）	姨娘 zʅ²¹niɒ³⁵；姨 zʅ²¹³
姑父（背称）	姑父 kʋ⁵⁵fʋ⁵⁵
姨父（背称）	姨父 zʅ²¹fʋ³⁵
夫妻	两口儿 liɒ²¹kuɛ⁵¹
丈夫（背称）	男人 nɑn²¹zə̃³⁵；掌柜儿 tʂɒ⁵⁵kuɪ²¹ɛ⁵⁵
妻子（背称）	媳妇儿 sʅ²¹fɛ³⁵
大伯子（背称）	大伯儿 tɑ²¹pɪ⁵⁵ɛ²¹
小叔子（背称）	小叔儿 ɕiɔ⁵⁵fʋ²¹ɛ²¹
大姑子（背称）	大姑儿 tɑ²¹kʋ⁵⁵ɛ²¹
小姑子（背称）	小姑儿 ɕiɔ⁵⁵kʋ²¹ɛ²¹
内兄（背称）	舅子 tɕiɯ²¹tsʅ⁵⁵
内弟（背称）	舅子 tɕiɯ²¹tsʅ⁵⁵
大姨子（背称）	大姨儿 tɑ²¹zʅ⁵⁵ɛ²¹
小姨子（背称）	小姨儿 ɕiɔ⁵⁵zʅ²¹ɛ²¹
弟兄	弟兄 tsʅ²¹ɕɣ̃⁵⁵
姊妹	姊妹 tsʅ⁵⁵mɪ²¹

词目	方言
哥哥（背称）	哥哥 kɔ²¹kɔ³⁵
嫂子（背称）	嫂子 sɔ⁵⁵tsʅ²¹
弟弟（背称）	尕兄弟儿 ka²¹ɕỹ⁵⁵tsʅ²¹ɛ⁵⁵
弟媳（背称）	兄弟媳妇儿 ɕỹ⁵⁵tsʅ⁵⁵sʅ²¹fɛ³⁵
姐姐（背称）	阿姐 a²¹tɕi⁵⁵；姐姐 tɕi⁵⁵tɕi²¹
姐夫（背称）	姐夫 tɕi⁵⁵fʋ²¹
妹妹（背称）	尕妹子儿 ka²¹mɿ³⁵tsʅɛ⁵¹；妹子 mɿ⁵⁵mɿ²¹
妹夫（背称）	妹夫 mɿ²¹fʋ⁵⁵
堂（兄弟姊妹）	
姑表	姑舅 kʋ²¹tɕiɯ³⁵
姨表	姑舅 kʋ²¹tɕiɯ³⁵
子女	娃娃们 ua²¹ua³⁵mə̃⁵⁵
儿子	尕娃 ka³⁵ua⁵⁵；儿子 ɛ²¹tsʅ³⁵
大儿子	大儿子 ta²¹ɛ⁵⁵tsʅ²¹
小儿子	尕儿子 ka²¹ɛ⁵⁵tsʅ²¹
养子	抱下的 pɔ²¹xa⁵⁵tsʅ²¹
儿媳妇	儿媳妇儿 ɛ³⁵sʅ²¹fɛ³⁵
女儿	丫头 ʒia⁵⁵tʰɯ⁵⁵
女婿	女婿 mŋ⁵⁵sʮ²¹
孙子	孙娃 sũ²¹ua³⁵
孙女	孙女 sũ²¹mŋ³⁵
外孙（背称）	外孙儿 uɛ²¹suɛ⁵¹
外甥（背称）	外甥 uɛ²¹sə̃⁵⁵
侄子（背称）	侄儿子 tʂʅ²¹ɛ³⁵tsʅ⁵⁵
侄女（背称）	侄女儿 tʂʅ²¹mŋ⁵⁵ɛ²¹

青海河湟地区语言生态研究

续表

词目	方言
带犊儿改嫁带的儿女（背称）	领上去的 $li^{55}ɒ^{21}tsʰʅ^{35}tsʅ^{55}$；带上去的 $te^{21}ɒ^{55}tsʰʅ^{35}tsʅ^{55}$
妯娌	先后 $ɕian^{21}xɯ^{35}$
连襟	挑担 $tʰiɔ^{55}tan^{21}$
亲家	亲家 $tɕʰĩ^{21}tɕia^{55}$
舅爷父亲的舅舅（背称）	舅爷 $tɕiɯ^{21}ʐɿ^{55}$
老姑姑父亲的姑（背称）	姑奶奶 $kʊ^{21}nɛ^{21}nɛ^{35}$
亲戚	亲戚 $tɕʰĩ^{55}tsʰʅ^{55}$
婆家	婆家 $pʰɔ^{21}tɕia^{35}$，婆婆家 $pʰɔ^{21}pʰɔ^{55}tɕia^{55}$
娘家	娘家 $niɒ^{21}tɕia^{35}$

代词（55条）

词目	方言
我	脑 ˵$nɔ^{55}$
你	你 ni^{55}
他	家 ˵$tɕia^{213}$
我们（注意变调）	脑˵们 $nɔ^{55}mə̃^{21}$
咱们	脑˵们 $nɔ^{55}mə̃^{21}$
你们（注意变调）	你们 $ni^{55}mə̃^{21}$
他们（注意变调）	家˵们 $tɕia^{21}mə̃^{55}$
咱们俩	脑˵们俩 $nɔ^{55}mə̃^{21}lia^{35}$
您	
我的	脑˵的 $nɔ^{55}tsʅ^{21}$
你的	你的 $ni^{55}tsʅ^{21}$
他的	家˵的 $tɕia^{21}tsʅ^{55}$
我们的	脑˵们的 $nɔ^{55}mə̃^{21}tsʅ^{21}$

词目	方言
咱们的	脑＂们的 nɔ⁵⁵mə̃²¹tsɿ²¹
自己	各家 kʉ²¹tɕia³⁵
人家	家＂们 tɕia²¹mə̃⁵⁵
谁	谁 fɿ²¹³
什么	啥 sɑ²¹³
这个	之＂个 tʂɿ²¹kɔ⁵⁵
那个	乃＂个 nε²¹kɔ⁵⁵
哪个	阿个 ɑ²¹kɔ⁵⁵
这些	之＂些儿 tʂɿ²¹ɕi⁵⁵ε²¹
那些	乃＂些儿 nε²¹ɕi⁵⁵ε²¹
哪些	阿些儿 ɑ²¹ɕi⁵⁵ε²¹
这里	之＂里 tʂɿ²¹ʑj⁵⁵
那里	乃＂里 nε²¹ʑj⁵⁵
哪里	阿里 ɑ⁵⁵ʑj⁵⁵
这会儿	之＂空＂儿 tʂɿ²¹kʰuε⁵¹
那会儿	乃＂空＂儿 nε²¹kʰuε⁵¹
多会儿	多长时间 tʉ²¹tʂʰɒ⁵⁵sɿ²¹tɕian³⁵
这么（高）	之＂㬟＂tʂɿ²¹mə̃³⁵
那么（高）	乃＂㬟＂nε²¹mə̃³⁵
这么（做）	之＂㬟＂tʂɿ²¹mə̃³⁵
那么（做）	乃＂㬟＂nε²¹mə̃³⁵
怎么（做）	阿㬟＂ɑ²¹mə̃³⁵
怎么办	阿㬟＂办 ɑ²¹mə̃³⁵pan⁴⁵
怎样	阿㬟＂个 ɑ²¹mə̃³⁵kɔ⁵⁵
为什么	为啥 uɿ²¹sɑ⁵⁵

青海河湟地区语言生态研究

词目	方言
多少	多少 tɯ²¹ʂɔ³⁵
多（久、高、长、大、厚）	阿憨"ᵃᵃ²¹mã³⁵；多 tɯ⁵⁵
我们俩	脑"们俩 nɔ⁵⁵mã²¹lia³⁵
咱们俩	脑"们俩 nɔ⁵⁵mã²¹lia³⁵
父子俩	爷儿俩 zɿ²¹ɛ³⁵lia⁵⁵
母女俩	娘俩 niɐ³⁵lia⁵⁵
妯娌俩	先后俩 ɕian²¹xɯ⁵⁵lia⁴⁵
哥儿俩	弟兄俩 tsɿ²¹ɕỹ⁵⁵lia⁴⁵；哥儿俩 kɔ³³ɛ³³lia⁴⁵
姐儿俩	姊妹俩 tsɿ⁵⁵mɪ²¹lia³⁵
父子们	爷儿们 zɿ²¹ɛ³⁵mã⁵⁵
母女们	娘们 niɐ⁵⁵mã⁵⁵
谁们	谁们 fɿ²¹mã³⁵
妯娌们	先后们 ɕian²¹xɯ⁵⁵mã²¹
这些个理儿们	之"些个 tʂɿ²¹ɕi⁵⁵kɔ²¹
那些个事儿们	乃"些个 nɛ²¹ɕi⁵⁵kɔ²¹
师徒们	师傅徒弟 sɿ⁵⁵fʋ⁵⁵tʰʋ²¹tsɿ³⁵；师徒们 sɿ⁵⁵tʰʋ⁵⁵mã²¹
桌子们	桌桌们 tʂɯ⁵⁵tʂɯ⁵⁵mã²¹

副词 介词（64条）

（调查时，笔者请发音人用当地话把例句的意思说出来）

词目	方言
刚我~来，没赶上	刚 tɕiɐ²¹³
刚不大不小，~合适	刚 tɕiɐ²¹³
净~吃面，不吃米	净净 tɕĩ²¹tɕĩ³⁵；光 kuɐ⁵⁵
总共~才十个	一共麻"拉"zɿ²¹kũ³⁵ma²¹la³⁵

词目	方言
仅~十来个人	刚 tɕiɒ²¹³
大概~有二十来里地	大概 ta²¹kɛ⁵⁵
有点儿天~冷	有点儿 ʒiɯ⁵⁵tɛ²¹
怕也许：~要下雨	恐怕 kʰū⁵⁵pʰa²¹
也许明天~要下雨	明早儿下雨哩哈创 "mĩ²¹tsɔ³⁵ɛ⁵⁵ɕia²¹zʮ⁵⁵tʂj²¹xa⁵⁵tʂʰuɒ²¹
差点儿~摔了	差点儿 tsʰa²¹tɛ⁵¹
偶尔我们~见一面	一点半点 zʅ²¹tian⁵⁵pan²¹tian⁵⁵
突然路边~跑出个人来	猛乍乍 mɔ̃⁵⁵tsa²¹tsa³⁵
马上~就来	就 tɕiɯ²¹³
趁早儿~走吧	趁早儿 tʂʰɔ̃²¹tsɔ⁵⁵ɛ²¹
一贯他~就这脾气	一直 zʅ²¹tʂʅ⁵⁵
一直我~不认识他	一直 zʅ²¹tʂʅ⁵⁵
早晚；随时~来都行	阿空"儿 a²¹kʰuɛ⁵¹
眼看~就到期了	眼看 nian⁵⁵kʰan⁴⁵
尽管~吃，不要客气	尽管 tɕĩ²¹kuan⁵⁵
幸亏~你来了，要不然我们就走错了	亏啥 kʰuɪ⁵⁵sa²¹
一块儿咱们~去	一处儿 zʅ²¹tʂʰʊ³⁵ɛ⁵⁵
顺便请他~给我买本书	顺便儿 fɔ̃³⁵piɛ⁴⁵
故意~捣乱	得"故意儿 tɪ²¹kʊ³⁵zʅɛ⁴⁵
一定他~知道这事儿	肯定 kʰɔ̃⁵⁵tĩ⁴⁵
到了儿他~走了没有，你要问清楚	到底 tɔ²¹tʂʅ⁵⁵
压根儿他~不知道	根本 kɔ̃²¹pɔ̃³⁵
实在这人~好	实话拉"加"ʂʅ²¹xua³⁵la²¹tɕia³⁵
太~好了	好死儿了 xɔ⁵⁵sʅɛ⁵⁵liɔ⁵⁵；太 tʰɛ⁵⁵
特别他~喜欢养花	特别 tʰɪ⁵⁵pɪ⁵⁵；胡"度"啦 xʊ²¹tɔ³⁵la⁵⁵

青海河湟地区语言生态研究

续表

词目	方言
不~去了	不 pʋ²¹³
没~去过	冇 mɔ²¹³
不要慢慢儿走，~跑	覅 pɔ²¹³
不用你就~来了	覅 pɔ²¹³
不敢；别~跳	覅 pɔ²¹³
万一~他知道了怎么办	要是个 ʒiɔ²¹sʅ⁵⁵kɔ²¹
偏你不让我去，我~要去	偏 pʰian⁵⁵
白不要钱；~吃	白 pɿ²¹³
白；空~跑一趟	白 pɿ²¹³
胡~搞，~说	胡 xʋ²¹³
另外~还有一个人	还 xan²¹³
被书~他弄丢了	书哈家"撂掉给了 fʋ⁵⁵xa²¹tɕia³⁵liɔ²¹tɔ⁵⁵kɿ²¹liɔ⁵⁵
把~门关上	门哈关上去 mə̃²¹xa⁵⁵kuan⁵⁵ʂʋ⁵⁵tsʰʅ²¹
对你~他好，他就~你好	你家"哈好下，家"你哈也好么 ni⁵⁵tɕia²¹xa⁵⁵xɔ⁵⁵xa²¹, tɕia³⁵ni⁵⁵xa²¹ʒi⁵⁵xɔ⁵⁵m̩²¹
到~哪儿去	阿去啊 a²¹tsʰʅ³⁵lia⁵⁵
到扔~水里	撂到水里 liɔ²¹tʂɔ⁵⁵fɿ⁵⁵ʐ̩j²¹；水里撂给 fɿ⁵⁵ʐ̩j²¹liɔ²¹kɿ⁵⁵
在~哪儿住家	家逮"阿里啊 tɕia⁵⁵tɛ⁵⁵a²¹lʒj³⁵lia⁵⁵； 阿里坐着啊 a⁵⁵ʐ̩i⁴⁵tsɤ²¹tʂɔ⁵⁵lia²¹
从~哪儿走	（从）阿里价"走着（tsʰü⁴⁵）a⁵⁵ʐ̩j²¹tɕia³⁵tsɯ⁵⁵tɕia²¹
自从~他走后我一直不放心	家"走掉的空"儿价"，脑"就有放心过 tɕia²¹tsɯ⁵⁵tɔ²¹tsʅ²¹kuɛ³⁵tɕia⁴⁵, nɔ⁵⁵tɕiɯ²¹mɔ²¹fɔ³⁵ɕi⁵⁵kʉ⁵⁵
照~这样做就好	照上 tʂɔ²¹ʋ⁵⁵
照~我看不算错	照 tʂɔ²¹³
使你~毛笔俩写	你毛笔俩写 ni⁵⁵mɔ³⁵pʅ⁵⁵lia⁵⁵ɕi²¹
顺着~这条大路一直走	顺着 fə²¹tʂɔ⁵⁵

词目	方言
顺着；沿着~河边走	顺着 fɔ̃²¹tʂɔ⁵⁵
朝~后头看看	朝 tʂʰɔ²¹³
替你~我写封信	你脑"啊搭帮着写上一封信 ni⁵⁵nɔ⁵⁵a²¹ta³⁵pɒ⁵⁵tʂɔ⁵⁵ɕi⁵⁵ɒ²¹zɿ²¹fɔ̃⁵⁵ɕi⁴⁵
给~大家办事儿	大家啊办事儿着 ta²¹tɕia⁵⁵a²¹pan³⁵sɿ²¹ɛ⁵⁵tʂɛ²¹
给我虚用：你~吃干净这碗饭	你给脑"把之"一碗饭哈吃完给 ni⁵⁵kɿ²¹nɔ³⁵pa²¹tʂɿ²¹zɿ²¹uan⁵⁵fan²¹xa²¹tʂʰɿ³⁵uan²¹kɿ³⁵
给咱虚用：你~照应孩子	
和介：~他谈话	家"俩说话着 tɕia²¹lia⁵⁵fɔ²¹xua³⁵tɕia²¹
向~他打听一件事	家"哈打听个事儿 tɕia²¹xa⁵⁵ta⁵⁵tʰɿ²¹kɔ²¹sɿ̃⁵⁵
问~他借一本书	家"哈借一本儿书 tɕia²¹xa⁵⁵tɕi³⁵zɿ²¹pɛ⁵¹fv⁵⁵
比这个~那个高	比 pɿ⁵⁵
管…叫有些地方管白薯叫山药	有些儿地方白薯哈叫山药着 ʒiɯ⁵⁵ɕiɛ²¹tsɿ²¹fɔ⁵⁵pɿ²¹fv⁵⁵xa²¹tɕiɔ³⁵san⁵⁵ʒyɐ⁵⁵tɕia²¹
拿…当有些地方拿麦秸当柴烧	有些地方麦子哈拿上着当柴火着烧着 ʒiɯ⁵⁵ɕiɛ²¹tsɿ²¹fɔ⁵⁵mɿ⁵⁵tsɿ⁵⁵xa²¹na²¹ʂɒ³⁵tʂɔ⁵⁵tɒ⁴⁵tsʰɛ²¹xɐ³⁵fɔ⁵⁵ʂɔ⁵⁵tɕia²¹

量词（52条）

词目	方言
一匹（马）	一个马 zɿ²¹kɔ³⁵ma⁵⁵
一头（牛）	一头牛 zɿ²¹tʰɯ⁵⁵niɯ⁴⁵；一个牛 zɿ²¹kɔ³⁵niɯ⁴⁵
一只（鸡）	一个鸡儿 zɿ²¹kɔ³⁵tsɿ⁵⁵ɛ⁵⁵
一条（河）	一条河 zɿ²¹tʰiɒ⁵⁵xɐ⁴⁵
一辆（车）	一辆车 zɿ²¹liɒ³⁵tʂʰɿ⁵⁵
一只（手）	一个手 zɿ²¹kɔ³⁵ʂɯ⁵⁵
一床（被子）	一个被儿 zɿ²¹kɔ³⁵pɿ²¹ɛ⁵⁵
一支（笔）	一杆儿笔 zɿ²¹kɛ⁵¹pj⁵⁵

青海河湟地区语言生态研究

词目	方言
一棵（树）	一棵树 zʅ²¹kʰɐ⁵⁵fʋ⁴⁵
一丛（草）	一堆草 zʅ²¹tuɪ⁵⁵tsʰɔ⁵⁵
一朵（花儿）	一朵花儿 zʅ²¹tɐ³⁵xua⁵⁵ɛ⁵⁵
一块（石头）	一咔 " 石头 zʅ²¹kʰa⁵⁵ʂʅ²¹tʰɯ³⁵
一所（房子）	一个房子 zʅ²¹kɔ³⁵fʋ²¹tsʅ³⁵
一桩（事情）	一个事儿 zʅ²¹kɔ³⁵sʅ²¹ɛ⁵⁵
一卷儿（纸）	一卷儿纸 zʅ²¹tɕyɛ⁵¹tsʅ⁵⁵
一挑（水）	一担水 zʅ²¹tan³⁵fɪ⁵⁵
一截（棍子）	一根儿棍棍 zʅ²¹kɛ⁵¹kũ²¹kũ⁵⁵
一部（书）	一本儿书 zʅ²¹pe⁵¹fʋ⁵⁵
一个（人）	一个人 zʅ²¹kɔ³⁵zə̃⁴⁵
一嘟噜（葡萄）	一串儿葡萄 zʅ²¹tʂʰuɛ³⁵pʰʋ²¹tʰɔ³⁵
一幅（画）	一幅画 zʅ²¹fʋ⁵⁵xua⁴⁵
一团（泥）	一疙瘩泥 zʅ²¹kɪ⁵⁵ta⁵⁵mʅ⁴⁵；一团泥 zʅ²¹tʰuan³⁵mʅ⁴⁵
一撮（毛）	一撮毛 zʅ²¹tsuɛ⁵¹mɔ³⁵
一绺（头发）	一撮儿头发 zʅ²¹tsuɛ⁵¹tʰɯ²¹fa³⁵
一处（地方）	一个地方 zʅ²¹kɔ³⁵tsʅ²¹fʋ⁵⁵
一点儿	一点点 zʅ²¹tian⁵⁵tian⁵⁵
一双（鞋）	一双鞋 zʅ²¹fʋ⁵⁵xɛ⁴⁵
一对（花瓶）	一对儿花瓶 zʅ²¹tuɪ²¹ɛ⁵⁵xua⁵⁵pʰĩ⁵⁵
一副（眼镜）	一副眼镜儿 zʅ²¹fʋ³⁵nian⁵⁵tɕiɛ⁴⁵
一套（书）	一套儿书 zʅ²¹tʰɔ²¹ɛ⁵⁵fʋ⁵⁵
一种（虫子）	一种虫儿 zʅ²¹tʂũ³⁵tʂʰũ²¹ɛ³⁵
一些	一些儿 zʅ²¹ɕiɛ⁵¹
一伙儿（人）	一伙儿人 zʅ²¹xuɛ⁵¹zə̃³⁵
一帮（人）	一帮人 zʅ²¹pʋ⁵⁵zə̃⁴⁵

词目	方言
（洗）一遍	洗一遍 $s\eta^{55}z\eta^{21}pian^{35}$
（吃）一顿	吃一顿 $ts\eta^{55}z\eta^{21}t\tilde{u}^{35}$
（打）一下	打一挂 $^=ta^{55}z\eta^{21}kua^{35}$
（走）一趟	走一趟 $ts\mu^{55}z\eta^{21}t^h\mathfrak{p}^{35}$
（谈）一会儿	喧一挂 $^=\varphi yan^{55}z\eta^{21}kua^{35}$
（闹）一场	闹一场 $n\mathfrak{o}^{21}z\eta^{21}ts^h\mathfrak{p}^{35}$
（下）一阵（雨）	下一阵儿雨 $\varphi ia^{35}z\eta^{21}ts\varepsilon^{35}z\eta^{55}$
（见）一面	见一面 $t\varphi ian^{35}z\eta^{21}mian^{35}$
一个	一个 $z\eta^{21}k\mathfrak{o}^{35}$
两个	俩儿 $lia^{21}\varepsilon^{35}$
三个	三个 $san^{55}k\mathfrak{o}^{55}$
四个	四个 $s\eta^{21}k\mathfrak{o}^{55}$
五个	五个 $v\upsilon^{55}k\mathfrak{o}^{21}$
六个	六个 $li\mu^{55}k\mathfrak{o}^{55}$
七个	七个 $ts^h\eta^{55}k\mathfrak{o}^{55}$
八个	八个 $pa^{55}k\mathfrak{o}^{55}$
九个	九个 $t\varphi i\mu^{55}k\mathfrak{o}^{21}$
十个	十个 $\mathfrak{s}\eta^{21}k\mathfrak{o}^{35}$

2. 语法部分

第一部分

1. 谁呀？我是老王。

　　谁啊？脑 ⁼ 老王唛。

2. 老四呢？他正跟一个朋友说着

话呢。

　　老四来着？家 ⁼ 正一个朋友啊说

话着。

3. 他还没有说完吗？

　　家 ⁼ 还冇说完吗？

4. 还没有。大约再有一会儿就说完了。

还冇啊。大体上再说一挂"哈就完了吧。

5. 他说马上就走，怎么这么半天了还在家里呢？

家"说着就走啊，阿瀍"之"么半天了还家里啊？

6. 你到哪儿去？我到城里去。

你阿去啊？脑"城里去啊。

7. 在那儿，不在这儿。

乃"里啊，扎"冇有。

8. 不是那么做，是要这么做的。

乃"瀍"冇做着，要之"瀍"做啊。

9. 太多了，用不着那么多，只要这么多就够了。

太多了，乃"瀍"多的用不上，之"瀍"多就够啊。

10. 这个大，那个小，这两个哪一个好一点儿呢？

之"个大，乃"个小，之"个俩里阿一个好点儿着？

11. 这个比那个好。

之"个比乃"个好。

12. 这些房子不如那些房子好。

之"些房房还不如乃"些房房

好啊。

13. 这句话用——话怎么说？（填本地地名）

之"句话哈湟源话俩阿瀍"说着？

14. 他今年多大岁数？

家"今年多大岁数下着着？

15. 大概有三十来岁罢。

大体上也就三十多的个吧。

16. 这个东西有多重呢？

之"个东西有多重啊 / 之"个东西有阿瀍"重的个啊？

17. 有五十斤重呢！

有五十斤重啊 / 五十斤重的个有啊！

18. 拿得动吗？

拿动啊不？

19. 我拿得动，他拿不动。

脑"拿动啊，他拿不动。

20. 真不轻，重得连我都拿不动了。

实话重呐，重着脑"啊冇拿动着。

21. 你说得很好，你还会说点儿什么呢？

你说得挺好的，再啥啊说来着冇？

22. 我嘴笨，我说不过他。

脑＝嘴笨了着，家＝哈说不过啊。

23. 说了一遍，又说了一遍。

说了一遍，可说了一遍。

24. 请你再说一遍！

麻烦着你再说一遍！

25. 不早了，快去罢！

不早了，赶紧去！

26. 现在还很早呢。等一会儿再去罢。

早＝还早着，脑＝等一挂＝了再去吧。

27. 吃了饭再去好罢？

饭吃上了再去吧？

28. 慢慢儿的吃啊！不要急煞！

慢慢儿吃！覅急撒＝！

29. 坐着吃比站着吃好些。

坐下着吃比站下着吃好点儿。

30. 这个吃得，那个吃不得。

之＝个吃成着，乃＝个吃不得啊。

31. 他吃了饭了，你吃了饭没有呢？

家＝吃上着，你吃了冇？

32. 他去过上海，我没有去过。

家＝上海去过，脑＝冇去过。

33. 来闻闻这朵花香不香？

来闻个，之＝个花儿香着冇？

34. 香得很，是不是？

香死哪，就是不？

35. 给我一本书！

脑＝哈给一本书！

36. 我实在没有书嘛。

再脑＝实在没书啊。

37. 你告诉他。

你他（家＝）哈说给。

38. 好好儿地走！不要跑！

好好儿走撒＝！覅跑！

39. 小心跌下去爬也爬不上来！

小心点儿，跌上下去哈爬啊爬不上来啊！

40. 医生叫你多睡一睡。

医生你哈多里睡说着说着。

41. 吸烟或者喝茶都不行。

抽烟喝茶都冇成着着。

42. 烟也好，茶也好，我都不喜欢。

烟了，茶了的，脑＝也冇烫＝着。

43. 不管你去不去，反正我是要去的。

再你去着冇哈，反正脑＝去哪。

44. 我非去不可。

脑＝肯定去哪。

45. 你是哪一年来的？

你阿一年来的说？

46. 我是前年到的北京。

脑＝是前年到北京的。

47. 今天开会谁的主持？

青海河湟地区语言生态研究

今儿开会着谁主持下的？

48. 你得请我的客。

你脑⁼哈请客的要哪 / 你脑⁼啊请的要哪。

49. 这是他的书，那一本是他哥哥的。

之⁼个是家⁼的书，乃⁼个是家⁼的哥哥的书啊。

50. 一边走，一边说。

走着啊说着啊。

51. 看书的看书，看报的看报，写字的写字。

看书的看书着，看报的看报着，写字儿的写字儿着。

52. 越走越远，越说越多。

越走的越远呐，越说的越多啊。

53. 把那个东西拿给我。

脑⁼哈乃⁼个东西哈取给个。

54. 有些地方把太阳叫日头。

有些地方太阳哈叫热头着。

55. 你贵姓？我姓王。

你贵姓啊？脑⁼姓王。

56. 你姓王，我也姓王，咱们两个都姓王。

你姓王，脑⁼也姓王，脑⁼俩都是姓王。

57. 你先去吧，我们等一会儿就来。

你先去吧，脑⁼们等一挂⁼就来。

第二部分

58. 西安夏天热得很。

西安的夏天热死哪。

59. 北京城很大。

北京城大呀。

60. 他爸爸在哪儿工作？

家⁼的爸爸阿里工作着着？

61. 他爸爸在中学教书呢。

家⁼的爸爸中学里教书着。

62. 我昨天见老张了。

脑⁼夜来老张哈见了啊。

63. 他明天要去上海。

家⁼明天上海去哩说。

64. 他不会去上海的。

他上海不去 / 家⁼才啊上海不去哪。

65. 他去北京还是去上海？

家⁼北京去哩说还是上海去哩说？

66. 你去问问，他今天走不走。

你问个去，家⁼今儿走哪不说？

67. 你抽烟吗？你抽烟不抽？你抽烟不抽烟？你抽不抽烟？

你烟抽着冇？你烟抽着啊？你烟抽哪不？

你烟抽哩嘛不抽

68. 你喜欢抽烟还是喜欢喝茶？

你有心抽烟吗还是有心喝茶呀？

69. 请买一下车票！

麻烦着买一挂＝车票！

70. 甲：咱把这点儿活干完吧。

乙：歇一会儿着。/ 歇一会儿再说。

脑＝俩这点活儿做完吧。

缓一挂＝/ 缓一挂＝了再说。

参考文献

一 专著

1. 布和，刘照雄编著.保安语简志 [M].北京：民族出版社，1982.

2. 道布编著.蒙古语简志 [M].北京：民族出版社，1983.

3.（宋）丁度等编.集韵 [M].上海：上海古籍出版社，1985.

4. 方龄贵.古典戏曲外来语考释词典 [Z].汉语大词典出版社，云南大学出版社，2001.

5. 格桑居冕，格桑央京.藏语方言概论 [M].北京：民族出版社，2002.

6. 郭纬国.循化方言志 .[M].西宁：青海人民出版社，1995.

7. 韩建业.撒拉族语言文化论 [M].西宁：青海人民出版社，2003.

8. 吉狄马加主编.青海花儿大典 [M].西宁：青海人民出版社，2010.

9. 蒋礼鸿.敦煌变文字义通释 [M].上海：上海古籍出版社，1981.

10. 江蓝生.近代汉语探源 [M].北京：商务印书馆，2000.

11. 林莲云编著.撒拉语简志 [M].北京：民族出版社，1985.

12. 李克郁，李美玲.河湟蒙古尔人 [M].青海人民出版社，2005.

13. 李如龙.汉语方言研究文集 [M].北京：商务印书馆，2009.

14. 李文实.西陲古地与羌藏文化 [M].西宁：青海人民出版社，2001.

15. 林涛.宁夏方言概要 [M].银川：宁夏人民出版社，2012.

16. 刘丹青.语序类型学与介词理论 [M].北京：商务印书馆，2003.

17. 刘丹青编著.语法调查研究手册 [M].上海：上海教育出版社，2008.

18. 刘俐李.回民乌鲁木齐语言志 [M].乌鲁木齐：新疆大学出版社，1989.

19. 刘照雄编著.东乡语简志 [M].北京：民族出版社，1981.

20. 龙潜庵编著.宋元语言词典 [Z].上海：上海辞书出版社，1985.

21. 陆澹安著.陆康主编.戏曲词语汇释 [M].上海：上海锦绣文章出版社，2009.

22. 马成俊，马伟主编.民族小岛——新世纪撒拉族研究（2001—2009）[M].北京：民族出版社，2010.

23. 内蒙古大学蒙古学研究院蒙古语文研究所编.蒙汉词典（增订本）[Z].呼和浩特：内蒙古大学出版社，1999.

24. 〔日〕桥本万太郎著.余志鸿译.语言地理类型学 [M].北京：北京大学出版社，1985.

25. 邢向东.陕北晋语语法比较研究 [M].北京：商务印书馆，2006.

26. 邢向东.神木方言研究（增订本）[M].北京：中华书局，2020.

27. 徐嘉瑞.金元戏曲方言考 [M].北京：商务印书馆，1956.

28. 袁宾等编著.宋语言词典 [Z].上海：上海教育出版社，1997.

29. 张安生.同心方言研究 [M].北京：中华书局，2006.

30. 张成材.西宁方言词典 [M].南京：江苏教育出版社，1999.

31. 张成材编著.中古音与青海方言字汇 [M].西宁：青海人民出版社，2006.

32. 中国社会科学院，澳大利亚人文科学院编绘.中国语言地图集 [Z].香港：朗文出版（远东）有限公司，1987.

33. 中国社会科学院语言研究所，中国社会科学院民族学与人类学研究所编香港城市大学语言资讯科学研究中心.中国语言地图集·汉语方言卷 [Z].北京：商务印书馆，2012.

34. 中国语言资源有声数据库建设领导小组办公室.中国语言资源有声数据库调查手册·汉语方言 [M].北京：商务印书馆，2010.

35. 照那斯图编著.土族语简志 [M].北京：民族出版社，1981.

36. 朱世奎主编.青海风俗简志 [M].西宁：青海人民出版社，1994.

37. Richard VanNess Simmons，顾黔，石汝杰编著.汉语方言调查手册 [M].北京：中华书局，2006.

二 论文

1. Bernd Kortmann.类型学与方言学 [J].刘海燕译.刘丹青校注.方言. 2004,（2）.

2. Jaseph.H.Greenberg.某些主要跟语序有关的语法普遍现象 [J].（陆丙甫 陆致极译）.国外语言学.1984,（2）.

3. 曹东海.西宁回族话中的特殊成分——佛、道教术语及古代汉语词汇的渗入 [J].赤峰学院学报（汉文哲学社会科学版）.2012,（6）.

4. 程祥徽.青海口语语法散论 [J].中国语文.1980,（2）.

5. 曹志耘.敦煌方言的声调 [J].语文研究.1998,（1）.

6. 陈保亚.语言接触导致汉语方言分化的两种模式 [J].北京大学学报（哲学社会科学版）.2005,（2）.

7. 陈乃雄.五屯话初探 [J].民族语文.1982,（1）.

8. 陈乃雄.五屯话音系 [J].民族语文.1988,（3）.

9. 陈乃雄.五屯话的动词形态 [J].民族语文.1989,（6）.

10. 陈其光.语言间的深层影响 [J].民族语文.2002,（1）.

11.〔美〕杜安霓著.赵其娟 马伟编译.撒拉语中的突厥语因素——一种具有察哈台语形式的乌古斯语?[J].青海民族研究.2003,（3）.

12. 丁柏峰.河湟文化圈的形成历史与特征 [J].青海师范大学学报（哲学社会科学版）.2007,（6）.

13. 董印其，陈岳.新疆汉语方言研究30年文献述评 [J].新疆师范大学学报（哲学社会科学版）.2012,（4）.

14. 都兴宙.西宁方言中的虚词"着"辨异 [J].青海民族学院学报（社会科学

版）.1993,（2）.

15. 都兴宙.《元朝秘史》中"行"的用法分析 [J].青海民族学院学报（社会科学版）.2005,（1）.

16. 傅懋勣.民族语言调查研究讲话（二十七）[J].民族语文.1987,（6）.

17. 韩建业.撒拉语与汉语语法结构特点之比较 [J].青海民族学院学报（社会科学版）.1990,（1）.

18. 韩建业.初谈康家话语音系统及词汇的构成 [J].青海民族研究.1992,（1）.

19. 韩建业.康家回族话语法探析 [J].青海民族研究.1994,（3）.

20. 韩建业.从外来词透视撒拉族文化 [J].青海民族研究.1995,（1）.

21. 贺巍.中原官话分区（稿）[J].方言.2005,（2）.

22. 黄行.我国少数民族语言的词序类型 [J].民族语文.1996,（1）.

23. 黄行.语言接触与语言区域性特征 [J].民族语文.2005,（3）.

24. 贾晞儒.对河湟汉语几个语法现象的分析 [J].青海民族学院学报（社会科学版）.1990,（4）.

25. 贾晞儒.青海汉话与少数民族语言 [J].民族语文.1991,（5）.

26. 金勇强."河湟"地理概念变迁考 [J].北方民族大学学报（哲学社会科学版）.2014,（6）.

27. 刘丹青.汉语给予类双及物结构的类型学考察 [J].中国语文.2001,（5）.

28. 刘丹青.汉语方言语序类型的比较 [J].日本.现代中国语研究.创刊.2001,（2）.

29. 李倩.中宁方言两字组的连调模式 [J].语言学论丛.2001,（24）.

30. 李利军.复兴于末流的徐渭边塞诗 [J].天水师范学院学报.2013,（1）.

31. 李荣.官话方言的分区 [J].方言.1985,（1）.

32. 李小凡.汉语方言连读变调的层级和类型 [J].方言.2004,（1）.

33. 梁莉莉.青海河湟地区民族和谐相处典型案例调查 [J].青海师专学报.2008,（6）.

34. 林涛.宁夏纳家户回民汉语方言记略[J].西北第二民族学院学报.2002,（2）.

35. 刘俐李.略论乌鲁木齐汉族话和回族话的形成[J].新疆大学学报（哲学社会科学版）.1983,（4）.

36. 刘俐李.乌鲁木齐回民汉语的单字调连读调和调类的共时演变——兼论声调层次[J].新疆大学学报（哲学社会科学版）.1989,（1）.

37. 刘俐李.焉耆话的语法重叠与变调[J].语言研究.1998,（1）.

38. 刘俐李.论焉耆方言的变调类型[J].语言研究.2000,（1）.

39. 芦兰花.青海湟源方言音系[J].方言.2011,（1）.

40. 罗美珍.论族群互动中的语言接触[J].语言研究.2000,（3）.

41. 雒鹏.甘肃汉语方言研究现状和分区[J].甘肃高师学报.2007,（4）.

42. 雒鹏.甘肃省的中原官话[J].方言.2008,（1）.

43. 马进虎.河湟地区回族与汉、藏两族社会交往的特点[J].青海民族学院学报,2005,（4）.

44. 马树钧.汉语河州话与阿尔泰语言[J].民族语文.1984,（2）.

45. 马伟.撒拉语的主语宾语问题[J].青海民族研究.1995,（2）.

46. 马伟.语言接触与撒拉语的变化[J].青海民族学院学报（社会科学版）.2009,（3）.

47. 敏生智.汉语青海方言与藏语安多方言[J].青海民族学院学报（社会科学版）.1989,（3）（院庆专号）.

48. 彭嬿."sɑ"的区域特征与西北汉语的阿尔泰化[J].新疆大学学报（哲学·人文社会科学版）.2006,（5）.

49. 〔日〕桥本万太郎.北方汉语的结构发展[J].语言研究.1983,（1）.

50. 群克加,乔生华.土族语言文字的应用和保护现状[J].中国土族.2008,（2）（夏季号）.

51. 任碧生.西宁方言的前置宾语句[J].方言.2004,（4）.

52. 任碧生.西宁话"把"字句的多样性[J].青海民族学院学报（社会科学

版）.2005，（2）.

53. 舍秀存 . 西宁回民话词汇调查研究 [D].2006. 硕士学位论文 .

54. 舍秀存 . 二声调方言西宁回民话音略 [J]. 宜春学院学报 .2013，（4）.

55. 斯钦朝克图 . 康家语概况 [J]. 民族语文 .2002，（6）.

56. 王双成 . 安多藏语 i 的舌尖化及其类型学意义 [J]. 语言研究 .2010，（2）.

57. 王双成 . 青海西宁方言的给予类双及物结构 [J]. 方言 .2011，（1）.

58. 吴媛 . 岐山话两字组的连读变调及中和调的模式 [J]. 南开语言学刊 .
    2008，（2）.

59. 吴安其 . 语言接触对语言演变的影响 [J]. 民族语文 .2004，（1）.

60. 吴宏伟 . 土族语的亲属称谓 [J]. 民族语文 .1997，（1）.

61. 吴鹏云 . 明清时期河湟地区的汉儒文化文献综述 [J]. 吉林广播电视
    大学学报 .2007，（6）.

62. 五臺 . 关于"连读变调"的再认识 [J]. 语言研究 .1986，（1）.

63. 武沐 王希隆 . 试论明清时期河湟文化的特质与功能 [J]. 兰州大学学
    报（社会科学版）.2001，（6）.

64. 席元麟 . 汉语青海方言和土族语的对比 [J]. 青海民族研究 .1989，（1）.

65. 席元麟 . 康家回族话的词汇特点 [J]. 青海民族研究 .1995，（2）.

66. 邢向东 . 神木方言的两字组连读变调和轻声 [J]. 语言研究 .1999，（2）.

67. 邢向东 . 论西北方言和晋语重轻式语音词的调位中和模式 [J]. 南开
    语言学刊 .2004，（1）.

68. 邢向东 郭沈青 . 晋陕宁三省区中原官话的内外差异与分区 [J]. 方
    言 .2005，（4）.

69. 邢向东 . 秦晋两省黄河沿河方言词汇中的语音变异 [J]. 方言 .2009，（1）.

70. 杨文炯 . 人类学视阈下的河湟民族走廊——中华文化多元一体格局
    的缩影 [J]. 青海民族大学学报（社会科学版）.2015，（1）.

71. 意西微萨·阿错，向洵 . 五屯话的声调 [J]. 中国语文 .2015，（6）.

72. 余志鸿 . 元代汉语的后置词系统 [J]. 民族语文 .1992，（3）.

73. 曾晓渝. 语言接触的类型差距及语言质变现象的理论探讨——以中国境内几种特殊语言为例 [J]. 语言科学 .2012,（1）.

74. 张安生. 宁夏同心话的选择性问句——兼论西北方"X 吗 Y"句式的来历 [J]. 方言 .2003,（1）.

75. 张安生. 宁夏境内的兰银官话和中原官话 [J]. 方言 .2008,（3）.

76. 张成材. 西宁方言记略 [J]. 方言 .1980,（4）.

77. 张成材. 略谈青海汉语方言的分区问题 [J]. 青海师范学院学报（哲学社会科学版）.1983,（3）.

78. 张成材. 循化方言有 -aŋ.-iaŋ 韵没有 -uŋ 韵 [J]. 语言研究 .1984,（2）.

79. 张成材. 青海省汉语方言的分区 [J]. 方言 1984,（3）.

80. 张成材. 青海汉语方言研究五十年 [J]. 方言 .2006,（3）.

81. 钟进文. 甘青地区独有民族的语言文化特征 [J]. 西北民族研究 .1997,（2）.

82. 张建军. 河州方言语音研究 [D]. 博士学位论文 .2009.

后 记

这本书是十三年前我开始学习汉语方言研究的产物，是摸着门径的初步结果。当书稿从电脑里的一个电子文档变为校样，变为纸本的时候，我是忐忑的，也是欣喜的。

想起在研究过程中，我依照前贤的方法做田野调查，听音辨音记音，脑力和身体都经受了极大的考验。当行走在河湟谷地的田野里，和各民族发音合作人一同伏案工作时，我都能感受到专业能力植根于大地的踏实——工作成果都来自土地和土地上的人民。当看到印在纸上的一个个音节和词语及句子时，那些发音合作人的样子就浮现在眼前，当时调查时的细节清楚地出现在脑海里。无论是在河湟谷地的农家院，还是在学校的教室、办公室，我和发音合作人一起埋首探寻青海地区语言的奥秘，步步维艰，但步步"登高"。我在探寻中逐渐建立自信，逐渐了解自己不可弥补的短处。因此，当这本书呈现在眼前时，我可以说书的内容有能力不足导致的缺憾和错误，但没有一处不是来自真实的调查。由于水平有限，书中错漏之处在所难免，还请读者指正。

书写完，我已经完成使命，一切交给时间。但这之前，是要表达真诚的感谢：感谢全国哲学社会科学工作办公室立项资助我开展研究；感谢青海师范大学文学院出资出版本书；感谢社会科学文献出版社编辑王玉霞老师，在疫情期间默默等待我修改完稿，又督促我及时完成各阶段工作，不辞辛劳；感谢我的家人，先生陪伴我开展田野调查，支持鼓励我，我的孩子自立而又温暖，没有他们，我是不能顺利完成调查研究的，应该说，他们以不署名的方式成为本书的作者。

回首来时路，对自己一路的坚持和遇到的好心人感激不尽。以此为记。

2024 年 12 月 31 日于河湟写梦斋

图书在版编目（CIP）数据

青海河湟地区语言生态研究 / 马梦玲著 . -- 北京：
社会科学文献出版社，2025. 3. -- ISBN 978-7-5228
-4500-5

Ⅰ. H17

中国国家版本馆 CIP 数据核字第 2024764MN3 号

青海河湟地区语言生态研究

著　　者 / 马梦玲

出 版 人 / 冀祥德
责任编辑 / 王玉霞
责任印制 / 岳　阳

出　　版 / 社会科学文献出版社
　　　　　　地址：北京市北三环中路甲29号院华龙大厦　邮编：100029
　　　　　　网址：www. ssap. com. cn
发　　行 / 社会科学文献出版社（010）59367028
印　　装 / 唐山玺诚印务有限公司

规　　格 / 开　本：787mm × 1092mm　1/16
　　　　　　印　张：16　字　数：220千字
版　　次 / 2025年3月第1版　2025年3月第1次印刷
书　　号 / ISBN 978-7-5228-4500-5
定　　价 / 88. 00元

读者服务电话：4008918866